本书由上海大学基础教育"攀登"计划专项基金资助

问式课堂
的理论与实践探索

唐敏 编著

WENSHI KETANG
DE LILUN YU SHIJIAN TANSUO

上海大学出版社

图书在版编目(CIP)数据

问式课堂的理论与实践探索/唐敏编著.—上海：
上海大学出版社，2024.2
 ISBN 978-7-5671-4877-2

Ⅰ.①问… Ⅱ.①唐… Ⅲ.①课堂教学-教学研究-小学 Ⅳ.① G622.421

中国国家版本馆 CIP 数据核字（2024）第 009917 号

责任编辑　傅玉芳
封面设计　倪天辰
技术编辑　金　鑫　钱宇坤

问式课堂的理论与实践探索

唐　敏　编著

上海大学出版社出版发行
（上海市上大路99号　邮政编码200444）
（https://www.shupress.cn　发行热线021-66135112）
出版人　戴骏豪

*

南京展望文化发展有限公司排版
上海东亚彩印有限公司印刷　各地新华书店经销
开本710mm×1000mm　1/16　印张16　字数270千
2024年2月第1版　2024年2月第1次印刷
ISBN 978-7-5671-4877-2/G·3601　定价 58.00元

版权所有　侵权必究
如发现本书有印装质量问题请与印刷厂质量科联系
联系电话：021-34536788

序 PREFACE

以问启思,以研促变

上海大学附属嘉定留云小学(以下简称上大云小)唐敏校长编著的《问式课堂的理论与实践探索》即将出版,很荣幸为这本书作序。

上大云小2017年建校,算是一所新办校,唐校长则是一位有着丰富办学经验的资深校长。唐校长来到这所学校后,深感在新教师为主的学校,要快速提升办学质量,必须提升新教师的专业能力,而带领教师们进行课堂的研究和变革就成为必然选择。这所学校的首任校长提出了"问式课堂"的改革主张,主要是解决课堂上学生被动学习、不善思考的顽症,唐校长对"问式课堂"的理念心有戚戚焉,于是不但传承了"问式课堂"的改革理念,而且将改革不断深化,并逐渐发展成学校的办学特色。

"问式课堂"想法的提出源于老校长对小学课堂问题的敏锐捕捉,

而要将"问式课堂"进行理论诠释并将其转化为学校师生的共识并非易事。唐校长和上大云小的教师们在积极的行动中、互相的对话中不断深化对"问式课堂"的理解。在唐校长的带领下,上大云小做了一系列的培训和改革行动,如指向高品质学习逆向设计、基于焦点学生完整学习历程的观察、制定各学科的观察量表、连续开设研究课进行课例研究等等。学校的教师们虽然年轻,但研究生学历占比很高,这样的研究和实践给了他们探索的空间,也增长了年轻教师的才干,在不断行动的过程中,逐渐澄清了"问式课堂"的内涵,也形成了行动化的理解。

学习始于问题,"问式课堂"以"问"为始,接下来如何展开呢?唐校长提出了"问—思—探—创"的问题解决循环,即课堂从学生的真实问题出发,

问式课堂的理论与实践探索

课堂上要为学生提供时间和空间进行自主思考，并促使学生在自主思考的基础上互相倾听、合作探究，学习的最终目标是学生能够进行创造性的思考，甚至做出创造性的产品。这对"问式课堂"如何展开提出了具体的方案，也使教师们的日常教学有了抓手。在不断实践的过程中，唐校长和教师们构建了"问式课堂"的操作化定义，他们认为："问式课堂"是一种以问题为中心的教学范式。它以核心问题的序列化与问题解决的任务化为导向和驱动，以启发和帮助学生个体、小组提问为基本特征，旨在通过引导学生提出问题、探究问题、解决问题的过程，引发学生的质疑、思辨、探究、创造和反思，从而提升学生学习品质，培养学生的问题意识、合作交流能力与创新精神。杜威认为，高明的教学方法能够激发儿童的思维，那么首先就要给儿童创设一个现实生活中的情境，其次是让儿童发现并思考情境中的问题，然后让儿童独立思考问题的解决方法，最后是儿童自己对解决问题的假设加以整理和排列并通过实践检验方法的可行性。上大云小的教师们正沿着培养学生问题意识和创新能力的道路徐徐前行。

唐校长从提升青年教师的专业能力出发，对"问式课堂"的变革理念进行了深化，并带领教师们进行持续的课例研究，让研究成为伴随教师职业生涯的必备能力。实践证明教师的研究能力是专业根基，在新的历史条件下，要培养学生的核心素养，践行"新课标"，要求教师不但要具备日常班级管理和基本教学技能，更要有不断根据学生的学情进行团队建设、学习设计，并带领学生进行合作探究的能力，上大云小的教师们在唐校长的带领下，主动承担责任，接受挑战，用"蚂蚁之眼"来观察和研究学生，以"逆向设计"的方式来共同备课，以"问题探究"的方式进行课堂变革，这些年轻的教师们正在转变为积极的"反思性实践者"，也成为学生们"深度学习"的优秀榜样。

问题撬动思考，行动改变世界。教育的未来将由善于学习、勇于变革的教师们去创造！当地的社区、家长们对学校寄予厚望，相信上大云小在唐校长的带领下会越办越好！

是为序。

上海师范大学　陈静静
2024年1月

目录 CONTENTS

第一章　问式课堂研究概述 ·· 1
　第一节　研究背景与研究意义 ·· 1
　第二节　研究内容与研究方法 ·· 5
　第三节　国内外关于问题式教学的研究 ································ 9

第二章　问式课堂研究的理论基础 ····································· 23
　第一节　问题设计理论 ·· 23
　第二节　首要教学原理 ·· 26
　第三节　PBL学习理论 ·· 35
　第四节　探究学习理论 ·· 40
　第五节　深度学习理论 ·· 44

第三章　问式课堂研究的认识历程 ····································· 47
　第一节　问式课堂的发展阶段 ··· 47
　第二节　教师对问式课堂内涵的理解 ································· 56
　第三节　问式课堂范式的界定与基本框架 ···························· 64

第四章　问题情境：问式课堂的"引擎" ································ 68
　第一节　问题情境的内涵 ·· 68
　第二节　问题情境创设与问题设计 ···································· 80
　第三节　学生的问题意识与提问能力 ································· 89

第五章 自主思考：问式课堂的"动力" ·················· 95
第一节 对学生思维现状的考量 ·················· 95
第二节 问式课堂对学生自主思维的要求 ·················· 107
第三节 问式课堂对学生自主思维培养的策略 ·················· 116

第六章 协同探究：问式课堂的"旅程" ·················· 131
第一节 协同探究伴随学生成长 ·················· 131
第二节 协同探究融汇集体智慧 ·················· 143
第三节 在协同探究中加强学习共同体建设 ·················· 149

第七章 创新成果：问式课堂的"追求" ·················· 153
第一节 问式课堂对创新精神培养的价值 ·················· 153
第二节 课堂培养创新精神的主要策略 ·················· 155
第三节 学习成果的发布与评价 ·················· 161

第八章 问式课堂的学科实践 ·················· 172
第一节 语文学科问式课堂的实践研究 ·················· 172
第二节 数学学科问式课堂的实践研究 ·················· 191
第三节 英语学科问式课堂的实践研究 ·················· 202
第四节 道德与法治学科问式课堂的实践研究 ·················· 216
第五节 艺术学科问式课堂的实践研究 ·················· 224

结语 ·················· 238

后记 ·················· 247

第一章 问式课堂研究概述

第一节 研究背景与研究意义

一、研究背景

(一)课堂是培养全面发展人才的主阵地

2019年,中共中央、国务院发布的《关于深化教育教学改革全面提高义务教育质量的意见》中指出,要强化课堂主阵地作用,切实提高课堂教学质量,注重启发式、互动式、探究式教学,引导学生主动思考、积极提问、自主探究。改革的主阵地在课堂。随着对人才培养的规格出现新的要求,教育教学开始从注重学生的外显变化转向注重学生的内隐变化,并强调对学生学科素养的培养。在基础教育中,课堂作为课程改革的实践基地之一,教育工作者也愈发重视课堂提问与问题解决对激发学生思考的重要作用。

(二)问式课堂是提升品质教育的有效探索

为了落实"课堂是改革的主阵地"[1],培养小学生的学习品质和综合素养,促进学生全面、健康而有个性地发展,2020年上海市嘉定区教育局出台了《小学"学习品质"提升三年行动方案》,其中,打造品质课堂是实现品质教育的重要途径。品质课堂,是指向和提升学生学习品质的课堂。立足学生立场,构建符合学生学习兴趣、认知结构、思维方式的课堂教学结构,通过自主、合

---

[1] 程锐创主编:《学生发展核心素养视域下的课堂教学指南 初中生物》,东北师范大学出版社2017年版,第212页。

作、探究等多种方式优化学习活动。学校的问式课堂就是在这样的背景下应运而生的。问式课堂强调依据课程标准明确最终的学习目标,然后确定评价的标准,以结果为导向,通过"设问—导思—引探—促创—评展"五个环节,引导学生能动学习。在五个环节中以"问题"为核心,问题既是启动学习的起点,又是贯穿学习的主线。例如,对问题情境的创设与问题(核心问题、子问题、问题链)的预设;对问题的思辨与协同学习;对问题的合作探究过程;问题解决过程中的创造力培养;学生创造成果的展示;等等。因此说,问式课堂是旨在启发学生探索,激发学生学习兴趣,培养学习品质和学生核心素养,使课堂评价、学业反馈成为课堂教学常态,让学生在有限的课堂提问体验中实现深度理解,最终达到预期目的的一种教学方式。也可以说,问式课堂是既遵循了课程标准,又不叠加很多课外的东西来增加师生的负担,同时转变传统教学模式,体现改革精神,促进学生认知发展的一种双赢的课堂实践的形态。

(三)问式课堂的设计与实施是基于现实作出的必然选择

问式课堂是学校秉承"启慧养正"办学思想的正确选择。回望初心,建校初期学校面临着大量新教师入职、教学质量如何保证并持续提升的现实问题。课堂研究摆上了议事日程。在对学生课堂学习的情况进行调查后发现,学生习惯于用听讲的方式来获取知识,问题意识比较淡薄,参与问题讨论的积极性不高,更不用说主动提问的动机、技能和方法,对于教师(同伴)所持观点鲜有质疑,高阶思维普遍较为缺乏。学习问题其实反映了存在的教学弊端:教师的教学思维没有完全突破传统框架,教学方式仍然停留在传统"讲+练"层面,教学过程中缺乏对高阶思维能力培养的关注。由此,问式课堂的实践应针对教学现状、学生问题,积极回应区域"指向学生学习品质提升的课堂变革实践研究",着力提升学生学习品质。基于校情和已有的研究基础,学校在"想学、乐学、会学、学习成果"四个维度中,聚焦"会学"即主要指向学生"会学"品质,结合"设问—导思—引探—促创—评展"五个环节,可以具体诠释为"会提问、会思辨、会探究、会创造、会评展"。这一校本化指征的描述,契合"启慧"办学思想,凸显问式课堂关键特征,而"养正"致力于培养正气少年,与问式课堂的立德树人根本宗旨高度契合。

学校自2020年起加入南翔学区品质课堂项目组,2021年投入学区逆向设计实践项目研究中，清晰地认识到，应用逆向设计等理论开展学习任务的设计与实施研究，将是问式课堂未来实践探索的重要方向，它为学校问式课堂理念更好地落地操作提供了有效的支架与操作范式。2021年12月，学校成为嘉定区首批品质课堂项目龙头实验学校，更为问式课堂研究增添了新的动力。

二、研究意义

（一）问式课堂揭示课堂的本质内涵

课堂本应体现学习的本质，成为"学堂"而不是"教堂"，而现实中的课堂却把知识的灌输作为主要任务，把课堂的内涵模糊与淹没了。问式课堂的提出揭示了课堂的内涵，即发现问题、研究问题、解决问题的过程。中国传统文化一直倡导勤学好问的风气，习惯把学与问关联在一起，将学习知识称之为"学问"，将知识丰富者称为"学问"高的人。"学问"一词出自《易·乾》："君子学以聚之，问以辩之。"[1]历代文人对其均有阐释：《孟子·滕文公上》曰："吾他日未尝学问，好驰马试剑。"[2]西汉贾山《至言》曰："学问至于刍荛者，求善无厌也。"[3]唐韩愈《答杨子书》曰："学问有暇，幸时见临。"[4]清顾炎武《日知录·求其放心》曰："夫仁与礼未有不学问而能明者也。"[5]可见，学问有三层含义：一是学+问，即学术+问题，既有知识又会探究问题；二是学/问，即学问并进，边学边问，学中问，问中学；三是学→问，即学习提问，学会提问技巧，学会在提问中思辨与创新。学校直接而鲜明地提出问式课堂，彰显了中华优秀传统文化，体现了对"学问"内涵的深刻理解，对从根本上改变课堂教学弊端具有至关重要的价值。

（二）问式课堂赋予学生充分的提问权

为学生发展而教，须还学生"话语权"。学习是学习者自我建构的过程，学

---

[1] 曾国藩著：《经史百家杂钞（上）》，岳麓书社2015年版，第272页。
[2] 房伟译注：《孟子》，吉林大学出版社2020年版，第98页。
[3] 丁守和、陈有进、张跃铭、姜世栋主编：《中国历代奏议大典》，哈尔滨出版社1994年版，第564页。
[4] 吴曾祺著：《历代名人小简》，岳麓书社1984年版，第48页。
[5] 顾炎武著：《日知录》，北方妇女儿童出版社2001年版，第31页。

生是建构学习的主体,他们理应享有"话语权",包括"提问权"。而如今的课堂,学生很少享有"提问权",而往往只有"被问权"与"答问权"。"话语权"就是"学习权"。课堂教学应有很强的针对性,为解决问题而教,强调教师的引问行为,从而让学生提出问题,真正享有学习的权利。学生在学习新知识的过程中,肯定会存在某些与正确概念不符的潜意识与相异构想。如果教师连他们的想法都不了解,教学就很难做到有的放矢。而这些问题,教师除了可以在学生回答问题时和课堂练习中发现外,主要应该让学生通过提问表达出来。学校提出问式课堂正是对学生的尊重,也体现"学习权"的充分回归。学生一旦被激发提问动机,形成提问意识,掌握提问技巧,便会对深度学习的实现与高阶思维的培养起到显著的促进作用。

(三)问式课堂激励教师加快专业发展进程

问式课堂对教师的专业知识提出新要求。在知识更新日益加快的信息时代,师生在某些新知识的获得上往往处在同一起跑线,甚至有时教师的未知已经成为学生的已知,教师没有察觉的问题,学生可能已经发现。教学相长已经成为当今教育中很普遍的现象。为了使师生在相互交流中共同提高,教师引导学生自由提问与充分表达是十分必要与有意义的一件事情。而在这一过程中,教师要有思想准备。因为引导提问以后,学生可能会提出不少问题。面对这些突如其来的问题,教师可能会感到束手无策,陷入被动,甚至感到颜面无存。就如一些青年教师所说:"我们刚进学校,面对好问的学生,会有惶惶不可终日的感觉。"确实,面对学生提问的教学,难度就增加了。因为单向传输,教师讲的大多是自己已知的知识,而双向传输则必须应对未了解未掌握的知识。所以,有的教师就唯恐引问会引火烧身。而这一沟坎教师不得不跨过去,不能因为自己的脸面而剥夺学生的提问权与表达权。勇于跨过这道坎的教师,必然是专业道路上的佼佼者。

问式课堂对教师的教学方式提出新要求。国外如美国等一些国家重视能力培养,其课程标准将"发现问题""提出问题"作为主要能力来考察。教师鼓励学生思辨,营造自由提问氛围。我国也有不少中小学将"爱问"作为教学改革与培养学生的重要切入口。例如:有一所小学,校园的墙上写了一条醒目的标语"爱读爱写爱算更爱问,今天你在课堂上问了吗";教室里贴了一条格言"你勇于发问可能只做5分钟愚夫,你耻于发问可能成为终身愚夫"。为了培养学生的问题意识与提问能力，教师本身一定要有问题意识与引问能力，并在课堂行为中体现问式课堂的要求。教师教学方式、教学行为的转变必然带动自身素养的快速提升。

第二节 研究内容与研究方法

一、主要研究内容

（一）问式课堂的理论研究

对问式课堂的学理性分析是研究的基础性工作。如果没有理论作为依据，我们的研究可能在一开始就会出现偏差。由于问式课堂研究涉及多方面领域的概念与原理，因此，从各个角度去探寻其理论基础是十分必要的任务。

1. 问式课堂的内涵与特征

通过研究，要明晰问式课堂是什么，在"是什么"的问题上包括哪些内涵，如问式课堂的文化背景、研究属性、基本结构、成员关系等。

通过研究，要明晰问式课堂的基本特征是什么，有固化的特征还是不确定的特征，这些特征是否具有普遍意义、能否转化为行动原则与操作范式。这些问题都是研究的内容。

2. 问式课堂的基本功能

问式课堂与"一般课堂"有什么区别，这个问题要在研究中加以明确。比如它对于教师的专业发展有什么作用，对于学生的认知发展及全面素质提升有什么作用，不仅要进行理论探索，而且要进行实证研究。

3. 问式课堂的主要策略

问式课堂的策略研究是理论研究的重要方面。策略区别于具体性的方法，它具有高于"战术"的"战略意义"，属于一种方向性的谋略。比如启发性策略、兴趣性策略，就不能说是一个个具体的方法，因为在它们的下位还有更加具体可操作的做法，如启发性策略还包括"深入浅出的讲解""联系生活的实际"等做法，兴趣性策略还包括"观看生动形象的视频""讲述奇闻趣事"等做法。因此，在总结具体经验的基础上，要归纳条理性的策略，而这些策略都应该是有理论依据的。

4. 问式课堂的影响因素

问式课堂实施中的成功与问题，其背后总是有原因的。对原因的分析就是理论研究。原因一般指直接、根本的因素，而实际上对问题课堂实施效果产生影响的因素往往不是单一的。比如，我们假设教师态度、学生成绩、经验不足等是影响问式课堂实施效果的主要因素，就要从理论与实践的结合上去进行验证。

5. 问式课堂的相关支持理论

"他山之石，可以攻玉。"探究哪些理论是有助于问式课堂实施的，这是理论研究的任务之一。对于现有的许多教学理论，要进行筛选、梳理与提炼，找出它们的核心观点与问式课堂的关联点。要分清有的是基础性理论，如建构主义、结构主义、人文主义、自然主义等教学理论；有的是发展性理论，即在基础理论上发展起来的，如发现教学理论、最近发展区教学理论、非指示性教学理论、现象教学理论、活动教学理论、问题教学理论、情境教学理论等；还有一类是操作性理论（有的也称为教学模式），如知行学习模型、留白式课堂范式、课堂环节模式等。由于基础性理论与发展性理论十分经典，我们研究的重点是拿来运用，而对于操作性理论，因其与我们的实践目标更加接近，需要深入探究，对规律进行细化与优化。

（二）问式课堂与师生成长的关系研究

1. 基于问式课堂的教师成长

通过研究，要让教师了解课堂是其成长的基石的道理，坚定立足课堂获取专业精进的信心；要让教师了解通过课堂实践提高自身素养的方法与途径；要了解课堂如何促进教师文化水平的提升，引导他们从职业境界走向事业境界和专业境界。

2. 基于问式课堂的学生发展

通过理论叙述以及案例研究，探索问式课堂与学生发展的关系，揭示它在培养问题意识、养成思考习惯、发扬探究精神与提升创新思维能力中的作用，并从操作层面让问式课堂真正成为学生发展的平台。

（三）问式课堂的学科实践研究

1. 从学科特点出发设计问式课堂的任务

各个学科既有教学的共性，也有学科的个性，不能千篇一律地实施问式课堂的策略。因此，要深入研究学科的性质、目标、内容等方面的特点，从而认识各种学科问式课堂的主攻方向与主要任务。

2. 从学科素养出发设计问式课堂的目标

课程标准为各科制定了培养学生应该达成的学科素养。问式课堂的根本目的是育人，因此，要重点研究学科育人的具体目标，研究学业评价实施的手段与方式，进行评价量标与量规的设计研究，实现教学评的一致性与一体化。

3. 从学科实际出发实施问式课堂的策略

通过课堂观察、课堂诊断、课堂分析，走出一条具有学科特色的问式课堂之路，总结一套包括课堂设计、情境创设、活动组织、作业编制、评价实施、技术运用等的经验，为学校课堂教学的高质量、高水平发展奠定扎实基础。

二、主要研究方法

（一）文献法

文献法一般也称为历史文献法，是指通过查阅、整理与分析有关文献材料，有效地研究某一问题的研究方法。实施步骤大致包括：编写文献综述大纲、搜集并鉴别有关文献、阅读文献并做摘录、根据大纲将所做的摘录加以归纳和梳理、在分析基础上写出文献综述报告等。文献研究是课题研究推进的第一步。运用文献法可以避免走弯路，可以避免重复做他人做过的探索研究，以确定课题推进的关键内容与重要环节。文献研究也有利于课题参与人员提高认识，理清思路，并掌握一定的基础理论与基本方法。

（二）调查法

开展课题研究一定要有问题意识，研究过程就是解决问题的过程，而问题是通过调查发现的，因此，进行调查研究对于课题的完成具有重要作用。所谓调查法是指通过观察与了解直接获取能反映客观情况的材料，并对这些材料进行梳理、甄别与分析得出结论的研究方法。具体而言，可以通过课堂观察、作业鉴别、成绩查阅、访谈问卷等途径，来搜集作业设计、布置与完成等方面存在的各种问题。

问式课堂的理论与实践探索

(三)实证法

"实证法研究与描述式研究最大的不同是理论先行,即研究者根据某个理论提出假设、设计步骤、收集资料、报告统计结果,得出证实假设或推翻假设的结论并加以分析和解释。"①在进行问式课堂研究时,我们要有一些理论作指导,但理论与实际要相符合。因此,要想了解问式课堂实施情况,就要深入学习现场,从学生的感受、认知过程以及教学评价中获得真实数据与信息,从而证实或推翻问式课堂研究中的某些假设。

(四)案例法

所谓案例法就是用有关的典型案例分析、说明、研究问题的方法。在课堂转型研究中,会遇到大量问题,也会积累许多解决问题的好课例,可以从中遴选出具有典型意义的课例来深入剖析与重点诠释,从而以点带面地促进研究的顺利进行。

三、研究中应注意的事项

(一)整体推进

问式课堂研究是一项合作研究课题。由于各学科的参与以及工作计划的统一性,因此整体推进是本研究的主要做法。整体推进就是有统一的指导思想、统一的行动部署、统一的工作要求、统一的评价标准、统一的成果分享。整体推进有一定规模、有一致规格、有一套规范,都要遵循规定的范式科学地做好研究中的每一个环节的工作。整体推进充分显示了合作研究课题的生命力。

(二)资源共享

研究要汇聚各方面的力量与智慧,实现信息共享、经验共享、资源共享,例如高校教授、教科研专家的专题讲座与现场指导,能够开阔眼界,活跃思想,提高研究能力。

---

① 董娟、柴冒臣、关茗竺著:《第二语言习得与外语教学研究》,吉林大学出版社2017年版,第8页。

(三)项目推动

问式课堂研究要通过诸多子项目来推动。具体而言，每个学科、每个骨干教师可以量身裁衣，确定一个适合的研究项目。围绕这一项目，开展读书活动，举行微型讲座，进行课例研究，撰写科研论文。项目研究将教师的学科知识与技能、学科教学论和教学素养的达成目标链接起来，从教师专业发展的高度，帮助教师通过项目研究精进自身的专业素养，提升创造性解决问题的思维能力与实践能力，使整个研究更加接地气、有实效。

(四)重在实践

问式课堂研究主要是一项实践性研究，当然也需要理论学习、理论指导，但是重点不在于探索规律与理论，其成果不在于理论贡献，而主要是侧重于实践，侧重于问题的解决，侧重于问式课堂的效果产生。实践性研究也称为行动研究，它要在行动中发现问题，在行动中展开研究，同时在研究中指导行动，通过行动改进与跟进、总结与推广来自行动的成果。

第三节 国内外关于问题式教学的研究

由于问式课堂这一专用名词具有上海大学附属嘉定留云小学（以下简称上大云小）的特殊性，因此与问式课堂相关、相近的关键词便成为搜索的主要路径。这些关键词主要有：问题（式）教学、问题（式）学习、问题探究教学、问题教学模式、问题教学课堂等等。

一、国外研究概况

在国外，首次出现的有关问题教学的教学思想，要追溯到古希腊历史上最著名的哲学家和教育家苏格拉底的"产婆（art of midwifery）"思想[①]。产婆思想指的是苏格拉底关于寻求普遍知识的方法：双方交谈时，在提出问题和回答问题的过程中，找到对方言语、论点以及思想中的自相矛盾之处，然后展开热

---

① 王越：《孔子的启发式教育与苏格拉底产婆术比较研究》，《黑龙江教育（理论与实践）》2014年第5期。

问式课堂的理论与实践探索

烈讨论,从而让谈话学习从感性认识逐步上升到理性认知。他认为,在与学生的交流中,不应该直接把需要教授的内容直接告知学生,而是应该通过谈话交流,甚至更激烈的辩论的方式,在揭露矛盾的过程中让学生逐步悟得真知。

而早在18世纪,法国自然主义的哲学家、思想家让-雅克·卢梭就提出:"儿童天生就具有探究问题的欲望,教师应该把学生引入到问题边缘,鼓励学生自己去思考,从而培养学生思维能力和解决问题的能力。"[1]这种根据具体情境创造和设计问题,引导儿童自由探究的教学方式,就被称作问题教学法。

苏联教育心理学家马丘什金、马赫穆托夫等提出问题式教学,该理论的代表作是马赫穆托夫的《问题教学》。其教育理论的核心概念是创设问题情境,他们认为教学的关键点在于根据问题创设相关联的教育情境,以此培养学生、帮助学生构建灵活有效的知识体系,提高解决实际问题的能力,形成批判性和创造性的思维[2]。

20世纪初,问题式教学思想在美国有了很大进展,有部分学者开始探索问题式教学的模式和步骤。著名教育家杜威撰写的《我们怎样思维》中提到了问题式教学的"五步教学法",即"教师创设一个问题情境—学生依据情境确定存在的问题—学生根据资料提出解决问题的各种假设—学生根据所学知识推断假设—最后验证假设的合理性"[3]。20世纪中期,问题式教学思想开始逐步完善:先是著名教育家列尔涅尔认为问题式教学是一种教师创设问题情境并设置问题,学生运用所学知识以及自身经验在解决问题的过程中获得新知识的教学活动[4];接着马丘什金更加全面地研究问题式教学的相关理论基础,并且强调问题式教学法最大的作用是能够提高学生的创造性思维和认知能力[5];之后赫廖托夫在此基础上从心理学的角度分析问题式教学与传统教学的区别,认为问题式教学在一定程度上能够更好地培养学生的创造性思维,并提出了问题式教学的三种教学方法[6]。

几乎在同一时期,西方医学教育领域首创了PBL(Problem-Based Learning)学习方法,也称作问题式学习,它同样强调问题情境的重要性,认为这是一种

---

[1] 张帅:《例谈成长主题文本的阅读策略》,《名师在线》2017年第24期。
[2] 郑威:《A. M. 马丘什金问题式教学论研究》,华中师范大学硕士学位论文,2006年。
[3] 傅荣著:《为创新而教》,知识产权出版社2019年版,第284页。
[4] 广言、柯路编:《中外教学新法集萃》,广西师范大学出版社1988年版,第47页。
[5] 韩立福著:《韩立福:有效教学法》,首都师范大学出版社2012年版,第52页。
[6] 钟岩:《苏联学者关于课堂教学的新研究一例》,《外国教育资料》1983年第5期。

以生活中发生的真实事件作为问题情境，让学生真正参与其中的教学方法[1]。1969年，美国医学教育领域的教授Barrows在前人研究问题式教学思想的理论成果上，首次提出了问题式教学的具体教学方法。从此，问题式教学法由理论研究逐渐走向实践应用研究。2004年，麦罗·希尔文在前人研究成果的基础上，进一步构建了问题式教学模式的基本流程，共有七个步骤：选取问题情境—分析事实—提出各种假设—掌握知识—应用知识—概括知识—评价利用。七个步骤之间相互联系，组成了一个整体[2]。从此，问题式教学模式得到了普遍认同。2009年后，印第安纳大学教学研究者开始在学校社会教育专业的教学中使用问题式教学，经研究发现学生学习的积极性开始提高。如今，国际上已普遍在中学教学中使用问题式教学。2005年，美国在数学课程标准中明确提出使用问题式教学进行课堂教学，要培养学生运用数学逻辑思维解决数学问题的能力[3]。2006年，荷兰也颁布了新数学课程目标，要求教师在教学过程中创设一些真实的情境并设置问题，让学生在分析、解决问题的过程中学习新知识[4]。之后，一些国家也开始尝试在中学教学中使用问题式教学，如英国、法国、芬兰、澳大利亚、巴西、阿根廷、日本、印度等国家[5]。2012年修订后的美国《国家地理课程标准（第二版）》提出了学生必备的技能：提出地理问题的能力、有效收集地理信息的能力、整理地理信息的能力、解读地理信息的能力和解决地理问题的能力[6]。近10多年来，国外学界对问题式教学越来越关注，研究成果比较丰富，为我国推广问题式教学提供了理论借鉴和操作范式。

Zamir等开展了一项旨在通过基于问题的数学学习来确定学生的态度和成就的研究，认为数学在日常生活中起着重要作用。许多国家的学生的数学水平都没有达到预期的水平。因此，必须密切考虑与数学能力相关的原因。数学态度被认为是数学学习过程中的关键变量之一。他们所选的研究小组包括来自巴

---

[1] Distlehorst L. H., Barrows H. S. A new tool for problem-based, self-directed learning. Journal of Medical Education, 1982, Vol.57, June: 486–488.
[2] 汤丰林、申继亮：《问题式教学与我国的教育现实》，《比较教育研究》2005年第1期。
[3] R. Bachnak, P. S. Harrisburg. A Flipped Classroom Experience: Approach and Lessons Learned. American Society for Engineering Education 121st Annual Conderence&Exposition, 2014, 6–9.
[4] YI Taeil, Mogilski. A Lesson Learned from Course Re-Design for Flipped classroom. Proceedings of the 13th International Conference on Education and Educational Technology, 2014, 10–13.
[5] 齐昕婷：《基于地理核心素养的高中问题式教学研究》，湖北师范大学硕士学位论文，2019年。
[6] Grabrie Albu. The Teacher and the Questions of Students: Case Study. Procedia-Social and Behavioral Science, 2015, 187.

问式课堂的理论与实践探索

基斯坦拉瓦尔品第地区农村公立中学的600名学生和35名教师。数据表明，解决问题的学习对学生的成绩、解决问题的学习的优势对学生的学习态度也有显著的积极影响。该研究建议教师采用与数学对应的新教学方法来提高学生的学习能力[①]。

Kök等进行的一项研究具有两个目的：首先是确定基于问题的学习（PBL）对解决问题的影响，其次是揭示学生对PBL的看法。在定量维度上优先采用前测和后测对照组的准实验设计，而在定性维度上则采用案例研究设计。定量维度的学习小组由土耳其一所公立大学外国语学院的46名学生组成，其中23名学生参与了实验组、23名学生被纳入对照组。定性维度的研究组是从实验组中选出8名学生。解决问题库存（PSI）用于收集定量数据，而标准化开放式访谈形式用于收集定性数据。通过SPSS 22软件包程序对定量数据进行分析，对定性数据进行描述性分析。在应用PBL的情况下，与未应用PBL的对照组相比，实验组的问题解决能力显著提高。定性数据显示，PBL提高了解决问题的能力、学术能力、社交能力和语言能力[②]。

Peffer等认为，幼儿可以通过努力，学习困难的学科内容和实践科学的重要技能。PBL可能有助于解决这些困难，但支持其在小学学龄儿童中有用的证据有限。研究中考虑了PBL单元在提高学生对遗传学内容的理解能力方面的作用，以协调的主张、证据和推理创建论点。一年级到五年级的学生参加了一个为期6周的进化和遗传学PBL单元的学习。学生被分为不同的年龄组，他们要根据自己收集的一系列可能影响标记适应的因素的事实，说明一个虚构的外来物种，这称为标记。尽管学生们在协调主张和证据方面表现出了弱点，但他们能够成功地获得困难的遗传学内容知识和准备辩论。研究者还认为，论证是科学实践和教育的重要组成部分，但对学生来说却具有挑战性。事实证明，学生能够成功地获得困难的遗传学内容知识，以及至少准备两个构建良好的论点，并在大多数情况下提供一个由推理支持的观点[③]。

---

① Zamir S., Yang Z., Wenwu H., Sarwar U. Assessing the attitude and problem-based learning in mathematics through PLS-SEM modeling. PLoS ONE, 2022, 17（5）：1–15.
② Kök F. Z., Duman B. The Effect of Problem-Based Learning on Problem-Solving Skills in English Language Teaching. Journal of Pedagogical Research, 2023, 7（1）：154–173.
③ Peffer M. E., Renken M., Enderle P., Cohen J. Mission to Planet Markle: Problem-Based Learning for Teaching Elementary Students Difficult Content and Practices. Research in Science Education, 2021, 51（5）：1365–1389.

Loyens等的研究指出,批判性思维(CT)被广泛认为是在教育中获得的重要能力。学生接触问题和协作的情况已被证明有助于促进CT过程。这些元素存在于以学生为中心的教学环境中,如PBL。除了CT之外,高阶思维(HOT)和批判性分析思维(CAT)也包含了PBL中存在和培养的元素。该研究的另一个目的是回顾关于PBL环境在培养HOT、CT或CAT方面的有效性的证据。此外,虽然在研究中发现了PBL在培养HOT和CT上的积极作用,但在研究人员如何概念化和测量这些思维形式方面缺乏清晰度和一致性[1]。

Merrill等发表论文阐明,围绕一系列问题进行协调时,同伴互动是最有效的。通过精心组织的同伴互动可以增强以问题为中心的学习。以问题为中心的教学是一种直接教学形式,其中教学内容是在问题的背景下进行教授的。有效的以问题为中心的教学策略包括促进学习者激活相关心智模型、向学习者展示问题解决方案、使学习者能够应用来解决新问题和促进学习者融入活动通过批评、讨论及反思超越课堂。当在每个教学阶段都有适当的同伴互动时,教学是最有效的,表现为:激活期间的同伴共享、演示期间的同行讨论、应用期间的同行协作以及集成期间的同行批评[2]。

Zheng等围绕"基于问题的学习中的近同伴教学"进行了一项研究。研究在一所亚洲医学院进行。首先,对两组学生进行了调查,一组是由近龄或同龄导师辅导的,另一组是由教师辅导的。该研究探讨了不同导师在正规本科医学教育课程中的教学体验。研究发现,近龄或同龄导师和教师导师对导师促进或导师行为的看法没有差异。此外,当近龄或同龄导师解释他们提供辅导的经验如何影响他们的职业身份形成时,强调他们获得了对未来作为医学教育者的职业很重要的技能。近龄或同龄导师教学,"一个学生教一个或多个同学",在许多医学院可以补充有限的教学资源,并可能对他们的职业身份形成产生积极影响。数据表明,近龄或同龄教学经验可以通过提高他们对教师身份的理解和加强医学教育者所需的技能,来支持近龄或同龄导师的专业身份的形成。基于问题学习的近龄或同龄教学不仅对本科教育有意义,对中小学课程的学习也具有

---

[1] Loyens S. M. M., van Meerten J. E., Schaap L., Wijnia L. Situating higher-order, critical, and critical-analytic thinking in problem-and project-based learning environments: A systematic review. Educational Psychology Review, 2023, 35(2): 2–44.

[2] Merrill M. D., Gilbert C. Effective peer interaction in a problem-centered instructional strategy. Distance Education, 2008, 29(2): 199–207.

借鉴价值[1]。

　　Kreiner撰文描述了感觉和知觉课程的14个基于问题的小组活动，目的是为学生提供机会练习将他们的知识应用于与课程内容相关的现实问题。学生对这些活动提升他们学习的有效性的评价各不相同，但总体评价相对较高。学生评价指出，课程结束后他们对现实世界问题的认识水平比之前要高得多。此外，学生在学期末客观知识评估中的表现明显高于学期初。结果提供了初步证据，表明开发包含基于问题的学习活动的有效感觉和知觉课程是可能的[2]。

　　Orakci的一项研究调查了学业动机、学业自我效能感（ASE）、问题解决能力（PSS）、创造性思维能力（CRTS）和批判性思维能力（CTS）之间的结构关系，并利用结构方程模型来计算这些变量之间的关系。该研究的样本由2021—2022学年在土耳其教育学院学习的575名实习教师组成。研究表明：解决问题的能力对创造性思维和批判性思维能力有显著的直接影响；创造性思维显著调节学业动机、学业自我效能、问题解决能力和批判性思维能力之间的关系。在研究论文中，他着重论述了问题解决能力（PSS）对学生发展的意义：尽管21世纪技术和科学的发展为许多领域提供了便利，但毫无疑问，当前的时期比过去更加复杂，需要个人能够克服各种问题情况，这使得问题解决能力对于个人来说是必要且重要的。因此，克服所面临问题的个人可以更轻松地适应生活。杜威强调，问题是一切迷惑人类思想、反对人类思想，使信仰变得不确定的事物。问题解决能力被解释为一个包括认知、情感和行为元素的复杂过程，并被描述为指导认知和情感的过程，例如解决问题、调整对目标的行为反应，以适应内部或外部需求，它是解决问题、有效学习和发展个人能力的一种方式。它需要超越已经学到的解决问题的知识来找到新的解决方案，并从知识以及创造力和解决方法中受益。现状与应有之间的区别在于需要解决的所有类型的困难。为了以有意义的方式维持生命，人类必须解决所遇到的问题。解决问题的阶段大致如下：感知问题→正确定义问题→收集信息确定解决方案→应用解决方案→评估。问题解决能力是一项需要学习和发展的技能。教育是个人获得和发展所需技能的最有效方式。事实上，教育的主要目标是为个人

---

[1] Zheng B., Wang Z. Near-peer teaching in problem-based learning: Perspectives from tutors and tutees. PLoS ONE, 2022, 17（12）：1–16.

[2] Kreiner D. S. Problem-based group activities for teaching sensation and perception. Teaching of Psychology, 2009, 36（4）：253–256.

配备必要的装备并为个人的生活做好准备。个人应该在正规教育期间接触能够提升其问题解决能力的环境，并且应该获得发展相关技能的机会。同样，在这个信息爆炸的时代，不可能给个人提供一生所需的所有信息，主要的不是授鱼，而是授之以渔[①]。

　　Tian等撰文指出，随着知识经济的快速发展，停留在浅层学习已经不能适应时代的挑战，深度学习应运而生。深度学习的关键是培养学生的信息整合、沟通协作、批判性思维、建设性反思等能力，这些能力可以在解决问题的过程中培养。通过对深度学习与问题解决理论的探索，将深度学习理论的基本要素融入问题解决教学的设计体系中，构建问题解决教学体系。深度学习是学习科学领域研究和实践的热门话题，对于理解人们如何学习以及如何最好地实现学习具有重要意义。作为一线教师，需要在深度学习理论的指导下设计具有挑战性的学习课题，为学生实现深度学习创造良好的条件。学生深度学习的能力是一个长期的过程：在中低年级，教师的引导可能会发挥关键作用，教师可以主动引导学生与已学知识建立联系，但也应该给学生尽可能多的时间独立思考；在高年级，应强调知识间的联系、问题的多种解决方案和充分的沟通，教师在教学过程中要尽量让学生构建自己的知识体系，形成自主学习的习惯，在总结一节课的成果时，不仅要问学生"学到了什么"，还要问"用了什么"，让他们回忆学习的过程。只有这样，学生才能逐渐"学会"学习[②]。

　　Aslan认为，学生通过提出问题，可以有效促进认知过程，而这些过程可能反映他们思维能力的线索。为了了解学生在思维上的认知水平，可以用问题作媒介。为此，他进行了一项研究，研究的重点是根据布鲁姆修订后的分类法的认知水平来检查学生的问题，即"记住""理解""应用""分析""评估"和"创造"。这项研究涉及106名高中生和8名语言、文学教师。为了捕获相关数据，给予研究对象两种类型的文本（叙述性文本和信息性文本），然后要求生成基于文本的问题及其答案。让教师与学生一起接受采访，以了解教师如何根据提问时使用的教学策略指导学生提出与理解问题。结果显示：对于叙述性

---

① Orakci Ş. Structural relationship among academic motivation, academic self-efficacy, problem solving skills, creative thinking skills, and critical thinking skills. Psychology in the Schools, 2023, 60（7）: 2173-2194.

② Tian X., Zhao J., Nguyen K. T. Practical Research on Primary Mathematics Teaching Based on Deep Learning. Scientific Programming, August 2022: 1-7.

文本，应在"分析"级别提出问题及进行处理；对于信息性文本，应在"理解"级别提出问题及进行处理[1]。

Dogan等主持的一项研究的目的是调查四年级小学生及其教师对学生提问的看法，以建立学生提问过程的模型。他们利用现象学研究对来自土耳其伊斯坦布尔三所公立小学的7名教师和9名学生进行了采访。结果显示，学生通常在对某个主题感到好奇并想要学习该主题时提出问题。教师指出鼓励学生的情况，例如创造舒适、活跃的课堂环境，设计有趣的活动来促进提问，欢迎学生提问并成为提出好问题的榜样。还有证据表明，教师的反应，如紧张或不舒服、忽视学生、不回应，以及学生的反应，如取笑、羞辱、不听话，都被认为是学生提问时的障碍。得出的结论是，学生提问对教师和学生都有积极的影响。基于这些结果，研究者开发了一个三阶段循环模型：前因（内部和外部的因果因素）—行动反应（提问的行为，老师和同学的反应）—影响（对学生和老师的影响）[2]。

Mitrović等通过研究，报告了一种从观察到的学生表现中归纳出程序技能模型的方法（INSTRUCT）。INSTRUCT基于重建建模和模型追踪这两种众所周知的技术，同时避免了它们的主要缺陷。INSTRUCT不需要事先了解学生错误的经验知识，并且对于学生应用的教学法和推理策略也是中立的。教学行为和学生模型是在线生成的，允许动态调整教学、问题生成以及对学生错误的即时反馈。INSTRUCT使用有关学生步骤的隐式信息执行的操作或他们要求的解释，以及从学生对有关正在执行的操作的直接问题的回答中获得的隐含信息[3]。

Cook等认为，作为数学教育者，总是希望自己的学生培养一种天生的好奇心，这将引导其在不断变化的世界中、在今天可能不存在的领域中解决问题。他们展示了适用于一些中高级数学课程的学生项目，这些项目要求学生提出自己的问题并发展回答这些问题所需的基本研究技能。这些项目为每个学生提供了一个个性化的学习对象，让学生能够掌控自己的学习，同时让他们体验到发现和研究的乐趣和挑战。项目的持续时间可以非常短，也可以在整个学期

---

[1] Aslan Altan B. Students' Behavior of Asking Questions through Narrative and Informative Texts. Journal of Education, 2022, 202（3）：320-329.

[2] Dogan F., Yucel-Toy B. Students' Question Asking Process: A Model Based on the Perceptions of Elementary School Students and Teachers. Asia Pacific Journal of Education. 2022;42（4）：786-801.

[3] Mitro A., jević-Kajan S., Stoimenov L. INSTRUCT: Modeling students by asking questions. User Modeling and User-Adapted Interaction, 1996, 6（4）：273-302.

中进行。项目适用于基于探究性的数学学习课程，以及其他希望采用探究性教学的课程。教师可以改变对项目的预期，从而使项目的范围变窄，或者保持开放性和广泛性。学生可能需要单独做项目，也可能会被要求组成团队做项目。无论如何，学生都应该有机会提出问题、探索问题、作出猜想，以及回答一些他们自己的问题，并证明他们自己的一些猜想是正确的。在项目结束后，学生要进行口头陈述[①]。

Swenson建议教师使用设计思维来创建基于问题的作业，以改变学生的写作思路。现实生活中，一般很难教别人一些他们认为自己已经知道的东西。学生已经学会了一种心态，一种写论文的常规路径，所以当面对一种新的方法，需要他们去尝试新的、不同的路径时，他们会产生抵制情绪。面对这种情况，研究者创建了一个基于问题的模板，该模板基于三个不同的探究阶段：原因、内容和方式。该模板旨在对大脑进行提示，在大脑的不同区域之间进行循环。教师每周都会为学生分配12个有关的主题，学生则使用问题模板回答所有问题。这项研究为期10个学期，共有295名学生完成了3 540篇论文。研究者根据答案的质量对这些论文进行了审查、评估和排名，大约80%的学生写作几乎没有变化，10%的学生写作有很大提高，10%的学生写作仍有缺陷。得出的结论是，对于愿意投入时间和精力研究和思考所有问题的学生来说，使用问题模板是最有效的工具。它作为衡量标准有助于提供反馈，以便向学生传达改进的建议和示例，寻求有关"避免走弯路"的信息、吸取教训，作业中不清楚的内容也可以得到反馈并有助于重新建构思路[②]。

Middlecamp等撰文概述了一个涉及互动练习的化学教学的指导方针，内容包括：练习的目的、提问的相关性、课堂过程的优势、问题设计的理论框架及参考文献；问题设计在化学概念教学中的应用。作者认为，做科学工作既需要问一些好的问题，也需要回答它们。为此，作者开发了一个互动练习系统。其过程：一是展示练习。课堂上首先会提出一些问题（但大多为教师提出的）并把它们写在黑板上，每个学生做共同的练习、回答相同的问题，并通过讨论分析，检查自己

---

① Cook S. A., Hartman J., Pierce P. B., Seaders N. S. To each their own: Students asking questions through individualized projects. PRIMUS: Problems, Resources, and Issues in Mathematics Undergraduate Studies, 2017, 27（2）：235-257.

② Swenson J. Teaching By Design Using a Question Template To Transform Student Writing. Business Education Innovation Journal, 2016, 8（2）：146-152.

的回答。二是尝试提问。围绕课程的核心概念，引导学生构建各种问题。三是重新定义问题。问题可能是不完整的或模棱两可的。如之前提出的问题中的回答可能不足以适合在场的每个人。为了解决这一点，允许学生在必要时改进其提问措辞。四是重复步骤二和步骤三。让学生继续生成和完善问题，慢慢地形成互动练习的内容。五是充分讨论。在任何时候，都要允许讨论。在构建问题的过程中，可能会出现不同的问题。如在构建了几个问题之后，学生可能会抱怨严格的提问格式。这自然会导致一个关于如何提高提问质量的思考。六是讨论回答的过程。一旦产生了足够多的问题，教师就邀请学生们制定关于如何回答这些问题的规则。七是回答问题。让学生离开座位，拿起一支粉笔，在黑板上写出来，然后检查一下他们的答案。如果每个人都同时这样做了，说明学习效果达到了。八是邀请学生进行讨论。这些回答告诉了我们什么？让学生有足够的时间对他们面前的数据进行思考与概括。此外，互动练习系统中如何根据情境来生成或改变学生的问题、如何面对每一组学生所问的问题的多元性和差异性、如何激发关于科学问题本质的讨论等问题也是需要关注的[1]。

Sever等合作进行研究的目的是让大学生通过根据问题制定的情景来了解儿童权利。在此背景下，研究者就参与权、受教育权和休息、闲暇、玩耍、参与文化艺术生活的权利以及这些权利的法律基础设计了三个与日常生活相关的情景。研究使用岗前申请问题、结构化面试形式和研究员日记作为数据收集工具。分析结果表明，学生对儿童权利的了解有所增加，他们能够作出更准确和解释性的定义，并且能够解释国家和国际法律依据[2]。

Antonio等的研究认为以问题为基础的辅导周期中的步骤和过程对于学生的建设性、自主性、协作性和情境学习至关重要。他们介绍了针对刚接触人体呼吸和循环生理学方法的高中生的PBL辅导周期的程序研究。他们观察了整个PBL教程周期中发生的群体动态和学习过程。结果表明，概念上的变化接近计划的学习目标，并且学生喜欢应用PBL进行学习。此外，团队动力、自主学习和学习成果之间存在正相关关系。研究的结果为重组辅导周期提供了基础，对于PBL新手学生尤其重要，例如问题应用学习支架的重新制定、开发

---

[1] Middlecamp C. H., Nickel A-ML. Doing science and asking questions: An interactive exercise. Journal of Chemical Education, 2000, 77（1）: 150.

[2] Sever Serezli E., Erbas A. A., Günter T. Teaching Children's Rights by Problem-Based Learning（PBL）Approach: An Action Research. Journal of Theoretical Educational Science, 2023, 16（1）: 163-198.

和多样化。该研究得出的结论是，定性分析可以加深对 PBL 教程周期的理解，并可用于在缺乏该方法经验的机构中促进 PBL 的实施，可在具有成熟使用 PBL 的组织中监控其结果[①]。

总体而言，国际上关于问题式教学的理论研究成果丰厚，但应用性研究存在一定局限性，关于大学专业课程应用问题式教学的研究比较多，关于中小学课堂应用问题式教学的研究还较少。

二、国内研究概况

国内学者认为春秋战国时期是我国问题式教学思想的起源时期，当时著名教育家孔子提出的"疑是思之始，学之端"等教育思想，强调产生疑问是思考的开始，也是学问的开端。之后，有关问题式教学的思想在古代继续发展，南宋教育家朱熹提出的"学贵有疑"的思想以及唐代著名思想家、哲学家韩愈提出的"师者，所以传道授业解惑"的思想，进一步强调了"问题"的重要性。可以看出我国关于问题式教学的思想起源较早，但是只局限于理论知识，而对问题式教学应用的研究却比较晚。在20世纪90年代中后期教育界推行的课程改革中，强调在教学过程中要培养学生的自学能力和创造性能力，我国开始关注与探究问题式教学。我国第一个研究问题式教学的学者是姚本先教授，他提出在实施问题式教学的过程中要着重关注学生发现问题的意识，他指出："将学到的知识有意识地在新的情境中运用来解决问题。"[②]之后，涌现了一批研究问题式教学的学者，例如：刘儒德在其发表的文章中对问题式教学的理论基础进行深入研究，认为只有了解问题解决过程的模式之后，才能正确对待问题解决的教学方法[③]；刘狄从心理学的角度深入探究问题式教学的理论依据[④]；罗祖兵深入研究问题式教学的含义、价值和具体实施步骤[⑤]；陈燕萍认为，问题

[①] Antonio de Pinho L., Anastácio Alves L., Waltz Comarú M., Motta Pinto da Luz M. R., & Matos Lopes R. A processual view on the use of problem-based learning in high school physiology teaching. Advances in Physiology Education, 2021, 45（4）: 750–757.
[②] 姚本先、江立成、何更生:《高等教学心理学》，合肥工业大学出版社2009年版，第87～89页。
[③] 刘儒德:《用"基于问题学习"模式改革本科生教学的一项行动研究》,《高等师范教育研究》2002年第3期。
[④] 刘狄:《"问题教学"的心理机制》,《湘潭师范学院学报（社会科学版）》2006年第5期。
[⑤] 罗祖兵:《教育学问题教学：涵义、价值与操作》,《高等教育研究》2010年第3期。

式教学是教师依托问题情境设置问题，并引导学生进行合作探究解决问题，最终师生共同完成教学内容的一种教学方法①。以上研究成果为我国问题式教学进一步发展起到较强的引领作用。

新课程改革以来，问题式教学在课堂教学中的应用研究得到较大发展，尤其在小学也有所探索，并总结了一些经验可供借鉴。

马得帅研究认为，当前小学教学中存在以下问题：部分教师在课堂上仍沿用传统的"灌输式"教学法，通过口述与板书的形式对学生进行知识灌输，这样不仅会影响学生对课堂知识的理解，还会影响学生自主思考能力的发展。他使用术语"问题化教学法"并将其定义为：一种借助预先设置的问题来引导学生带着问题进行学习，培养学生自主学习能力与解决问题能力的教学方法。他指出，一般来说，问题化教学法的结构与实施方式可以概括为"三环""六步"。其中，"三环"指的是三个教学环节，分别是提出问题并创设问题情境的"问题生成环节"，对问题进行探究与分析的"问题探索环节"与对问题进行及时解决、反馈与拓展的"问题发展环节"；而"六步"则以创设问题情境为第一步，明确主要问题为第二步，学生自主探究为第三步，尝试解决问题为第四步，问题及时反馈为第五步，问题拓展延伸为第六步②。

巩吉宁撰文对小学语文课堂问题式教学法的实施进行阐述。首先，从"有助于提升学生自主学习能力""促进提升教师的教学水平"两个方面说明语文教学中落实问题式教学法的意义。接着，重点介绍小学语文课堂问题式教学法的实施途径：前置教学内容，鼓励学生自主解决问题；课堂重点释疑，有效解决问题；巩固知识，补充问题③。

陈兰总结了"问式"课堂的特点：一是问题意识为先，提升学生智慧。"问式"课堂，就是以培养学生问题意识为主旨的一种课堂形态。它区别于一般的课堂提问，目的在于变零散为整体，形成"学问、会问、善问"阶梯式发展体系，形成一种培养学生的问题意识、提升学生智慧的新的课堂形态。二是抓住核心问题，优化设计问题链。核心问题是相对课堂中零碎的、肤浅的、应答式提问而言的，在语文课堂上起主导作用和支撑作用。问题链是指根据核心

---

① 陈燕萍：《新课程下思想政治课课堂提问的有效性》，《教育战线》2013年第3期。
② 马得帅：《问题化教学法在小学教学中的应用策略探究》，《国家通用语言文字教学与研究》2022年第7期。
③ 巩吉宁：《小学语文课堂问题式教学法的实施》，《科学咨询》2020年第41期。

问题和学生的认知特点而设计的，以解决核心问题为目的的，具有逻辑性、连贯性的一组问题。问题链中的问题环环相扣，沿着解决问题的思维路径层层递进，不断深入。通过教师在课堂上的引领，学生的思维由浅入深、由表及里朝着纵向发展。三是借助逆向设计，关注学生学习过程。逆向设计和传统设计一样，都是先定好教学目标，不同的是，逆向设计在确定目标后不是马上设计教学过程，而是思考什么样的证据能够评估学生已经掌握了教师预期的目标。这些证据可以是表格、口头发言、朗读、小练笔、随堂测验、开放式问答题以及表现性任务。最后再依据评估证据来设计学习体验和教学。由于理解是随着探究和反思的进行逐渐形成的，对理解的评估应该是随着时间的推移而形成的"证据集"而不是单个的"事件"，所以逆向设计更关注学生的学[①]。

王璐在关于小学语文阅读教学"问题式"对话教学研究的论文中提出，发现"问题"是引起有效对话的开端。引发师生的问题意识，在解决问题的过程中产生对话，是使课堂回归学生本体的重要途径。该研究提出了"问题式"对话教学三个环节：一是课前—文本解读、问题构建（教师）—朗读读通、熟文知意（学生）；二是课中—引出问题、解疑质疑、评价总结（教师）—精度解读、分享思考、生生互评（学生）；三是课后—反思对话、积累经验（教师）—拓展延伸、读写结合（学生）[②]。

田青的论文涉及的是问题式教学在小学数学运用中存在的问题及对策，在对相关资料梳理的基础上对问题式教学的运用进行了理论探讨，提出了问题式教学的运用原则和基本步骤，并以此为依据对新乡市×小学数学教师运用问题式教学的现状进行调查。通过对问卷调查以及访谈和观察的结果的综合整理，发现问题式教学运用中存在的问题主要包括：问题的设计质量不高、问题的呈现忽视学生的需要、问题的解决缺乏学生的有效参与、问题的总结流于形式。通过进一步研究发现存在这些问题的原因为：教师束缚于传统的教学观念，课堂教学能力有所欠缺、学校缺乏相关培训。针对小学数学问题式教学运用中存在的问题及原因，提出相应的改进对策[③]。

---

① 陈兰：《运用问题链发展学生语文学科思维的"问式"课堂实践研究》，《上海教育》2022年第31期。
② 王璐：《小学语文阅读教学"问题式"对话教学研究》，河南大学硕士学位论文，2020年。
③ 田青：《问题式教学在小学数学运用中存在的问题及对策研究——以新乡市×小学为例》，河南师范大学硕士学位论文，2021年。

高仕杰以人教版数学二年级下册"用除法解决问题"的教学为例,探讨了让学生在以数学模型促联想、以问题接龙促交流、以分层练习促思考的过程中发展数学能力的方法,并提出了"转变教师教学观念"是问题式教学的前提、"改进学生学习方式"是问题式教学的关键、"问题解决"是问题式教学的有效载体的观点[①]。

但是,我国关于小学阶段的问题式教学研究仍然存在一些问题:一是在中国知网上以"小学问题式教学"为关键词,查询到的论文只有10多篇;二是这些研究中总结问题式教学的经验体会多,对问题式教学的教学原则、教学策略和教学范式的具体构建少,不利于一线小学教师在教学实践中借鉴应用;三是反映农村小学问题式教学的案例研究相对比较薄弱。

---

① 高仕杰:《问题式教学在小学数学教学中的应用研究——以"用除法解决问题"教学为例》,《重庆第二师范学院学报》2022年第4期。

第二章 问式课堂研究的理论基础

第一节 问题设计理论

在课堂教学设计中,问题设计概念受到越来越多人的关注。有人认为,问题设计就是设问,即提出一个个具体的问题。也有人认为,问题设计不仅仅是形式上的一道道问答题,本质上是用核心概念与具体方法去解决问题的一次次探寻旅行。

一、问题定义与判定标准

(一)不同意义上的"问题"

"问题",是人们在生活与工作中出现频率最高的词语之一。但具体而言,"问题"一词在不同场景却代表着不同的含义。

有学者认为:"问题是基于一定科学知识的完成、积累,为解决某种未知而提出的任务。"[1] 这是哲学意义上的问题。

真实或现实生活中大多数的典型问题通常是多侧面的,这些问题通常很少会只有一个简单答案或一个最终解决方案。如果"教育是为生活做准备"[2] 的话,教师应该引导学生学会在生活领域中解决问题的技能。这是生活意义上的问题。

学校教育教学中学生所遇到的"问题",有时并不是完全属于事实的问题,

---

[1] 岩奇允胤、宫原将平著,于书亭等译:《科学认识论》,黑龙江人民出版社1984年版,第312页。
[2] 王凌皓、侯素芳、陈坚主编:《外国教育名著导读》,教育科学出版社2016年版,第330页。

只是一些类似的"真实问题",但解决这类问题却需要与现实问题相似的策略与方法。因此,创设各种机会与情境,让学生研究各种不良问题,学习运用科学知识来解决各种问题,把教学目标最终导向学生的创新精神与探究性实践能力。这是学校教学意义上的问题。

（二）问题的判断标准

人们对于一个问题的认定,至少需要其具有四方面的含义:一是问题与被认定是问题的人群是有相关性的,如果没有相关性,也无所谓问题了;二是问题是相对而存在的,比如当别人在学习上迅速进步时自己的学习就显出问题来了;三是特定目标所致,如果目标是消除那条"鸿沟",实现从"现状"到"目标"之间的成功过渡,而现在改变或放弃目标,那么该问题就不再存在了;四是存在差距,当问题解决主体能明察所要达到的目标与现状之间尚有不小差距,而缺乏手段与工具时,问题才能凸显出来。

二、问题类型

（一）核心问题与具体问题

按照教学问题所指向的概念重要程度划分,可以分为核心问题与具体问题。什么是核心问题?如果一个问题直接是为核心概念的理解服务的,就可以称为核心问题,如:"三角形有什么特点?"就是核心问题,而"三角形有多少个角?多少条边?……"是从"三角形有什么特点?"这个核心问题中分解、派生出来的,故称为派生问题,也可称为具体问题。教师可以灵活设置这两类问题,有两条路径:一是围绕目标或主题先设置核心问题,再从核心问题导出派生问题,这称为演绎法;二是围绕目标或主题先提出一系列问题,然后从具体问题导出核心问题,这称为归纳法。

（二）界定良好问题与界定不良问题

按照数据或条件、途径或方法、目标或结果三者的确定与否,可以把问题分为界定良好问题与界定不良问题。根据问题空间是否明确,可以把问题划分为结构良好问题和结构不良问题。

(三)专门领域问题与非专门领域问题

按照问题解决所要依托的知识背景与解决技能,可以把问题分为专门领域问题与非专门领域问题。前者指那些必须依据某些特定的学科知识或某些特殊的教育训练才能够解决的问题,如某些具体的化学问题、物理问题等;后者指那些并不需要某些特定的学科知识或某些特殊的教育训练也能够解决的问题,如一些智力测验题目等。

三、问题设计理论对问式课堂的启示

问式课堂是以问题为中心的课堂,因此在问题上须大做文章。这就涉及大量问题设计的问题,包括问题的提出、问题的架构、问题的表述、问题的呈现等。问题设计理论对于问式课堂的实施具有重要作用:它有助于教师认清什么是"真的"问题,所谓的真问题就是客观存在的问题,符合相对性、未知性与指向性的问题,否则,问题就难以成立,或者所谓的问题就可能蜕变为一个变相的"练习";它有助于教师把握"重要的"问题,这些主要问题也就是核心问题,它可以避免问题泛化,面面俱到,从满堂灌走向满堂问的倾向;它有助于教师设计"好的"问题,好的问题应该是体现科学性、审美性、趣味性、思维性与挑战性等特征,可以帮助学生更好地理解概念,享受美的体验,获得思维的成果;它有助于教师编制"实用的"问题,这些问题具有仿真性、模拟性、操作性等功能,能够帮助学生巩固学过的知识,不仅能使学生胜任各种测试,而且对学生提高解决问题的能力有益处。

问式课堂需要积累大量优良的问题与习题,这就需要不断提高问题设计的理论水平以及问题设计的技术与技巧的操作水平,处理好各类问题的关联与关系,例如问式课堂上核心问题、具体问题以及问题链的关系,良构与劣构问题的关系,认知性问题与元认知性问题的关系。问题的呈现方式要多样,如简答型、论述性、比较型、判断型、分析型、综合性、归纳型、演绎型、溯源型、预测型等问题,从而激发激活各类思维活动。

问式课堂不仅要求教师成为问题设计者,而且要求教师将问题设计的思想与方法渗透给学生,引导他们成为问题设计的参与者,平时注意让他们进行实

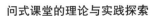

际操练，积累他们优良的问题案例。一旦学生能够自行生发问题，这将对他们的自我效能感的增强产生显著作用。

第二节 首要教学原理

一、思想启蒙与首要教学原理起源

（一）思想启蒙

美国教学设计专家戴维·梅里尔（David Merrill）小时候，父亲的一个演示让他感到新奇：只需要用红、黄、蓝三种颜色居然就能创造出一幅美丽的画作。在研究生学习阶段，斯金纳（Skinner）的一句话为梅里尔指明了方向。斯金纳说："我所努力做的，就只是提出一系列假设，然后看看我们能用这几个假设解释多少人类学习的问题。"梅里尔认识到，就像三原色可以创造出任何一幅画一样，有效的学习也可以仅仅通过几个基本要素来解释。在他的职业生涯的早期，他就想到了可以建立一个关于教学的逻辑系统和理论。

（二）历史背景和理论基础

1972年，梅里尔受邀为美国教育研究协会主编的《年度教育研究评论》第一卷撰写一章内容，这为他提供了开发这种教学设计逻辑系统和理论的机会。2013年，他出版了《首要教学原理》一书，阐述了这些原理，为这些原理在各种教学模式中的实施提供了一组建议，以及大量的教学样本，说明"首要教学原理"可以在各种内容领域和不同教育层次实施，包括培训机构、公立学校和高等教育院校。

二、设计问题与方法

（一）学习理论与教学理论的区别

在梅里尔职业生涯早期，他就确定学习理论与教学理论之间存在差异。学习理论是关于学习者如何获取知识或技能的理论，而教学理论是关于教学者如何促进这些知识或技能的获取的理论。学习理论是描述性的，解释学习如何发生；教学理论是处方性的,规定教学者如何做来促进效果好、效率高、参与度高的学习。如果学习者能达成学习目标,则教学效果好;如果有效的学习能在最短的时间内发生,则教学效率高;如果学习者表现出想学习更多知识的渴望,则教学参与度高。

(二)教学的基本内容

"首要教学原理"认为,几乎所有学科领域的大部分认知技能都可以归纳为五种基本学习内容:"是什么"(事实性知识)、"哪部分"(事实性知识)、"哪一类"(概念性知识)、"如何做"(程序性知识)和"发生了什么"(条件性知识)(见表2-1第1列)。

(三)内容要素的呈现

表2-1显示,知识内容要素呈现的详细程度分为:一般信息和细节刻画两种。一般信息适用于各种不同情况,细节刻画或实例适用于具体的对象或情况。两种程度对于促进效果好、效率高、参与度高的学习来说都是必要的。例如"哪一类"的知识,它在呈现时,既要界定类别的一组属性,又要举出能够说明类别属性的正反实例。又如,在呈现"如何做"的知识内容时,不仅要交代步骤与顺序,而且要用一个具体实例来加以说明。这就为教学者提供了具体的做法要求。

表2-1 教 学 内 容

知识结果	一般信息	细 节 刻 画
是什么	事实,联系	无
哪部分	名称,描述	这一部分在一个特定整体中的相对位置
哪一类	定义——界定类别的一组属性	具体实例——说明类别属性的具体正例和反例
如何做	步骤与顺序	说明程序的一个具体实例
发生了什么	条件与结果	说明过程的一个具体实例

(四)教学互动

这里的教学互动是指学习者与文本知识内容的互动。表2-2显示了四种不同的教学互动模式：明理、示例、答问和练习。"明理"就是将各类知识的一般信息，通过语言的、数据的、符号的、图像的多种方式呈现给学习者。"示例"就是呈现知识内容的细节刻画，从而使知识更加细化，并与具体实例结合起来。文本、图形、动画、音频和视频都可以成为"示例"的手段。"答问"就是要求学习者回忆与再认知识的一般信息，它是评估学生学习的一种主要方式。但"答问"的评价力度仍然不够，难以对学习者学习能力（识别新细节、完成新任务或解决新问题的能力）进行评估。"练习"则能够比较好地评估学习者将一般信息应用到具体情境中的解决实际问题的能力。

表2-2　教学互动模式

示证新知	明理（tell）	示例（show）
	向学习者提供一般信息	向学习者示例细节刻画
应用新知	答问（ask）	练习（do）
	要求回忆或再认一般信息	要求使用具有细节刻画的一般信息

（五）教学策略

当教学内容要素进入教学互动之中，就会形成一系列教学过程的"事件"。这些教学事件的展开，实质上就反映了对某一类知识的教学策略（见表2-3）。比如，关于"哪部分"的知识的教学策略，在"明理""答问"的互动环节中就要引导学生熟知与记住名称，并对其一般信息进行描述，在"示例""练习"的互动环节中组织学生对位置进行分析，并能够通过操练识别位置。

表2-3　教　学　策　略

知　识	一　般　信　息		细　节　刻　画	
	明　理	答　问	示　例	练　习
是什么	关联信息	关联信息		
哪部分	名称+描述	名称+描述	位置	识别位置
哪一类	定义	定义	实例	识别实例

续 表

知 识	一 般 信 息		细 节 刻 画	
	明 理	答 问	示 例	练 习
如何做	步骤和顺序	步骤和顺序	按顺序示例具体步骤	按顺序执行步骤
发生了什么	条件+结果	条件+结果	条件+结果	预测结果，找出缺失或导致出错的条件

（六）问题解决模型

以问题为中心的教学方法是基尔希纳（Kirschner）、斯威勒（Sweller）和克拉克（Clark）推荐的指导性问题解决方法。它具有结构化的特征，即提供了比较完整的解决问题的方法与步骤，便于教学者与学习者的具体操作。它包括：

第一，呈现：向学习者呈现一个完整复杂的问题；

第二，示证：说明成功解决该问题的基本路径；

第三，提供：给予解决问题的一般信息或指导如何搜集这些信息；

第四，说明：指出在何处可以应用新知以及如何应用于问题解决层面。

问题解决需要一定的条件，只有识别问题解决需要的条件才有可能解决问题。一个问题的解决至少需要考虑三种不同的元素："发生了什么""如何做"和"哪一类"。有些条件可能还需要先具备"是什么""哪部分"的问题元素。

（七）问题进阶模型

"首要教学原理"提出了问题进阶模型（见图2-1）：

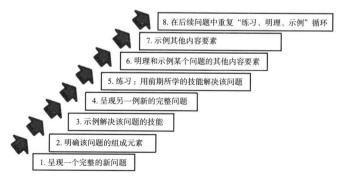

图 2-1　问题进阶模型

（八）五个一般教学原理

梅里尔提出了五个一般教学原理：激活旧知、示证新知、应用新知、融会贯通和聚焦问题（见图2-2）。以下是教学原理的具体化：

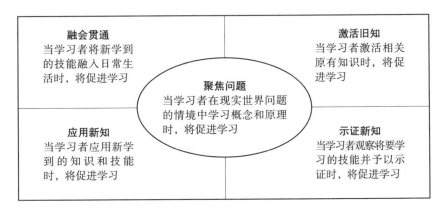

图2-2　五个一般教学原理

1. 聚焦问题（让我应对完整任务！）

当学习者在现实世界问题的情境中学习概念与原理时，将会促进他们的学习。为此，我们要考虑以下问题：设计的学习任务是否与现实世界的相关问题有关；需要完成的任务或要解决问题的目标是否清晰；教学是否教授了支持问题或任务完成的技能；是否设计了难度递增的系列问题。

2. 激活旧知（我从哪里开始？）

当学习者激活相关原有知识时，将会促进他们的学习。因此，以下问题是需要考虑的：教学是否指导学习者调动或应用以前具有的经验与知识；如果学习者原有知识有限，是否提供了学习与体验的机会，使其能作为学习新知识的基础；是否能够帮助学习者发现与拓展更多的知识；是否鼓励学习者组织新知识的结构。

3. 示证新知（不要只是明理，给我示例！）

当学习者观察将要学习的新技能并予以示证时，将会促进他们的学习。因此，在教学设计与教学实施中需要考虑：是否提供了反映教学内容的例子；是否指导了学习者检索信息、运用比较研究方法等技巧；所用媒体是否与学科内容具有一致性；所用的案例对增强学习效果是否有帮助。

4. 应用新知（让我来试试！）

当学习者应用新学到的知识和技能时，将会促进他们的学习。因此，教学者应该考虑：是否提供给学习者尝试应用他们新学的知识或技能的机会；应用、评估与学习目标是否一致；练习是否反馈学习的实际状况并纠正了存在的问题；知识应用或练习遇到困难时有没有给予学习者获得帮助或辅导的机会。

5. 融会贯通（考察我的应用水平！）

当学习者将新学到的知识技能融入日常生活时，将会促进他们的学习。为达到这一目标，教学者需要考虑：教学中是否经常将所学的新知识或技能与日常生活相联系；教学是否提供了让学习者用新学的知识或技能去解决实际问题的机会；教学是否提供了让学习者展示学习成果与自我辩护的机会；教学是否提供了让学习者创造创新的机会。

三、反响与效应

首要教学原理在国际上得到广泛响应。从高校到中小学，一些学者围绕教学设计展开众多的项目研究，并发表一系列论文。

Simsek[1]高度赞扬梅里尔是教育技术和教学设计领域的领军人物。其指出，大约半个世纪以来，梅里尔一直在为这些领域作出贡献。他的贡献在于特别关注教学策略和基本学习原则，而不是教育媒体的使用及其影响。他设计了许多教学设计理论，开发了基于技术的教学系统，领导了大型教育技术项目，进行了测试各种教学变量对不同学习成果的影响的研究，并培训了许多对该领域作出贡献的研究人员。

Spector等[2]编撰了介绍梅里尔理论的论文集。他们指出，在梅里尔活跃于教学技术领域的近40年里。他的贡献范围从基本教学原则和教学设计理论扩展到学习环境的开发和实施。该论文集的出版是因为该书的两位编辑提出梅里

---

[1] Simsek A. Interview with M. David Merrill: Half a Century of Experience in the Field of Educational Technology and Instructional Design. Online Submission, 2010, 1（2）: 186-195.

[2] Spector J. M., Ohrazda C., Van Schaack A., Wiley D. A. Innovations in Instructional Technology: Essays in Honor of M David Merrill. (Spector J. M., Ohrazda C., Van Schaack A., Wiley D. A., eds.). Lawrence Erlbaum Associates Publishers; 2005. Accessed August 7, 2023.

尔长期以来以如此多的积极方式对该领域产生了很大的影响。他们认为这种重大而持续的贡献值得特别认可，由顶尖学者和实践者编撰论文集是实现这一目的的一种方式，而他们自己也受到了梅里尔的启发，一致认为梅里尔最杰出的成就之一是他为学生和同事提供的高质量的指导。

Badali等[1]合作调查了基于梅里尔教学原则开发的MOOC对参与者学习成果和满意度的影响。该研究采用了对照组设计的前测后测。总共335名参与者被分配进行实验（使用梅里尔的教学原则）和对照组（采用常规方法）。然而，291名受试者（143名实验组参与者和148名对照组参与者）一直坚持到最后一节课程，只有200名参与者（每种条件100名参与者）填写了调查问卷。与对照组条件下的参与者相比，实验条件下的参与者在学习和满意度方面的结果都有利。研究报告指出，通过在设计MOOC时实施的梅里尔教学原则，并积极让参与者参与以问题为中心的学习过程，他们的学习成果和满意度可以进一步提高。这些原则作为一个整体可以用来鼓励积极的学习策略，以解决问题。研究人员一致认为，让学生积极学习和解决问题，可以使他们更有意义地学习并提高其满意度。以问题为中心的原则通过启动学生的参与，积极影响学生的学习成果，特别是在现实生活中的问题上，它可能通过培养对问题的所有权感来帮助他们积极参与学习过程。此外，这种积极的参与可以激发学习者的动机，提高学习者的满意度，从而进一步提高他们的学习成绩。

Cai等[2]通过运用梅里尔首要教学原则进行课程设计的案例研究，学生在课程评价表中表示，重新设计的课程更有效地体现了理论与实践的联系。研究人员进一步认识到，随着学习技术的快速发展，教育正在发生广泛的变化，这要求教学设计师定期适应新的和不断发展的情况。梅里尔首要教学原则与今天的设计实践特别匹配，因为它包含一套基本原则，可以应用于任何教学系统以改善学习，无论是交付模式或教学方法。尤其是梅里尔综合的五种基本的设计原则，能够促进有效、高效和吸引人的教学。这五种原则包括：一是演示，

---

[1] Badali M., Hatami J., Farrokhnia M., Noroozi O. The effects of using Merrill's first principles of instruction on learning and satisfaction in MOOC. Innovations in Education & Teaching International, 2022, 59（2）: 216–225.

[2] Cai Q., Moallem M. Applying Merrill's First Principles of Instruction to Redesign an Online Graduate Course through the Rapid Prototyping Approach. TechTrends: Linking Research & Practice to Improve Learning, 2022, 66（2）: 212–222.

当学习者观察到一个要学习什么的演示,而不仅仅是接收关于要学习什么的信息时,学习就得到了促进。二是应用,当学习者从事新获得的知识和技能的应用时,便可以促进学习。三是以问题为中心,当学习者致力于解决现实世界的问题时,就会促进学习。四是激活,当学习者的相关先前经验被激活时,学习就得到促进。五是整合,当学习者反思、讨论和捍卫他们的新学习到的技能并将这些技能转移到他们的日常生活中时,学习就得到了进一步促进。研究结果揭示了首要教学原理的感知实施与学生对教师质量和课程满意度的评价之间的相关性。此外,如果学生同意他们的导师使用首要教学原理,并且他们经历了很高水平的学术学习过程,那么他们实现高水平掌握课程目标的可能性大约是前者的5倍。

首要教学原理在中国的实践应用方兴未艾。例如,一些高校和培训机构在课程设计中采用了首要教育原理,将学生置于实际问题解决的情境中,激活他们已有的知识和经验,并提供具体的案例来展示新知识。同时,这些高校和培训机构也注重学生的实践应用与生活融合,以提高学习效果。此外,在在线教育领域,也有一些平台采用了首要教育原理来设计他们的课程内容和交互方式。例如,在MOOC(大规模开放在线课程)平台上,许多课程都采用首要教育原理提高学生的参与度和学习效果。

首要教育原理在我国基础教育阶段学校的应用初见端倪。一些学校和教师采用这一理论来指导他们的教学设计和实践。例如,在课程设计中,注重学生的实践应用与生活实际的有机融合,以提高学习效果。此外,在教学方法上,一些学校也采用首要教学原理。例如,在语文、数学等科目中,一些老师会采用启发式教学法、探究式教学法等方法,让学生通过自主探究和发现来获得新知识。由此可见,首要教学原理在基础教育阶段获得了较好的应用效应,并且在未来还将继续发挥重要作用。

我国的学者在各自的论文中阐述了对梅里尔的首要教学原理的理解。有的归纳出了促进学习的五个"时机",即当学习者介入解决实际问题时、当激活已有知识并将它作为新知识的基础时、当新知识展示给学习者时、当学习者应用新知识时、当新知识与学习者的生活世界融于一体时,才能够促进学习。有的提出运用首要教学原理进行教学设计应遵循以下三条原则:一是呈现教学内容时配以恰当的问题。根据梅里尔的理解,只呈现信息,教学策略就无效能可言,而向学习者展示怎样在具体情境中运用信息,才能促进学习。所以，教学内容呈现时应紧扣教学目标，提供具体实例，依据实例编制一系列符合学习者生活经验的问题。一方面，问题要有提示，能够唤醒学生熟练运用旧知的意识；另一方面，问题是完整的，能协调问题解决的能力，对学生进行系统的思维训练。二是充分考虑并整合相适应的教学策略。教学策略为实际的教学服务，指向特定的教学目标。教学策略是事先设计的，如果学生自己安排和控制学习活动，那么学习新知的第一要务就是设计激发学生对学习产生兴趣的任务，教学内容应在一个适当的时机让他们激活现有经验。三是关注教学评价对学业的促进作用。当学生看到了自己的学业成就，便会激发他们投入更多的学习时间。因此，通过对教学效果的客观评价，让学生清楚知晓自己的认知水平的提升与学业成绩的变化，显得十分必要。

四、首要教学原理对问式课堂的启示

问式课堂，是一种以问题为中心的教学模式，强调学生在解决问题的过程中积极参与、探究和发现，从而促进学生的学习。这与首要教学原理中以"问题为中心"的概念是相符合的。同时，问式课堂也符合首要教学原理中"激活已有知识""新知识展示"和"应用新知识"的原则。在问式课堂中，教师会引导学生回顾已有的知识和经验，并将新知识通过提出问题、讨论等方式进行引入和展示。随后，教师会鼓励学生运用新知识来解决问题，从而巩固和应用所学内容。因此，问式课堂可以被视为一种体现了首要教学原理的教学模式。它能够激发学生的兴趣，提高他们的思维能力和创造力，并且能够帮助他们更好地掌握所学内容。

问式课堂与首要教学原理在创新素养培育上具有一致性。创新素养是指个体在面对新问题时，能够运用已有知识和技能进行创造性思维和行动的能力。而问式课堂正是一种以问题为中心的教学模式，可以帮助学生培养创新素养。在问式课堂中，教师会引导学生提出问题——探究问题——解决问题，并鼓励他们运用已有知识和技能进行创造性思维和行动。这样的教学方式可以激发学生的好奇心、探究欲望和创造力，促使他们在解决问题的过程中不断地尝试、实验和改进。通过问式课堂的实践，学生可以逐渐培养出自主探究、批判性思维、合作交流等多种能力，这些都是培育创新素养所必需的。因此，问式课堂可以被视为一种有效的创新素养培育方式。

第三节　PBL学习理论

一、PBL的界定

基于问题式学习（Problem-Based Learning, PBL），或译为"问题本位学习"。PBL旨在使学习者建构起强有力的知识基础，发展灵活的问题解决技能，发展学习力与实践胜任力。

PBL最早起源于20世纪50年代的医学教育，如今很多领域都开始采用这种方法。作为一种问题取向的教学思路，PBL与杜威的"做中学"、布鲁纳的发现学习以及众多的建构主义学习理论有着密切的联系。比如在将学习与问题解决挂钩、设计真实性任务、鼓励自主探索与争论、倡导对学习过程与结果的反思等方面，它们有着很大的相似性。然而，PBL与"做中学"及发现学习相比，更加强调以问题解决为中心并围绕问题的解决整合多种学习方式与途径，强调学习者之间的交流合作与集体智慧，强调外部支持与自主学习的结合等。

二、PBL的过程

（一）组织一个和谐的小组

小组形成后，学生与教师分别做自我介绍，介绍自己的特长与爱好，介绍自己在解决问题过程中的思维方式与习惯做法，从而形成融洽和谐的氛围。

（二）启动一个新问题的探索

要用文字、数据、图片或视频等方式为学生提供一个尽量接近于现实生活中真实情况的复杂问题。这个问题能够对学生产生一定的挑战性与吸引力。在解决问题的开始，师生对问题解决的目标要形成共同的理念。参照该目标，教师可以更好地观察小组学习的动态，及时纠偏或调整目标。学生可能会向教师提问题，以便获得有关信息与更多帮助。教师可能要问一些元认知性的问题来鼓励学生的反省性思维。开始时,教师可能会通过列出学习要点更多地引导学生,随着学习的进行,教师就要慢慢地"隐退"。

(三)后续行动

在解决问题中往往会生成新的问题,这些问题为后续的深入学习提供新的话题与课题。小组成员可以再次展开讨论,推进新的问题解决的过程,最后进入反思、总结与成果分享阶段。

(四)活动汇报

问题解决告一段落后,各小组可以利用数据分析、图表报告、演讲表演等各种形式来宣布自己的学习成果以及探究活动的过程。其中过程的汇报与分享是精彩无比的,它可以让学生体验思维的神奇与创新的乐趣。因为,解决一个具体问题只是PBL所要达到的显性的表层目标,而隐性的深层次目标是让学生学会思维,让他们理解问题背后事物之间、现象之间的关系和机制。

(五)问题解决后的反思

问题解决后,要运用自评与他评相结合的方法,对学习表现进行评价,尤其要对自主学习和合作性问题解决活动进行反思,包括运用了哪些知识与技能,经历了哪些过程与方法,思维品质与行为方式有了哪些变化,对新知识的应用情境的适应能力是否提高等。

表2-4 PBL的实施过程

组 织 小 组
1.介绍 2.创设气氛,介绍各自的角色(包括促进者)
开设一个新问题
1.设置问题 2.学生内化问题 3.描述需要做出的产品或行动 4.分配任务(记录员甲在白板上记录,记录员乙从白板上抄下来,并具体到发言人)

续 表

白板的使用			
已知事实	想法（假设）	学习要点	活动计划
追踪通过探索得到的与生成的假设有关的信息	学生提出与问题有关的推测，可能会涉及因果关系、可能的解决方法等	学生列出解决问题所需要进一步知道和理解的内容	为解决问题需要完成的各种具体任务

5. 推理、解决问题
不断重新表征问题，分析和综合白板上列出的见解

对白板上各列内容的加工方法			
已知事实	想法（假设）	学习要点	行动计划
分析、综合、再综合	扩展/聚焦	确定/修改	形成计划

6. 形成对可能达成的结果的信念（commitment）（尽管很多东西还有待学习）
7. 学习要点的形成和分配
8. 资源确定
9. 后续阶段以及最后期限的时间安排

后 续 行 动

1. 讨论、评价所涉及的不同来源的信息
2. 再次检验问题

应用所学习到的知识，修改所列出的假设			
已知事实	想法（假设）	学习要点	行动计划
应用新知识，再次综合	修改	如果必要，确定新的学习要点	重新设计决策

活动汇报 作出结论之后

1. 知识提炼与总结（形成定义、图表（diagram）、列表（list）、概念、抽象、原理）
2. 对以下几方面进行自我评价，并接受小组成员及促进者的评论：
   - 在整个问题解决过程中的推理
   - 利用各种资源发掘信息
   - 在小组任务中发挥自己的作用
   - 获得、精炼知识

上述分析告诉我们，在PBL过程中既要重视问题解决的过程，即分析问题、形成假设、检验假设和修正假设的环节，又要关注围绕着问题解决活动而进行的认知过程，包括阅读教材、查询信息、理解概念、展开思维、适当练习等环节。这两大过程要兼顾结合，不能偏废。如果忽略知识学习，解决问题就会成为无源之水、无本之木，而脱离问题解决，学习就不可能走向高阶认知，就难以达到培养核心素养的目标。

三、PBL的制约条件

（一）问题的设计

有的研究者指出，问题的设计应体现以下特征：一是该问题须能引出与所学领域相关的概念与原理；二是该问题应该是结构不良的、开放的、真实的，应该具有足够的复杂性。将学习置于复杂的、实际的问题情境中，具有以下好处：一是可以促进知识的提取，这是因为认知情境与以后的应用知识的情境的相似性，有利于发生知识的迁移；二是在解决问题的活动中理解概念、原理和策略，可以促进思维的灵活性与变通性；三是复杂问题的解决能够激发学生动机，增强学生探索与学习的自信心；四是一个好的问题能够让他们能很好地对学习策略进行有效评价，在问题解决的结果反馈中发展元认知的知识与社会情感的能力。

（二）教师作为促进者

教师作为学习的促进者，其作用主要有以下两个方面：一是引导合作学习小组的工作，例如，就学生的学习过程进行提问，鼓励他们对信息展开批判性评价，引导学生在问题讨论中协调与整合知识与技能等；二是支持小组的积极互动，鼓励学生在相互评论与表达演说中外化他们的思维过程，并示范如何对自己的推理和理解能力进行自我评价的技能。

教师作为学习的促进者要建立起自己的责任性。具体而言：一是要引导学习小组的工作，例如，指导学生对学习小组进行合理分工与角色交换，对小组成员关系的调谐，对学习过程的调控。在小组活动的开始阶段，教师帮助支持力度要大一点，而随着探究活动的进行，可以在慢慢的隐退中让学生获得更多的独立探索的机会。二是要支持学习小组的认知活动，例如，鼓励学生提问、质疑，组织学生开展互动、讨论、实验、制作等活动。三是要对学习小组进行评价，并引导学生参与评价，学会自我评价与反思。

(三) 小组合作解决问题

小组合作解决问题是PBL的一个重要原则。小组成员在解决大问题过程中要有所分工，分别就某个子问题做更深入的钻研，而后再汇总各方面的信息运用到问题解决中。这种合作的意义在于：一是学生围绕问题进行讨论可以激活相关的先前知识，在原有知识背景与当前信息之间生成更多的联系；二是讨论可以使学生的思维过程外显化，让学生经常感受到不同观点间的冲突，从而可以更好地反思和评判。另外，小组合作可以把解决问题所带来的认知负担分散到各个小组成员的身上，使其变成某个主题上的"专家"，通过合作，他们可以解决单个学生无法解决的问题。由于问题本身具有较为丰富的内涵，这使所有的学生都有参与探索与深层理解的机会，而后再将各个方面的见解集合起来，这实际上是共同建构知识的过程。

(四) 反思概括的重要性

在PBL的过程中以及最后阶段，学生需要对自己的思维过程和结果做反思。它具有以下意义：一是可以有意识地提炼出概括性的知识，防止知识变成惰性的、过于受情境的限制；二是理解如何把策略应用到新的任务中；三是理解他们使用过的思维和学习策略。这对知识的迁移来说是至关重要的。

四、对PBL效果的有关研究

PBL是否比传统教学方法更有效呢？在基础教育中，Barron等采用了思路与PBL相同的基于问题与项目的教学。其活动分为两个阶段：首先解决模拟的问题，再完成需要形成实际产品的项目。Barron等让五年级的学生通过一个名为蓝图 (blueprint) 的项目来学习几何，前后测的结果表明，优、中、差三类学生不仅在蓝图设计任务方面都取得了明显的进步，而且在几何知识测验 (客观题) 上也取得了很大进步。另有研究发现，参与PBL的学生在解决问题时更多地采用了与专家相类似的假设驱动的推理策略，更善于融会贯通，能够综合已学到的知识对问题进行符合逻辑的表征和较为精细的解释。Hmelo等以及 Hmelo 和 Lin 研究了 PBL 学生和非 PBL 学生在学习要点和学习计划上的差别，结果发现 PBL 的学生所提出的学习要点基本都是假设驱动型的，从而显示了前者在自主学习的能力与方法上的优势。

五、PBL学习理论对问式课堂的启示

PBL 学习理论非常强调驱动性问题的设计。该理论认为有趣味、有吸引力的问题有利于激发学生的认知动机，抽象的概念性问题往往会使学生感到茫然，比如对小学低年级的学生提出"你知道什么叫家庭吗"这一类问题，学生一般是不感兴趣的。如果改成"下雨了蚂蚁钻到地下，小鸟飞回鸟巢，它们是要回哪里去？""为什么要回到那里？"这样的问题，学生就会感兴趣，就会去思考。因此，在问式课堂上教师要善于设计驱动性问题。

PBL 学习理论不仅强调学生是积极主动的学习者，同时强调教师的积极引导作用。如果对学生过于放任，学习效果就会适得其反。因此，他们要启发学生积极应对问题，引导学生独立思考问题，鼓励学生在能动学习中协调、整合基本知识与实际技能等。因此，问式课堂不仅仅是提问的课堂，也不是放羊式的探究课堂，而是在教师指导下的解决问题的有效课堂。

PBL 学习理论认为，在独立思考、自主学习的基础上，小组合作学习对于解决问题十分重要。合作学习可以使学生在问式课堂上取长补短、相互学习，进而深化认知，汇集智慧，再进行头脑风暴，思维碰撞，最后分工协作，完成任务。

PBL 学习理论引导下的问式课堂须引导学生学会评价与反思，使学生成为成熟的评价者与反思者。问题解决的过程不是一帆风顺的，其学习成果也不是尽善尽美的，这就需要学生及时地作出评价，包括自我评价与同伴之间的相互评价，同时要善于学会自我反观、自我反思与自我反省。

第四节　探究学习理论

一、探究学习理论的历史渊源

可以说，古希腊著名教育家苏格拉底是探究式教学的鼻祖。早在 1650

年，在夸美纽斯所任校长的学校里，学习者的自发学习、自主探索就处于教学的中心地位。18世纪末到19世纪初，卢梭（J. Rousseou）、裴斯塔洛齐（J. Pestalozzi）、福禄倍尔（F. Froebel）等人的教育理论中都蕴涵探究的教育思想。卢梭曾反复指出：不要教他这样那样的学问，而要他自己去发现那些学问。你一旦在他心中用权威代替了理智，他就不再运用他的理智了，他将为别人的见解所左右[①]。

二、探究学习理论中具有代表性的观点

（一）杜威观点

19世纪末到20世纪上半叶，杜威认为，知识传授的注入式的教学方法的弊病就在于：第一，儿童养成了依靠书本的习惯，并且几乎本能地认为书本是取得知识的主要方法。第二，没有认知探究是儿童的本能之一。儿童身上潜藏着以下四种本能：一是语言和社交的本能；二是制作的本能；三是研究和探索的本能（这是一种探究性的冲动。尽管在儿童时期还谈不上什么科学研究活动，但儿童总是喜欢观察和探究）；四是艺术的本能[②]。杜威认为，知识绝不是固定的、永恒不变的，它既是一个探究过程的结果，又是一个探究过程的起点，始终有待于再考察、再检验、再证实，如同人们始终会遇到新的、不明确的、困难的情境一样[③]。

（二）施瓦布观点

施瓦布是芝加哥大学教授，著名的教育家。20世纪50年代末到60年代末，为了适应"冷战"的需要，布鲁纳（J. Bruner）、施瓦布（J. Schwab）、费尼克斯（P. Phenix）等人在理论上系统论证了"发现学习""探究学习"的合理性，推动了课程改革运动——"学科结构运动"。他同布鲁纳一样，要求教师把学习者作为"小科学家"看待，即"每个孩子都是科学家（Every child is a scientist!）"。

---

① 卢梭著：《爱弥儿》，商务印书馆1978年版，第217页。
② 单中惠著：《现代教育中的探索——杜威与实用主义教育思想》，人民教育出版社2002年版，第108页。
③ Pox, J. T. Epistemology Psychology and Their Relevance for Education in Liruner and Dewey, in Education Theory, 1969, l9.

（三）萨其曼观点

萨其曼（J. R. Suchman）的"探究训练模式"主张：要使学生明白一切知识都是尝试性的，如果想教给学生发现具有某种意义的范型和规则，就必须教给他们假设的方法、验证的方法、解释结果的方法。萨其曼坚信课堂上要开展探究学习必须满足三个条件：一是有一个集中学生注意力的焦点，最好是一个能引起学生惊异的事件或现象；二是学生享有探索的自由；三是有一个丰富的容易引起反应的环境。

三、探究学习的特征与步骤

（一）探究学习的特征

1. 主体性

探究学习鼓励学生充分发挥自己的主观能动性，积极参与探究活动，形成多方面的学习交流，从而创造一种开放、民主的学习氛围。它注重个体体验，将知识的学习看成是认识、情感和人格的综合结果。

2. 发展性

之所以说探究学习具有发展性特征，主要有两个原因：一是探究学习是在活动的模式下进行的，而活动的开放性特征让学生可以充分发挥自由的权利，表现学习的主体性，从而促进个体发展；二是探究学习的评价采取类似于纵向评价的方式，鼓励学生不断超越之前的自我而获得新的发展。学生通过不断进步而拥有越来越多的自信，也就能迎来新的成功，进而提高内在驱动力。

3. 问题性

问题和学习是相辅相成的关系。问题越多，产生的学习活动就越多，产生的学习活动一旦多起来，问题也会自然而然多起来。

4. 真实性

学科的知识内容大都来自日常生活，与学生的真实生活较为贴近。探究学习的真实性不仅体现在内容上，还体现在过程中。

（二）探究学习的步骤

1. 明确任务

在进行探究学习之前，教师必须先将学习目标和学习内容清楚明白地告知学生，让学生完全理解此次活动的要求之后再开始。

2. 分配工作

明确任务之后，教师将全班分成若干小组，指定组长、记录员和汇报员，让学生有条不紊地进行探究学习。

3. 教师指导

教师需要对整个探究活动起指路导航的作用，并且应该将进行探究学习的过程向学生描述清楚，指导学生如何去做，但不代替他们去做。

4. 汇报结果

在探究学习的末尾，学生有必要对整个学习过程进行反思，总结做得好的地方和不足之处，同时将学习成果和全班同学分享。

5. 科学评价

探究学习应该有一套科学和可靠的评价体系，评价标准应该根据学习目的来制定，评价主体、评价方式和评价手段可以灵活地进行选择，其中尤其要注意自我评价与学生互评、定性评价与定量评价的结合。

四、探究学习理论对问式课堂的启示

问式课堂是协同探究的课堂。探究学习理论倡导对问题作出假设、判断、推理，寻找理论与证据，进而提出解决问题的思路、方法与结论。它可以推进问式课堂发现问题、提出问题、解决问题的过程，同时也可以促进学生创新能力提升的过程。

问式课堂让学生体验学习主人翁的喜悦。学生在问式课堂中都能获得一种主人翁的感受，不是被动地接受教师传递的知识，而是自己调控探究学习的进度。学生从中不断挖掘自己的内在潜能，只要智力正常，都可以通过学习提高自己的创新能力。问式课堂所具有的探究性，可以使学生在多维发散、多种可能的探究成果面前显得情绪兴奋、游刃有余而感到有所作为、有所获得。

问式课堂可以培养学生的社会情感能力。探究学习理论告诉我们，问式课堂中协同探究任务的完成，既可以是学生独立思考、自主完成的过程，也可以是由多人参加的合作过程，在此过程中，学生之间、师生之间的交往，可以增进他们对学习型社会需求的适应性，也可以提高他们的社会情感能力。

问式课堂能够展现学生探究学习的真实发生过程。在探究问题的过程中，学生将自己的知识、情绪、态度和兴趣等真实地表现出来，有利于教师在观察中发现学生的亮点与不足，及时地帮助学生解决学习中暴露出来的各种问题，巩固知识与技能，提升元认知水平，真正将"教书育人"的使命落到实处。

第五节　深度学习理论

一、深度学习概念的提出

据有的研究者的观点，深度学习这一术语是在20世纪90年代以后才逐步被使用的，最早使用该术语的学者是本茨（Bentz V. M.）。所谓深度学习，一般认为是学习者以高阶思维的发展和实际问题的解决为目标，以整合的知识为内容，积极地、主动地、批判性地学习新的知识和思想，并将它们融入原有的认知结构中，且能将已有的知识迁移到新的情境中的一种学习。

二、深度学习理念的演变

（一）从索求理解到追求迁移

早期，马顿与赛尔乔提出的深度学习针对的是学习方式（approach）或策略，简单讲，采用理解方式的学习即为深度学习，而采用再现（reproduction）方式的学习即为浅表学习。进入21世纪后，面对日益变幻的新形势，如何迁移应用课堂所学让学生在未来的工作和生活中获得成功，成为教育的一大挑战。黎加厚教授认为：深度学习即是在理解学习的基础上，学习者能够批判性地学习新的思想和事实，并将它们融入原有的认知结构中；能够在众多思想间进行联系，并将已有的知识迁移到新的情境中，作出决策和解决问题的学习[①]。

---

① 何玲、黎加厚：《促进学生深度学习》，《现代教学（计算机教与学）》2005年第5期。

（二）从注重过程到侧重结果

比格斯认为，深度学习的策略手段是指学习者深度参与任务的方式，这种参与既是深度学习的先决条件，也是深度学习过程的组成部分。崔允漷教授也十分强调认知参与，他认为深度学习就是在复杂的环境下，学习者表现出的高度投入与参与并获得意义的学习[①]。

需要注意的是，2010年，休利特基金会提出深度学习的战略计划，表明研究者的注意力从参与过程转移到认知结果。与之前的深度学习注重基本技能的深度理解与迁移应用不同，此后的深度学习更加注重中高阶能力的习得与迁移应用。

为适应当今社会发展的形势需求，休利特基金会特别提出六种深度学习能力需要迁移运用。此后，美国国家研究委员会将21世纪能力重新梳理归纳为认知、自我、人际三大领域，并将这三大领域作为深度学习能力的三个维度。其实，休利特基金会提出的六大深度学习能力与美国国家研究委员会界定的三个维度、21世纪能力的具体内容是对应的，与智慧人才能力具有高度的一致性（见表2-5）。

表2-5 深度能力、21世纪能力与能力领域间的关系

能力领域	休利特基金会六大深度学习能力	21世纪能力[①]	智慧人才能力
认知领域	掌握核心学术内容	关键学科知识－3Rs	精熟基础知识
	审辨思维与复杂问题解决(有效使用专业工具、技术；创造性地解决问题的能力)	审辨思维与问题解决 计算与数字素养创新与创造	善于解决复杂问题 善于研判、善于创造
人际领域	协同作业	协作与领导力	善于协作，善用技术
	有效沟通（书面、口头）	交流与媒体素养	善于沟通
自我领域	学会学习	自主学习水平	善于学习
	发展与维持学术意念	职业、公民意识	心灵手巧、人格美好、务实创造

---

① 崔允漷：《指向深度学习的学历案》，《人民教育》2017年第20期。

三、深度学习理论对问式课堂的启示

问式课堂的教学目标与深度学习的目标是一致的。深度学习是学生胜任21世纪工作和公民生活必须具备的能力。从本质上讲,深度学习就是在解决问题过程中表现出来的高阶思维。它有助于学生灵活地掌握学科知识并应用这些知识去解决课内外的实际问题。同时,深度学习能力还包括团队协作、有效沟通、学会学习、善于实践、勇于创造等方面的基本能力。在深度学习过程中,引导学生把握学科本质及思想,发展高级的社会性情感能力与积极向上的价值观,成为当今学校中的优秀学习者,成为未来社会的合格公民与建设者。为此,问式课堂的教学目标起点要高、定位要实、立意要新,充分发挥立德树人的教学目标,将课堂搭建成为培养创新人才的坚实平台。

问式课堂与深度学习在教育教学改革的方向上是一致的。深度学习理论丰富而深刻的内涵为中小学教育教学变革提供了新视角,而问式课堂则是具体践行深度学习理论与扎实开展教学改革的试验田。在践行深度学习的过程中,教师需遵循学科规律与学生身心特点,科学把握学习起点与学生需求,让学习发生在最近发展区内。引领学生保持专注,重视学生思维过程,明晰解决问题的基本思路,注意即时反馈,帮助学生获得思维路径与学习方法。

问式课堂与深度学习在认知获得与元认知发展的同步推进上是一致的。问式课堂要采取多种灵活的学习方式,开展充满活力的交流与互动,让学生在掌握学科知识与技能的基础上,完善学习结构,增强自我调控能力,学会自觉反思,积累与发展多元智能,提升高阶思维品质,实现知识的重组、迁移与创新。

问式课堂与深度学习在运用教育技术实现智慧课堂赋能上是一致的。从本质上认识,问式课堂就是个性化的智慧课堂。因此,在理念、策略、方法更新的同时,要加强问式课堂的现代教育技术运用,包括计算机网络、网页制作、动画设计、摄影摄像、多媒体使用、课件设计、大数据运用、人工智能等等。教育技术的投入必将起到如虎添翼的效应,从而使学生学得更加深入、更加扎实、更加灵活。

第三章　问式课堂研究的认识历程

第一节　问式课堂的发展阶段

上海大学附属嘉定留云小学（以下简称上大云小）问式课堂从提出到走向成熟，大致经历了五个阶段（见图3-1）：

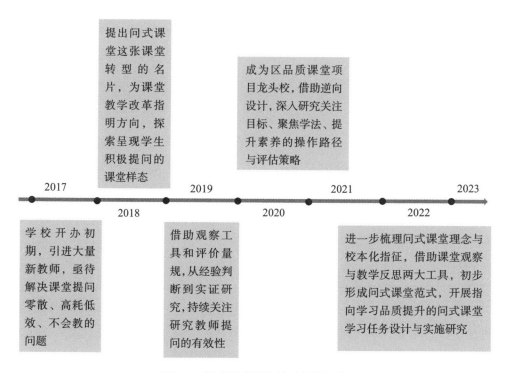

图3-1　问式课堂研究的时间轴示意

一、"萌生课改想法"阶段

上大云小位于嘉定区南翔镇仲秋路160号,是一所建于2017年9月的公办小学。占地总用地面积22 320平方米(约33.5亩),总建筑面积15 068.4平方米,绿地面积8 035平方米,绿化率36%。有25个教学班级,大大小小房间有100多间,其中教室28间,教辅用房33间,办公用房25间,还有室内操场、室内停车场、食堂、卫生保健室、图书馆等专用房间,设施齐全。建校初期,学校有专任教师58名,其中高级教师4名,占7%;一级教师12名,占21%;二级教师35名(加上未定级7名),占72%。本科以上学历100%,其中硕士研究生29名,占50%;50岁以上年龄段4名,占7%,40岁年龄段7名,占12%,30岁年龄段14名,占24%,25~29岁年龄段31名,占54%,25岁以下年龄段10名,占17%,老中青结构比例约为1∶2∶12。总体而言,教师队伍呈现高学历低能力、老中青结构严重失衡、初入职教师占比大(72%)、教学经验缺乏的特点。如何把高学历的教师转化成高能力的教师,是学校必须要解决的问题。只有立足课堂改革,加强实践磨炼,解决薄弱环节,才可能形成良好的教师梯队,提升可持续发展的能力。在此期间,学校从领导深入课堂听课、完善教学制度、加强日常管理入手,力图推进学校的课堂改革。

二、"提出问式课堂"阶段

在学校开办的第二年,蒋兴涛校长协同团队,依据"启慧养正"的办学理念,积极探寻课堂教学转型的突破口。他们在听课中发现:在那些好课中,教师总能提出精炼且有启发性的问题,学生参与讨论问题热烈,并且还能提出问题;而有的新教师课堂教学提问零散,高耗低效不会教,学生学习比较被动,主要依靠师问生答的方式,自觉提问意识薄弱,且尚未掌握提问的技能和方法。经过研究,学校领导提出了问式课堂这一张课堂转型名片。于是,学校明确了课堂教学改革的基本方向,决定致力于探索呈现学生积极提问的课堂样态。随着新课程改革的不断深入和国家对课堂教学改革步伐的不断推进,各个学科越来越关注课堂教学的深度和效度,传统的教学模式和教学设计方式难以实现深度教学和高效教学,因此,教学模式的创新研究成为教学改革的迫切需求。在这一阶段,问式课堂引起了广大教师的关注与重视。有的教师在学习的基础上开始尝试问题引导式的教学方法,并引导与鼓励学生大胆提问,积极参与教学过程。然而,由于学校主要采取一般的理论学习方式与校本教研的思路来打磨这张名片,因此,总体而言,课堂转型的力度还是不够的。

三、"诊断课堂问题"阶段

这一阶段,学校开始借助工具和评价量规,从经验判断到实证研究,持续关注教师课堂提问的有效性。这一阶段的研究,主要以教导主任陈兰的课题为代表。2019年,陈兰成功申报立项区级课题"基于课堂观察提升小学语文提问有效性的行动研究",带领教师以课题研究为引领,以问题诊断为主攻方向,以课例研磨为转型抓手进行研究。这一研究对全校课堂产生了重要影响。

表3-1 语文课堂提问类型划分

提问类型	具 体 含 义
知识型	要求学生通过回忆检索已有知识来回答问题
理解型	要求学生用自己的话对事实或事件进行叙述,对照、比较事实或事件的异同
应用型	要求学生把所学的概念、规则、理论等知识应用于某些问题,学会迁移应用
分析型	要求学生运用已学过的知识来分析新学知识的结构、因素,理清事物的关系和前因后果
创新型	能够对知识有整体性的理解,并将知识以新的有创造力的方式结合,形成一种新的联系
评价型	要求学生对所给出的材料给出自己的价值判断和选择

(一)课堂观察

课题组针对教师课堂提问的观察主要包含提问类型、提问过程(即发问、候答、叫答、理达四个环节)。以下主要介绍对提问类型的观察。

问式课堂的理论与实践探索

课题组根据布鲁姆教育目标分类,将思维分为六种级别,即识记、领会、应用、分析、综合和评价,并结合语文学科特点与教学实际,将小学语文课堂提问类型分为以下几种(见表3-2、表3-3),并根据课堂提问实况做好记录。课堂观察共15节课,对其中比较有代表性的三节课进行分析,从中观察小学语文课堂问题的设置、提问的方式、问题的类型、学生对问题的反应情况等。表3-2、表3-3是对《田家四季歌》《黄山奇石》两节课提问类型的统计。

表3-2 《田家四季歌》课堂中根据提问设计类型统计的提问次数

提问类型	知识性提问	理解性提问	应用性提问	分析性提问	创造性提问	评价性提问
提问次数(次)	8	14	3	4	0	0
百分比(%)	27.59	48.28	10.34	13.79	0	0

表3-3 《黄山奇石》课堂中根据提问设计类型统计的提问次数

提问类型	知识性提问	理解性提问	应用性提问	分析性提问	创造性提问	评价性提问
提问次数(次)	10	12	2	9	0	0
百分比(%)	30.30	36.37	6.06	27.27	0	0

根据提问设计类型,研究者观察到在《田家四季歌》一课中教师累计提问29次,其中知识性和理解性提问最多,分别占提问次数的27.59%和48.28%;其次是应用型和分析型问题,分别占提问次数的10.34%、13.79%;其中综合性和评价性提问占比为0。在《黄山奇石》一课中教师累计提问33次,其中知识性和理解性提问最多,分别占提问次数的30.30%和36.37%;应用型和分析型问题分别占提问次数的6.06%、27.27%;综合性和评价性提问占比为0。基于观察数据,可见两位青年教师的课堂提问虽多,但并未关注到各个层次类型的提问。

基于上述两节课中存在的不足,课题组再次打磨一节语文课——《富饶的西沙群岛》,并进行了课堂观察,对教师的课堂提问进行分类统计,统计数值如表3-4所示。

表3-4 《富饶的西沙群岛》课堂中根据提问设计类型统计的提问次数

提问类型	知识性提问	理解性提问	应用性提问	分析性提问	创造性提问	评价性提问
提问次数（次）	2	13	1	7	2	3
百分比（%）	7.14	46.42	3.57	25	10.71	7.14

在该节课中教师累计提问28次，其中理解性提问最多，占比46.42%；其次是分析性提问，占比25%；创造性提问、评价性提问和知识性提问分别占比10.71%、7.14%、7.14%。可见，教师的课堂提问关注到了问题的难易程度，对各个层次类型的提问分配较为合理，注重训练学生的思维。

（二）问卷调查

课题组的教师问卷调查主要围绕教师对问题设计的重视程度、提问方式、提问后的反馈和评价等四个方面展开。以下是对其中两个方面的调查结果：

1. 对教师对问题设计的重视程度的调查

从表3-5数据可以看出，虽然大多数教师对课堂提问预设较为重视，但"每一节课都会"选项比例低，这是需要改进的。因为从理论上讲，每一节课都应该有问题的预设。

表3-5 教师对课堂提问的预先设定情况

问　　题	选　　项	比例（%）
您在备课的过程中是否会预设课堂中提问的问题	A. 每一节课都会	19.34
	B. 大多时候都会	45.71
	C. 偶尔会	32.42
	D. 基本不会	2.53

2. 对教师提问方式的调查

教师课堂上的提问方式会影响学生接收并理解课程知识的程度，在一定程度上也可以反映出该教师是否具有培养学生思维发展的意识。

表3-6数据显示，在课堂上，将近一半的教师会选择在提出问题后给予学生充分的时间进行思考，而只有12.06%的教师会在课堂提问上着眼于引导学生主动提问，说明有些教师还是能够在课堂上有意识地培养学生的思维。但是由于课堂时间有限，仍然有38.95%的教师在提出问题后给学生较少的时间进行思考，匆促地让学生回答问题。在回答问题的方式上，69.28%的教师喜欢点名回答问题，25.16%的学生会主动发言，有极小部分教师还会有集体回答问题、自问自答的方式。

表3-6 教师常用的提问方式统计

问题	选项	比例（%）
在教学上，您使用最多的提问方式是？	A. 提问后立即告诉学生正确答案	0
	B. 提问后较快让学生回答	38.95
	C. 提问后留给学生充分思考时间再让学生回答	48.99
	D. 重在引导学生主动提问	12.06
您最常使用以下哪种方式让学生回答问题？	A. 学生集体回答	3.48
	B. 点名提问	69.28
	C. 学生主动发言	25.16
	D. 自问自答	3.07

同时，课题组还对学生进行问卷调查，内容包括学生的问题意识、问题讨论的参与性、提问方式偏好等。调查发现，有一半以上的学生问题意识不强，对问题讨论缺乏积极性，没有自主提问的习惯与倾向。

（三）教师访谈

在教师访谈中，课题组提出了各种问题，例如："在课堂提问中，您一般会倾向于哪些学生？为什么？"教师回答如下：

教师1："这需要分情境来谈。在公开课上通常倾向于提问优等生，因为这样可以突出课堂的展示性；在常规课上还是倾向于后进生，毕竟还是要促进学生共同发展。"

教师2："大多数情况下还是会选优等生，他们的答案通常可以作为范例来指导其他学生。同时这也可以节约课堂时间，提高课堂效率。"

教师3："有时我会把提问作为一种手段，提醒上课注意力不集中的学生。所以有时会倾向于提问开小差的学生，以达到警醒的效果。"

教师4："我会倾向于先提问举手的学生，再提问一直不举手的学生。前者是为了保持学生的积极性，后者是为了检验课堂教学效果。"

教师5："我多数会倾向于提问后进生，因为他们掌握好了，整个班的平均水平才能上去。"

……

综上可知，在课堂提问对象中，中等生往往是被忽视的对象，中等生的思维培养常常得不到足够的重视。

四、"与项目结伴而行"阶段

这一阶段，学校与品质课堂项目结伴而行，借助逆向设计，深入研究，重点关注目标、聚焦学法、提升素养的操作路径与评估策略。

2020年，学校加入南翔学区品质课堂项目组，借助学区吴宝英名校长工作室的资源，为当时建校不到五年的上大云小把脉问诊，从"新手教师多、学历层次高、把关教师少"的现状特点出发，提出"着力培养一支研究型的青年教师团队，打造上下认同的教师名片和课堂名片"。通过为期两个月的案例诊断式研究，借助"逆向设计"新技能发展上大云小的"问式课堂"，提升学生的思维能力。运用"一题多课N个案例"的学区教科研联动模式，上大云小以教学节为载体，以学科教研组为单位，鼓励骨干教师开展项目研究、青年教师开展课例研究、成熟型教师开展作业研究，让每一位教师都参与到提升学生思维能力的行动研究中，真正体验了通过"小问题""真研究"，把教学场转变为研究场。在学区专家和外聘导师的指导下，上大云小充分依托学区资源，积极开展实践研究，在"在问式课堂中孵化研究型教师""在逆向设计中打造品质课堂""智慧传递 美美与共——嘉定区品质课堂项目研讨"三次区级展示活动中，各学科教研组贡献了提升学生思维能力的有效策略：语文学科通过问题链设计，引领学生思维的螺旋上升；数学学科凭借核心问题，唤起学生高阶思维；英语学科情境+问题串，建构学生的思维逻辑。经过第一轮品质课堂实践研究，围绕"问式课堂"，先后有23人次，采用TED演讲、片段教学、微报告的方式，分享了他们的研究成果，30多人次在《上海教育》《现代教学》《嘉定教育专刊》上发表研究成果，"逆向设计视角下小学语文问题链的构建与实施"立项为区级课题，学校成为嘉定区首批品质课堂龙头项目学校，在区域内产生了一定的专业影响。

五、"问式课堂成型"阶段

这一阶段，学校的主要工作是：进一步梳理问式课堂理念与校本化指征，借助课堂观察与教学反思两大工具，初步形成问式课堂范式，开展指向学习品质提升的问式课堂学习任务设计与实施研究。

其间，第二轮品质课堂研究启动。这一轮研究的思路是：结合创新素养导向下的学校课程设计与实施研究，继续聚焦指向学习品质提升的问式课堂学习任务的设计与实施。本阶段项目推进的基本原则如下：

第一，问题导向，主题引领。在第一轮研究的基础上，聚焦提升某类学习品质的实践问题，进一步明确研究行动的主题和预期成果的类型，以研究行动"小切口"解决课堂"真问题"。

第二，协同推进，深度教研。以学区为单位，建立协同教研机制，通过以课例为载体的"主题化、系列化、精细化"的深度教研，推进品质课堂研究行动。

第三，以展促研，成果辐射。项目推进过程中搭建多方参与的联建共创展示平台，每个项目龙头校协同主题联盟学校进行两次展示活动（一次学区或主题联盟范围内展示，一次区级展示），以终为始推进研究行动，促进成果辐射。

在项目推进的同时，学校组织教师学习教育理论，提高教育教学理念，梳理问式课堂的校本化指征，基本形成了问式课堂的"问—思—探—创"教学范式的框架。在细化教学范式的过程中，大部分教师积极投入"众筹（划）分享"活动，贡献智慧，群策群力，在各自理解基础上绘制了问式课堂范式示意图（见图3-2）。

这一阶段教师对问式课堂的认识进一步得到深化，主要表现在：

第一，认识到问式课堂与新课改的理念可以很好融合。问式课堂与新课改的理念有很多相通之处，可以通过以下几个方面更好地融合。一是强调学生主

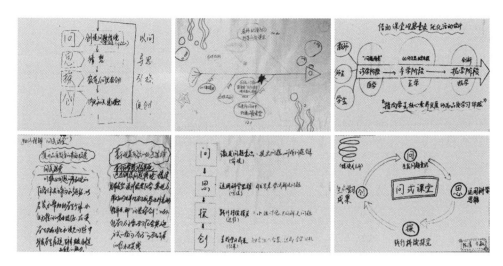

图3-2　部分教师绘制的问式课堂范式示意图

体性。新课改强调学生的主体地位，问式课堂也是以学生为中心，通过提出问题、探究问题和合作解决问题来建构知识。因此，在实施问式课堂时，应更加注重学生的主体性，让他们在探究中发挥自己的想象力和创造力。二是注重思维能力培养。新课改强调培养学生的创新精神和实践能力，而问式课堂则是通过提出问题、探究问题和合作解决问题来培养学生的思维能力。因此，在实施问式课堂时，应注重培养学生的创新思维、批判思维、合作思维等能力。三是强调跨学科整合。新课改强调跨学科整合，而问式课堂也可以通过设计跨学科问题来促进不同学科之间的整合。因此，在实施问式课堂时，可以尝试设计一些涉及多个学科领域的问题，并鼓励学生在探究中进行跨学科整合。四是强调实践应用：新课改强调实践应用，而问式课堂也可以通过探究问题和解决问题来促进学生的实践应用能力。因此，在实施问式课堂时，可以尝试设计一些与现实生活相关的问题，并鼓励学生在探究中进行实践应用。

第二，认识到问式课堂是教师成长的孵化器。通过"在问式课堂中孵化研究型教师"和"在逆向设计中打造品质课堂"的实践研究，教师可以更好地理解学生的思维方式和需求，从而更好地指导学生的学习，同时也可以促进教师专业发展，提高教育教学水平。此外，实践研究还可以推动教育改革和创新，为学校和社会培养更多具有创新精神和实践能力的人才。上大云小在研究与实践中发现："课题、课例、小问题"是孵化研究型教师的三要素；"一题多课N个案"教科研联动是孵化研究型教师的动力系统；双导师配备是孵化研究型教师的支持机制。

第三，认识到问式课堂的研究与实施路径。具体来说，可以从以下几个方面进行深化研究：一是教师角色转变，探索如何让教师更好地扮演引导者和支持者的角色，如何在问式课堂中更好地发挥教师的作用；二是问题设计，研究如何设计能够引导学生思考、探究和合作解决问题的问题，形成问题链，并探索不同类型问题与问题链，对学生思维能力和知识建构产生影响；三是合作学习，研究如何促进学生之间的合作学习，如何组织小组活动、分配任务、协调关系等；四是效果评估，通过量化和质性方法对问式课堂实施效果进行评估，了解其对学生思维能力、知识建构、兴趣方法等方面的影响。总之，深化研究问式课堂，还需要从多个方面入手，不断探索和创新，以提高教学效果和学生学习体验。

第二节 教师对问式课堂内涵的理解

一、沙龙谈体会

教师对问式课堂的理解是在一次次的理论学习中逐步深化的。以下是部分教师在一次读书沙龙上的发言摘要。

（一）问式课堂是信息丰富、激发兴趣的问题场域

C教师：传统课堂的问题设计往往具有单一的特点，一般多指向单个知识点的认知、理解与应用，呈现出碎片化、形式化、浅表化等特征。学生的思维往往停留在低阶层面，深度思考力和高阶思维培养效果不佳。而注重思维力和高阶思维培养的课堂教学，则要求从知识掌握转向问题解决和知识建构。因此，课堂就成为学生主动学习探索、思维生成加工的问题场。问式课堂可以唤醒、激活学生兴趣，让学生主动参与情境感知，通过一个核心的主问题，或通过一串由浅入深、从易到难、环环相扣的问题链，串联起任务与知识之间纵横交错的关联性学习。

Z教师：问式课堂问题链的设计一般有五大要求。一是针对性，聚焦目标，服务于目标。问题链针对的是教学中的重难点、关键点和中心点，而重

难点、关键点和中心点都是围绕教学目标来确定的。二是挑战性，根据最近发展区理论，教学目标的设计要具有一定挑战性，以培养学生的创造性思维。挑战性是创造性思维倾向中的基本品质。挑战性，不是让大家毫无根据地提一些高难度的问题，而是将问题的难度控制在学生最近发展区，注意引导学生积极主动地思维。通过积极主动思维，将问题进行化解，也就是我们经常说的引导学生跳一跳摘到果子吃。三是逻辑性，问题间需要环环相扣。问题链不是单一、单个的问题。问题链要求问题之间环环相扣、层层递进，具有一定的逻辑性，而不是松散的、毫无联系的。四是递进性，先易后难，步步提升，挖掘深度。铺设问题时要以旧引新，让新旧知识产生链接，借助学习已有的知识经验，创设情境，引导学生思维的发展，在情境中引出新知识、新课题。这一过程强调问题难度的进阶性，强调学习步骤的进阶性，强调认知能力与元认知能力的进阶性。五是应用性，拓展迁移，形成图式。不能为了提问而提问，要围绕核心的主问题，通过讨论与探究引导学生将所学的知识应用迁移到其他的情境中，应用迁移到其他的学科里，应用到我们的日常生活中，从而引导学生形成科学、完备的认知结构。

Y教师：问式课堂是一个信息丰富的问题场域。而师生都是问题场的建设者。核心问题是聚焦知识习得和能力养成的载体，也是解决核心问题、引领深度学习的支架。在师生共创的问题场域，教师通过问题链，引导学生投入各种手眼脑并用的分析、比较、判断、决策等一系列高阶思维活动中去。在课堂整个教与学的过程中，师生始终置身于问题探究的情境中，深思、共探、同创、自主探究、协同学习、交流互助。只有师生、生生间形成良性的思维流动，学生学习的主体性才能得以充分彰显，才能够获得学习的愉悦感、成就感，才能够进入学习、思维、生长的最佳状态。

（二）问式课堂是促进师生成长、学校发展的改革场域

T教师：问式课堂不仅是提高教育质量、实现课堂转型的主要阵地，更重要的是促进师生成长的改革场域。它是一个充满创意与活力的过程，可以推动教育改革，促进教育创新，进而强化与优化立德树人与培育核心素养的过程，提升师资队伍素质，培养更多具有问题意识、创新精神和实践能力的教育教学专业人才，增强学校竞争力与社会影响力。

D教师：改革场域要求教师具有勇于革新、敢于创新的实践精神，落实到

问式课堂研究，则需要前卫的教育理念、系统的设计思想与复杂问题的解决能力，只有这样才能让问式课堂发挥更大的辐射作用与示范作用。

（三）问式课堂是心灵交响、情感交流的生命场域

H教师：构建问式课堂文化，让课堂成为师生生命与心灵、精神和思维互动流淌的场域。温馨、安定的学习氛围、心理环境，强调由师生来共同营造。课堂，是遇见知识、思维碰撞的场域。在师生共同建立起课堂规则的基础上，宽容、友好、鼓励是积极向上的课堂文化的起点。激发起学习者发自内心的好奇心、探究意识。呈现高效而丰富的学习过程，师生情感在此交融。问式课堂的文化，不是天然形成的，更无法通过威严、呵斥来营造，需要精心设计，需要悉心探索，需要耐心孕养。

M教师：师生是问式课堂文化的实践者。嘈杂的、无序的课堂，很难迸发思维的火花。要引导学生学会尊重，教会学生安静倾听，磨炼学生的共情力、合作力、思考力、判断力、表达力。

二、座谈抒心声

教师对问式课堂的理解是在一次次的实践过程中逐步深化的。以下是上海师范大学C教授和上大云小部分教师的座谈摘要。

（一）研究历程

C教授：问式课堂的研究与实践，你们一路是怎么走过来的？请谈谈你们的经历。

G教师：问式课堂研究最初的一个样态，就是对原来的课堂进行观察与诊断。当时我们设计的观察量表也是比较粗的，开始我们更多关注的是课堂中问题的数量，包括教师提出问题的数量、学生提出问题的数量。当然，我们也会把教师与学生提出的问题记录下来，尤其记录学生的问题内容，课后分析学生所提的问题质量如何，学生解决这些问题大概花了一节课中的多长时间。当时我们的量表上是涵盖这些内容的。2020年，嘉定教育提出"品质课堂"的概念，那个时候还没谈到学习品质，就说品质课堂的一个概念，然后我们就从2020年开始，分别从语文、数学、英语学科提出了三个引领性

的课题，那个时候我们也不能说是课题，应该说是一个研究方向。此后，我们课堂观察与研究的内容就更加具体了，并且在比较全面的诊断基础上，不同学科的研究也有所侧重。比如：语文主要是问题链设计，数学聚焦核心问题引领下的学生思维品质的提升，也就是说，教师对于课堂中所教的数学知识，先找出核心问题，然后根据核心问题设计子问题。英语我们关注的是在逆向设计思路下的问题设计。其实专家对我们的问式课堂的这个提法，是提出过异议的。因为你要对它做一个界定的话，挺难的。其实不用纠集在提法与界定上。问式课堂进阶到2021年时，我们结合学生的学习品质，研究就具体化了，问式课堂的方向就明确了。有品质，说到底有哪些品质——有会学的品质、乐学的品质、善学的品质三个维度。关于学习品质，我们请了华东师范大学的安桂清教授给我们做培训。学习品质的问题明确了，为学生学习服务的问式课堂自然就有谱了。后来我们做的课堂观察与课堂反思就比较扎实了。

C教师：我是这所学校开办第二年进来的，我教的是语文。问式课堂是我们蒋校长提出来的。根据字面的意思，我起初是想，问式课堂应主要体现在学生那里——会问、学问、善问，所以他提出了这样一个问式课堂的理念。但是，在我们刚开始尝试要进入问式课堂的时候，我们感觉到很困难。因为刚开始时，要让一、二年级的孩子会问、学问、善问，在课堂中提出一些问题，有很大难度的。所以当时我们语文组就换了一个思路，是不是可以从老师的提问开始呢？当时我们语文组就是从一个课题，就是教师课堂上有效性提问这样一个课题的实践研究入手的。有的新教师在课堂的提问方面存在不少问题，他不知道这个问题的价值，提了好多问题但琐碎没有价值。当时我们用了布鲁姆的认知领域的六个层次，就是通过它的实际理解、运用分析、综合评价这几个层次来确定老师的提问到底是有效的还是无效的，还有就是提问的层级是低阶的、中阶的还是高阶的。刚开始就是从老师的有效提问入手的。当然，我们在问式课堂中还观察学生，就是说从老师的提问中可以看出学生的回答情况，如回答的频率、回答的次数、回答的正确性、回答反映的思维，从学生学习那块其实我们也做了一些课堂分析。我感觉这都是我们问式课堂研究比较初级的时候的做法。后来一直想界定问式课堂这个概念，但有一个阶段就很迷茫。后来因为介入了一个问式课堂的逆向设计理念与做法，研究才有了一定的转机。过去我们的界定似乎有一些狭隘，要么从教师的问出发，要么从学生的问出发。

我感觉对问式这两个字的理解应该更广阔一点吧。我们各个学科如果把问式课堂置于核心素养培育的大背景下去考虑，研究的内容可能更加丰富，内涵可能更加深刻。

  X教师：我是从学校筹建开始就进来的第一批老师。最早提出问式课堂的是我们第一任校长蒋兴涛。那时我们对问式课堂的界定还没有像现在这么明确。那时我们发现，课堂教学还是比较传统的。校长的出发点就是想激发学生的问题意识，由教师提问转化为让学生来提问，比如说我们在课堂当中，学生可以提出问题，对一些内容产生质疑，就是培养学生的问题意识。这是我们的第一个阶段。到第二个阶段的时候，我们觉得狭隘地去理解问式课堂还是不够的，所以我们又查阅了很多资料，又请专家来指导。我们在不断发展问式课堂的过程中，不断地去重新界定它。唐敏成为我们第二任校长的时候，对问式课堂又作了一个定义，即在建构主义学习理论和教学原理指导下，以核心问题、序列化任务、问题解决为导向和驱动，以启发和帮助学生个体小组提问为基本特征的课堂。在使学生经历讨论和设定问题、协作解决问题的过程中，引发学生的质疑、思辨、探究、创造和反思，从而培养学生的问题意识，提升学习品质。我们是从这些方面来给问式课堂下定义的。现在，我们又对问式课堂进一步地再细化，将问式课堂发展为可观察化与指征化的课堂，即问思探创。它实际上是我们问式课堂的一个具体化的指征。问呢，就是学生生发问题意识。比如说，学生对问题情境进行多个角度辩证的思考，能够提出有理有据的质疑，问题比较明显，表达清楚，指向明确。教师这方面，是要创设问题情境。那么思呢，实际上是用科学思维，它指的什么呢？就是具备基本的知识基础，尊重事实和依据，提出假设，通过推理、实验等检验假设。教师要搭建思维支架，让思维过程可视化，比如说可以通过交互、反馈生成的这种过程，我们概括为思。那么探呢，我们界定为是践行持续地认知与解决问题的过程。比如说我们想培养学生，在研究过程当中遇到困难，不放弃，积极尝试，提出解决方法，形成探究结果。还有最后一个环节呢，就是创，实际上是高阶认知的一种成果，可以是学生创新思维的思想产品，也可以是创造能力的物化产品。回顾走过的研究历程，大概分为三个阶段：第一阶段为萌芽阶段，课堂由灌输式慢慢转变为问题式，教师重视问题设计，学生培养问题意识；第二阶段引入品质课堂概念，探索学科问式课堂；第三阶段是问式课堂指征化，形成问思探创范式。

（二）攻坚克难

C教授：在问式课堂实践过程中大家遇到过哪些困难？又是如何应对的？

L教师：比如说让学生进行提问的话，感觉学习基础比较弱的学生可能在提问上还是会有一些困难的，或者说就算能想到问题，也由于表达能力差而无法顺利地提出问题。所以我觉得整体来说，提问题只能说对于那些中等或者是中等以上的学生会比较适应。所以如何使得学习基础弱的学生也能提问题，我觉得要多做研究。事实上，有的老师也做了实践探索。一是要坚持培养学生问题意识，在这方面要提高认识，我们不是为提问题而要求提问题，而是因为提问题本身就是学习的内容，更主要的是它能够激发思维，调动学习的积极性，培养探究精神。所以提问题不是好学生的专利权，而是所有学生必须经历的过程。二是坚信不管哪个层次的学生都能够学会提问题，因此要鼓励学生提问，为他们创造和谐自由宽松的学习氛围。三是要教给他们提问的技巧，尤其是对困难学生，要为他们创设更加直观的问题情境，引导他们从会提简单问题发展到会提比较复杂而有价值的问题。四是在提出问题的基础上，为他们搭建脚手架，帮助他们在解决问题的同时获得成功的喜悦感。

X教师：去年学校明确提出问思探创，可以说是我们问式课堂的一个观察指征体系，也可以说是相当于教学的策略或教学的范式。但教师在做的时候，特别是在数学课上，我们都感觉很难把问思探创阶段化、固定化、模式化。我们觉得，问思探创不仅仅是整个教学当中的四个阶段，还可能在某一个教学环节当中就体现出问思探创过程。就是说，我们怎样才能够在课堂中把这四个模块能够做得比较好一点，或是做得有自己的特色。我觉得老师们在这方面还是有一点困惑的。我们怎么样才能够体现与落实问思探创四个观察指征，怎么把它细化下去、活化起来，怎么样把它转变成一个教学策略或教学范式，是需要面对的问题。我认为，各学科的问式课堂要有个性与特色，不能完全照搬也不能统一格式，要从学科性质出发，灵活设计问式课堂，不要把问思探创相互割裂，程序不要固化，具体问题具体对待，才是问式课堂发展下去的生命力所在。

C教师：我觉得我们在研究问式课堂的过程中存在教研思路与科研思路冲突的问题，如果不能把握好两者的关系，就可能出现或者"花拳绣腿"或者"双基本位"的倾向，如果要兼顾两者，教师要花大量精力。比如现在我们的那个课题叫"运用问题链发展学生学科思维的问式课堂实践研究"，这项研究既要从学科内容出发研究与编制问题链（这可能更多的是属于教研的范畴），同时还要研究学科思维的特点与培养问题（这可能更多的是侧重理论与科研），后续还要介入课堂观察。有的教师觉得迷茫了，我们到底做问题链还是做课堂观察，它们会有冲突吗？教师精力够吗？怎么样把它们捏在一起，这是一个比较实际的问题。我觉得，为打造问式课堂这张名片，教研与科研必须两条腿走路，但是每个阶段可以有所侧重，力量不能平均使用。毕竟我们又要正常上课，还要展开教研与科研。比如，我们有一阶段主要是设计问题为主，重点是研究教材及教学内容，有一阶段进行课堂观察，侧重对教师与学生在问式课堂上的表现进行诊断与分析。

（三）主要收获

C教授：通过问式课堂的研究与实施，我们教师主要有哪些体会与收获？学生又有哪些变化？

G教师：首先我是觉得，就我个人而言，问式课堂打开了我的研究思路。我跟我们唐校长说，其实这两年我跟不少的专家在沟通，也跟不同学科的专家沟通、学习，我觉得它本身对教师来说是一个很实际的指导。因为现在正好是变革时期，新课标出来了，新教材也出来了，要求我们的课堂、我们的评价测试也要变革。这对我们教师提升自己的专业素养是一个很好的机会。比如讲，我最深的一个感受就是，我们英语在研究量表的时候，不仅教研员参与，还专门请了研究表现性评价的一名高校教师给我们做指导。在指导过程中，我们英语教师基本学会如何设计以促进学生提升为目标的评价量表，去促进他们的课堂教学，评价教与学的效果。我们的教师还会写相关的论文，还会做一些相关的课题研究。就教师层面来说，我觉得英语学科太明显了。从学生的变化看，一是在问式课堂的氛围下语言运用能力得到很大的提升；二是教师在表现性评价里面植入了问题，去引导学生通过提出问题与思考问题提升语言表达的逻辑性。第二个感受是问式课堂让我们反思自己。我发现教师如何去打破自己非常重要，我一直跟我们唐校长说，就是你会发现有的老师他很快地去接受一个新的东西，然后他勇于去尝试。像我们学校，年轻教师比较多，其实年轻教师更容易打破自己的，因为他没有一个自己固定的教学模式。以前的课堂是就教知识，现在我们是以任务活动的形式去设计、去解决一个个问题，比如数学中的植树问题，它有价格问题、周期问题，需要用小组讨论的模式，去发现问题，去解决问题，然后运用数学的核心概念去解决生活实际问题，其实数学不是就数学教数学，也不是单纯地为了去解一道应用题，而是去解决生活当中跟数学有关的实际问题。问式课堂让学生产生的变化也是明显的，我们可以从课堂当中看出来，就是跟我们之前的课堂中的学生的反应是不同的，比如说对某一个知识点或者说对某一篇课文的理解，学生的思维活跃度、提问题的积极性以及表达能力有了一定的提高，这些不仅表现在课堂当中，还表现在少先队选大队委员的过程当中。我发现尤其是四、五年级的学生，很善于表达，勇于表达。

C教师：问式课堂的研究对于一些新教师还是有不少帮助的，因为刚开始有的教师随口就问，一堂课中，他有六七十个问题。那整个的一节课，其实就是问答，但是他不去研究它。那么一研究呢，就会发现确实有几个问题明明可以并成一个问题问，自己却要去问两三个问题。通过这个研究，教师对问题真的是精选了。而且研究还发现，在教师的问题中大多是识记、理解层次的，都是低阶思维的，那么怎样有意识地让问题上升到分析、综合、评价的层次？老师们意识到，高阶思维的问题要多设计。因为一整堂课，你如果停留在低阶思维的培养，不利于学生的思维发展。我们还发现有的教师刚开始对于有人来听课是很紧张的，他们会专门挑一些举手能说的学生回答问题，忽略了其他学生。通过当时的课堂观察与研究，大家认识到，提问要考虑更多的学生，问题要有一定的层次，比如问题简单一点的、坡度小的可以让一些平常不愿意举手的学生回答；那些高阶认知的问题，就可以给学习基础好一点的学生回答。这些课堂观察与研究对于新进教师还是挺有帮助的。后来我们发展到了问题链的研究，其实问题链的研究对比较成熟型的教师或者有几年教龄的教师，也就是说有一定教学经验积累的教师去研究的话，会有一定的提升。因为如果是刚进来的教师，可能一下子达不到这种高度。因此，在问式课堂研究中，我们就以老带新，先从高年级做起。因为我们语文课，其实也是可以用一条问题链串起整篇课文的内容，或者围绕语文核心素养来串起这样一条问题链，那这个要求就比较高一点。我们专门研究了几堂课的问题链运用，研究下来效果比较好。因为这条问题链全部是围绕目标与内容的，所以教师上课的思路是非常清晰的，教学也是很成功的。要说问式课堂对于学生的影响也是明显的。开始一提到要让孩子问问题，老师就感到有点难。后来经过问式课堂的培养，学生慢慢学会了提问题，并且还形成了系列问题。比如我们有一个《小虾这样》一篇课文，学生在课堂上提出不少问题，并在老师的引导下经过筛选，变成一条问题链。

L教师：在问式课堂中，我觉得教师可能会更加基于学生去问一些问题，或者说他真的基于现实情境当中的一些真实问题出发去做一些设计和考虑。我之前上过一节课，那是英语里面的一堂音乐课。我启发学生基于情境进行真实的提问。比如说，他们同伴之间在音乐课上可能会问你会演奏什么乐器呀？这个乐器的声音是怎样的呀？你会用这个乐器演奏什么曲目呀？你是否能给我们展示一段呀？学生提出的一些问题之间是有一个逻辑关系的。我们在教他们提问之外，是希望慢慢引导他们去形成一个正确的逻辑关系。问式课堂也让学生学会去思考了，原先可能还是照着老师说的去做，他们现在会去想，我该提出一些什么问题，或者是这个问题提得是否正确，他们还可能在和同伴的互相交流过程中，发现自己之前的某一个设想是不正确的。那么在探讨过程当中，就可以去转变自己的思路，并在别人提出的一些比较好的建议之后，去选择去改变自己的一些想法，或者说去尝试别人的一些建议。

T教师：随着问式课堂的深入研究，教师对问思探创的范式展开探究，大多数教师都投入其中，绘制教学流程图，并对这一范式作出自己的诠释。这些图文张贴出来后，起到了很好的交流作用。我感到，在问思探创的实践过程中，最可贵的是教师的研究能力有了提升。具体表现在：带着问题学习教育理论更加自觉，课堂观察与问题诊断更加熟练，教学设计更加精细，课堂转型效果更加明显。我们的学生这几年发生的变化也是很大的：变得会提问了，变得会思考了，变得会学习了，变得更自信了。

第三节　问式课堂范式的界定与基本框架

一、问式课堂的界定

经过数年的理论与实践探索，上大云小对问式课堂做如下界定：它是以"设问、导思、引探、促创"为主要教学环节，通过问题导向的形式作为激发学生学习兴趣、培养学生学习品质和学科核心素养的有效手段，将课堂评价、课上反馈作为课堂教学中的常态，让学生在有限的课堂提问体验中实现深度理解，促进学生全面发展的一种教学范式。

从以上界定可知：

问式课堂是一种以问题为中心的教学范式。它以核心问题的序列化与问题解决的任务化为导向和驱动，以启发和帮助学生个体、小组提问为基本特征，旨在通过引导学生提出问题、探究问题、解决问题的过程，引发学生的质疑、思辨、探究、创造和反思，从而提升学生学习品质，培养学生问题意识、合作交流能力与创新精神。

问式课堂是促进师生转变角色的教学范式。在问式课堂中，教师不再是传统意义上的知识传授者，而是充当着引导者和指导者的角色，通过提出问题、引导讨论等方式激发学生的好奇心和求知欲望，帮助他们主动地探究和解决问题。同时，在问式课堂中，学生也扮演着积极参与者的角色，通过合作交流和互相启发来共同解决问题。因此，问式课堂强调了学生的主体性、参与性和能动性，它有助于焕发学生的生命活力，有助于培养学生核心素养与夯实终身发展的基础。

二、问式课堂范式的解读

（一）流程框架图（图3-3）

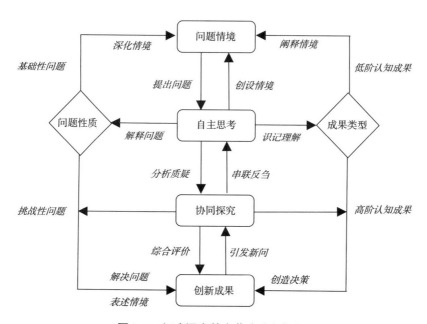

图3-3 问式课堂基本范式流程框架图

问式课堂基本范式流程框架图的含义解释如下：

从教师常创设的问题情境出发，学生首先应在"问题情境"中提出问题，将它们表述为恰当的"学科问题"（或学科学习任务）。只有实现这一步转变，学生才能从学科本质的角度，调用既有的学科经验、知识图谱进行学习。如果情境创设出现偏差，学生难以提出问题，则要求教师重新创设合适的问题情境。

学科问题与学习目标是直接呼应的。问式课堂每个阶段都伴随着问题的引导与成果的达成。基础性问题往往旨在实现"记忆、理解、应用"的低阶认知成果。在一般情况下，学生大多能够较为轻松地通过自主学习思考完成该任务，一般不需要协同探究。因此，解决基础性问题后，教师将引领学生重新回到情境之中，通过补充情境资料、复杂化情境条件、提出情境的内在冲突和挑战点等方法，使学生深化对情境的理解，再将之表述为一个挑战性的"学科问题"。

挑战性问题往往需要学生先经历自主思考，对问题产生质疑，进行深入分析，形成自己的认知和体验。对个人难以突破和解决的问题，就需要"协同探究"。在协同探究的过程中，学生彼此倾听想法，调动与融汇集体智慧，并串联起各自的观点、认知和经验，进而反刍自己之前的思考。这样，对情境条件、学科知识、学习方法会有更深的认知。

在应对挑战性问题的时候，学生往往会实现高阶思维和深度学习，并在"综合、评价、创造"等层面呈现不同层次的创新性的学习成果。创新成果是以解决问题的决策方案的诞生为标志的。学习无止境，在获得成果的基础上，还可以引发新的问题，引导学生实现新的认知突破，不断提升他们的核心素养。

高品质的学习成果，意味着学生对情境的阐释、评估等已经到了一个新的台阶。以此为基础，在一个单元或在一个大概念的阶段过程中，学生能够继续冲刺和挑战新的复杂情境，由此产生新的思考，需要新的学习情境，实现整个人的螺旋式上升发展。

（二）"会学"指征与四要素

从指向学习品质提升的维度去看问式课堂，"会学"是核心的学习品质，也是问式课堂的灵魂。"会学"的校本化指征（即"会学"的特征性的标准）

描述（见表3-7）对于理解问式课堂范式并予以具体化有着重要意义。

表3-7 "会学"的校本化指征在问式课堂四要素中的表现

要素	指征	观察点 学生	观察点 教师
问	生发问题意识	（1）对问题情境进行多个角度、辩证的思考； （2）能够提出有理有据的问题； （3）问题明显呈示，表达清楚，指向明确	创设问题情境
思	运用科学思维	（1）具备基本的知识基础，尊重事实和依据，提出假设； （2）通过推理、实验等检验假设	搭建思维支架、思维过程可视化（交互、反馈、生成的过程）
探	践行持续探究	（1）实证过程中遇到困难不放弃； （2）积极尝试，提出解决方法； （3）形成探究结果	探究任务设计与实施
创	实践高阶认知（生成学习成果）	（1）运用分析、创造、问题解决等高阶思维参与学习； （2）积极内化学科思维，建构学科结构； （3）生成以演讲、绘画、表演和手工制作等为主要成果类型的学习成果	迁移策略的运用进行表现性评价

（三）问、思、探、创和"会学"的相互关系

问、思、探、创和"会学"是密切相关的概念。问、思、探、创，是指通过提出问题、探究问题、解决问题等方式，促进学生的自主探究、发展学生的思维，提升学生合作交流的能力。而"会学"，本质上也需要通过提出问题和讨论问题，来激发自己的好奇心和求知欲望，并且需要与其他人进行交流、合作来共同解决问题。因此，问、思、探、创与"会学"是一脉相承的，问式课堂把两者结合起来，强调学生的主体性、参与性、协同性、探究性，可以更好地促进学生的综合素质发展，培养他们的创造性思维和实践能力。

第四章 问题情境：问式课堂的"引擎"

第一节 问题情境的内涵

一、问题情境的含义

（一）什么是问题情境

在教育领域，人们对"情境"的含义解释不一，而导致的教学行为也不尽相同，但是在具体做法上有着异曲同工之处，就是都聚焦在"真实学习任务"[1]之上，其宗旨就是"把理解现实生活中的真实任务作为学习与教学的驱动力"[2]。因此，在很多的教学场合，尤其在倡导素养培育的课堂教学中，情境更多地被定位于"问题情境"。在教师平时的教研活动中，"问题情境"已经成为使用频度很高的一个词语。

"问题情境"是一个融合概念，它既是一种情境，也是一种问题，完整地表述，就是一种含有问题并具有研究价值的情境。因此，围绕"情境教学""问题情境教学"关键词进行文献综述，有利于追踪核心概念的来龙去脉，了解有关研究的发展过程与走向趋势，更好地针对现实问题寻求研究的路径与方法。

1.关于情境教学的研究

自从我国提出素质教育要求以来，在基础教育的学校中，情境教学越来越受到推崇。以英语学科为例，张士一先生于20世纪20年代最早概括了英语

---

[1] 蔡清田主编：《核心素养导向的校本课程开发》，东北师范大学出版社2019年版，第224页。
[2] 王荣生主编：《语文教学之学理》，商务印书馆有限公司2022年版，第99页。

情境教学理论，他认为语言学习也就是以语言为媒介对相应情景作出反应的过程[1]。20世纪80年代中期，华东师范大学章兼中教授研究指出："为运用语言表情达意创造真实情景，才能培养学生阅读理解和自学英语的能力"；"在完整的内容和真实的情景中学习语言知识，要比孤零零地学单词、句子、语法规则效果更好"；"句子必须在一定语段的情景中才能更好地显示出它的言语交际功能"[2]。他深入多所学校进行教学实验，积极提倡在情境创设中开展丰富多样的学习活动。20世纪80年代初期，何广铿教授等人借鉴皮亚杰的认知理论，强调"情感认知结构的建构与设计"，其中特别提出要注重情境性的交际性练习[3]。于兰教授指出，凡是有意识地通过情境的创设进行的教学都可称之为情境教学[4]。她提出创设情境必须依据学习者的认知特点、考虑教学内容的性质并运用现代教育手段。任志娟依据情境学习的内涵与特征，提出创设情境、小组活动、组际交流和总结评价的英语教学设计程序[5]。

国内语文情境教学以李吉林的研究最有代表性，她将我国古代"意境说"的精华与国外情境教学理论融合起来，认为情境教学就是"从情与境、情与辞、情与理、情与全面发展的辩证关系出发，创设典型的情境，激发儿童热烈的情绪，把情感活动和认知活动结合起来的一种教学模式"[6]。2000年初，汪秉彝、吕传汉提出"创设数学情境—提出数学问题—解决数学问题—注重数学应用"的数学情境教学模式[7]，强调教师要通过创设情境来培养学生发现问题、提出问题、分析问题与解决问题的能力，特别指出数学情境教学不是一种装饰与摆设，其最终目的在于培养学生的创造与创新精神。

2. 问题情境的核心概念界定

学习源于问题，而问题往往寓于具体情境之中。在2022年版各科课程标准中，"问题情境""真实问题情境"等的提法均得到凸显，受到人们关注。

教学中的问题情境是指以真实的问题为背景、以问题为中心的学习活动

---

[1] 沈冬梅编著：《高中英语课程与教学研究》，上海教育出版社2009年版，第148页。
[2] 章兼中主编：《中学英语实用教学法》，山东教育出版社1987年版，第198～199页。
[3] 何广铿编著：《英语教学法基础》，暨南大学出版社2002年版。
[4] 于兰：《英语情境教学：原理、特征与策略》，《教育科学》2011年第6期。
[5] 任志娟：《基于情境学习的英语课堂教学设计》，《基础教育外语教学研究》2005年第1期。
[6] 李健萍：《"审美鉴赏与创造"视角下高中语文的情境教学策略探究》，辽宁师范大学硕士学位论文，2022年。
[7] 吕传汉、汪秉彝主编：《中小学数学情境与提出问题教学研究》，贵州人民出版社2006年版，第39页。

场域。问题情境是指有知识存在、思维发生的情境场域结构。真实的问题情境也就是人类在社会中所面临的各种实际问题、现实问题，包括生活的、生产的、科学的、技术的、文化的、学习的、人际关系中的各种问题。学习者只有置身于"真实的问题情境"之中，在合作学习过程中分析和解决问题，才可能获得鲜活的知识。罗日叶明确指出："我们所谓的'情境'概念是'问题情境'的意思。"[①]广义的问题情境是指历史演进、文化影响、社会生活等情境中所蕴含的问题脉络的集合；狭义的问题情境是指教学活动中所依存、所反映的真实社会文化问题背景。

（二）问题情境研究中已有的可以借鉴的理论与经验

1.问题情境的分类

刘徽在《大概念教学：素养导向的单元整体设计》一书中指出："从真实性角度来看，问题情境是多种多样的，因为现实世界存在着不同类型的问题，所以需要人们发展出各种不同的素养。乔纳森（2015）认为，我们要解决问题，首先就要明确不同的问题类型，因此他界定了11种问题类型"，"并且建构了相对应的问题解决模型。马扎诺和皮克林（Pickering）在其学习五维度中的'有意义的运用知识'里阐述了决策、解决问题、创见、实验探究、调研、系统、分析这六种活动类型（马扎诺等，2015）。波斯纳和鲁德尼茨基提出了探究导向、鉴赏性导向、问题导向、决策力导向、技能导向、个人成长导向这六种问题导向"[②]。

从真实性问题情境的构成要素来看，问题类型是根据任务的类型来定的，因此我们将问题情境分为四大类型：

（1）设计类

设计类的问题情境一般伴随着有目标、有计划进行的创作活动，往往以"为用户服务"作为导向的。比如为学生设计并制作一款集摆放文具、观看时钟、查阅课程表、呈现备忘录等功能为一体的文具盒，还要为它设计一份产品使用说明书。

---

① 易克萨维耶·罗日叶著，汪凌译：《为了整合学业获得：情景的设计和开发》，华东师范大学出版社2010年版，第9页。
② 刘徽著：《大概念教学：素养导向的单元整体设计》，教育科学出版社2022年版，第182页。

（2）探究类

探究类的问题情境一般是以问题的原因寻找或问题的解决为导向的，它需要提出假设，搜集资料并加以分析，对假设进行检验、得出结论，其中包括实验、调研、诊断等一系列研究过程。比如有的学生为何会出现挑食的问题，如何纠正挑食的习惯，这就需要进行以上的研究。

（3）决策类

决策类的问题情境，一般是以提出解决问题的具体方案为导向的。比如根据客户流量和需要对咖啡店的选址进行决策。它要求对影响选址目标实现的各种因素进行比较、分析和权衡，对可能产生的多种方案进行判断与优选，最后对选址作出决定。

（4）鉴赏类

鉴赏类的问题情境，是指根据一定标准对文学艺术等作品进行鉴定和欣赏而产生的问题。比如，几个学生为自己的寝室选一幅装饰画，由于他们所具有的美术鉴赏能力不同，也会产生分歧，而讨论解决分歧的过程，也就是鉴赏类问题解决的过程。

2. 问题情境对素养培育的价值功能

今天之所以要强调问题情境的创设，是因为它对学生的能动学习、思维活动以及核心素养的培育具有重要意义，但在课堂教学中与日常实践中却往往被忽视。为了解问题情境的重要价值，我们需要深入理解素养的内涵及其养成的内在规律，并掌握如何运用问题情境促进素养发展的行动策略。

（1）素养的内涵及其养成机理

按照经济合作与发展组织的界定，素养不只是学习场域中传授与接受的知识与技能，它更是在各种特定情境中通过调动心理机制、技能及态度并利用社会资源以满足复杂需要的胜任力。也可以说，素养是知识、技能、情感、态度和价值观的集合体，是在复杂情境中解决问题的一种制造力。

关于素养的机理，蔡清田提出了三个条件：

第一，对复杂情境作出因应。所谓因应，就是要面对复杂情境因势而动，随机应变，正如一个人必须在骑行中才能学会骑车、跳入泳池才能学会游泳那样，否则背记再多的注意事项也无济于事。

第二，形成心智模式。素养和技能的最大区别在于，技能可以通过训练形成对情境的应激反应来实现，素养不能通过训练来获得，而是需要在对情境中不确定性因素作出有效反应的过程中，逐步形成一套可以迁移的心智运作模式。

第三，稳固牢靠的心智模式具有强大的迁移能力，能够帮助个体在类似情境中解决诸多问题。同时更为关键的是能够产生自主的行动。

（2）问题情境如何推动素养生成

第一，搭建复杂情境，为素养生成提供有效场域。复杂情境对于学习者而言其好处在于：一是学生在与蕴涵丰富的情境进行对话时，可以获得更多的信息资源；二是富有结构化的问题情境，能让学生的思维活动更具有层次化与立体感，心智建构更加有序有效。

第二，推动自主参与，为素养生成提供互动生态。当问题情境中的各要素在交往作用下紧密地交织在一起的时候，就会营造一个师生互动、生生互动的生态世界。经历这一互动过程所养成的东西会自然沉浸到个体的内在心灵，从而焕发出人性的光芒。

第三，推进心智历程，促进高阶复杂心智的发展。复杂情境打破了知识与能力之间的零碎状态，将以往平面化的学习流程统整为一个富有立体结构的意义学习空间，学生在这个空间中能够有效地与他人合作、与环境互动，在循环反复的互动中能够使学生将很多知识整合进来进行系统化思考，形成自己的认知结构。

二、问式课堂为什么要强调问题情境的设计

（一）学习是从问题开始的

春秋战国时期，孔子对学生说："不曰'如之何，如之何'者，吾未知之何也已矣。"[1]意思是说，对于遇到事情从来不去考虑"如何办"的人，我对他也是无可奈何的。宋代理学学派的代表人物张载则指出"有可疑而不疑者，不曾学；学则须疑"，"于不疑处有疑，方是进矣"[2]。陆九渊指出"为学患无疑，疑则有进"[3]。有"疑"必有"问"。"疑"是"问"的内在前提，"问"是"疑"的外在表现，反映在教学中就是"提问"。施良方和崔允漷提出课堂问答行为

---

[1] 唐燕译注：《论语全解·卫灵公篇·第十五》，四川人民出版社2019年版，第237页。
[2] 狄枚编写：《学习效率手册》，华中工学院出版社1983年版，第134页。
[3] 苏育生主编：《中华妙语大辞典》，陕西人民教育出版社1990年版，第620页。

有四种功能：提问能够引导学生参与教学活动，提问能够成为学生学习的线索，提问能够为学生学习提供联系与反馈机会，提问能够有利于学生迁移学习结果[①]。这也是完成一整个学习过程的路径。总之，问题具有挑战性、引导性、启发性与目标性，它能够吸引学生积极学习，引导学生在深入思考与探究中掌握概念，启发学生灵活运用学科知识与学科方法，最终达到解决问题的学习目标。"问式"课堂的研究从"问"出发，最终的落脚点是学生完成学习，这和学习与问题的结构关系是完全契合的。另外，作为一所新教师占多数的新学校，研究好课堂上的"问题"，也就把牢了课堂教学的第一关，这样以"问题"为出发点层层推进的研究，能让我们更好地促进学生未来的学习。

例如，在教学人教版五年级下册"真分数和假分数"这节课时，教师首先引导学生对真分数和假分数提出各种问题进行深入思考。

师：对于"真分数和假分数"，你们存在哪些困惑？有哪些问题要提出来？

生1：真分数和假分数是怎么来的？

生2：真分数和假分数有什么关系？

生3：假分数是不是分数？如果是，为什么又叫假分数？

生4：它们有什么用？

生5：假分数假在哪儿？

……

师：真好。同学们不满足于知道是什么，还提出了许多的问题。真正的学习是从自己的疑问开始的。

上面的教学环节中，教师基于学生已有的知识经验设计问题："仅仅知道这些知识够了吗？你们还想深入学习什么？还有什么困惑吗？"利用问题倒逼学生反思。当学生思维的闸门被打开，问题意识被激活，他们对已有的认知进行更深入地思考，从"是什么"到"为什么"，从只"知其然"到想"知其所以然"，透过形式上的"纯模仿"上升为理性的"真思考"。学生在疑惑的基础上提出本节课要研究的核心问题："真分数和假分数是怎么来的？""假分数是不是分数？""假分数'假'在哪？"这些基于学生自主质疑的问题源自学生真

[①] 施良方、崔允漷主编：《教学理论：课堂教学的原理、策略与研究》，华东师范大学出版社2009年版，第46页。

实的思考，更能激发学生主动探究的兴趣，激励学生探究知识背后的道理，从而变被动学习为主动探索，为实现深度学习打下基础。

（二）问题是以情境为载体的

学习始于问题，敢于提问、善于提问是学科素养的核心。在生活实际中学生往往是在真实的情境中发现问题，怎么样解决问题呢？邓克尔（Duncker）认为问题解决是人们在问题情境中，通过来自不同方向的搜索而最后找到问题答案的过程。但是小学生受生理、心理、知识水平和社会经历等等的限制，缺乏敏锐的观察力，不善于发现问题，那么要想解决问题，教师在教学中需要创设富有引导性的情境，帮助学生从问题的一步步展开中进行学习。情境能够缩短学习者与教师提问、课堂知识与生活实际之间的距离，触发学生的情感、激活学生的经验，使学生达到最佳的情绪状态，主动参与到学习中去。杜威认为，高明的教学方法能够激发儿童的思维，那么首先就要给儿童创设一个现实生活中的情境，其次是让儿童发现并思考情境中的问题，然后让儿童独立思考问题的解决方法，最后是儿童自己对解决问题的假设加以整理和排列并通过实践检验方法的可行性。这种教学模式可以教会儿童在问题面前通过自己在情境中总结出知识来解决困难。这样以情境为载体的提问留给学生以主动探究、自主学习的时间和空间，注重学生的长远发展，这是落实新课标的设计思路，真正体现课程时代特色的基本要求。在"问式"课堂的教学中，教师不要直接传授与告知概念与原理，而要善于把学习置于一个真实的问题情境中，通过学生解决真实性问题，让学生自然而然地体会与领悟问题背后的学科知识，从而培养自主学习的能力。

统编版小学语文四年级下册第四单元，习作的内容是"我的动物朋友"。单元的学习最终指向写作，本单元的习作要求中明确写自己喜欢的动物，试着写出特点。之前在教学时，一般做法都是"同学们，你们养过哪些动物？我也想认识你的动物朋友，你们能不能用文字介绍一下，让大家也来认识一下呢？"情境相对真实，可是这一情境所起到的作用是：顺利引入如何用文字介绍动物，然后教学写作方法，成文，下课。这样的做法只是为了教学写作而生，并不能帮助学生解决现实世界里的问题。

那么如何让学生在这样一节课中体会到解决问题的价值和经历完整的问题解决过程呢？书中给了我们答案。书上提供了三个情境，要求学生从下面的情境中选择一个,向别人介绍自己的朋友。如果学生没有养过这些动物,也可以就自己熟悉的动物创设一个情境来写。

情境1:星期天放羊回来,发现我最喜爱的一只小羊不见了,我想请小伙伴帮忙找一找。

情境2:我们全家要外出旅行一段时间,只好请邻居帮忙喂养我的小狗。

情境3:我们家就要搬到外地去了,我想请一位同学收养我的小猫。

如果尝试给这一教学内容提炼大概念,"根据对象和目的的不同,用恰当的语言,从多个方面介绍基本信息和特点,能够让人更快地认识和了解被介绍的对象"是否妥当?如此一来,这些就可以说是"真实性问题情境"。首先,在这些情境中,对象是明确的,但是学生在介绍时,目的却可以有所不同,根据自己的需要决定习作的内容。

例如:选择情境1,学生可能要跟小伙伴强调"小羊的左眼圈是黑色的……";选择情境2,学生可能要给邻居讲清楚"我家小狗特别爱吃肉……";选择情境3,学生可能要给同学讲一讲"小猫的可爱……"。

一般来说,真实性问题情境的素材来自真实发生过的事件与客观存在的现象,但真实性问题情境也可以是符合现实逻辑的虚构的,只要它具有本质上的可能性,也可以视为真实性问题情境。在现实生活中不可能直接让学生像介绍产品一样把自己的动物介绍给大家,而如果遇到此类的生活情境,我们的确可以用文字加以介绍说明,从而达到学习目的。

三、问题情境设计中存在的问题

(一)教师理念亟待更新

有的教师认为,问题情境设置不必要,是多余的,浪费时间。这种想法是根本错误的。还有的教师虽然在尝试使用不同的教学方法提升教学效果,但是教学理念仍然是以"教师为中心",教什么、怎么教,更多地从教师的视角出发,习惯于教教材而不是用教材。新课标的课程目标应该指向学生的学科核心素养的培育,关注课程能够让学生学到什么、学会什么,更加突出"学生本位"。培育学生的学科核心素养不是知识的灌输与堆积,而是不断地启迪与对话,最终使学生获得适应未来社会生活的必备品格和关键能力。所以,只有教师真正秉持学生本位的教学理念,从学生的快乐、有效学习出发,才能真正用好情境教学以有效提升教学效果。

(二)对新课标和教学目标的理解不透彻

有的教师在情境创设中偏离新课标和教学目标,比较盲目,没有针对性。这也是很难体现教学价值的。新课标是教师教学应遵循的最重要的准则,无论是每课教学目标的设定还是教学内容的选取和编排,都要以新课标为依据。同样,情境的创设也必须根据教学目标的要求进行加工和设计。

(三)对问题情境的功能理解不深入

部分教师对问题情境的认识不到位、理解不够深入,简单地以为只要引入一则新闻、一个视频、一个案例就是情境创设,对问题情境的教育价值和育人功能没有意识或者体会不深。这样就出现了新瓶装旧酒的现象,虽然形式上有问题情境的创设,但是实质上仍然是传统的灌输式教学方法。问题情境教学是一种系统的整体的教学方法,它综合运用了教育学、心理学、脑科学、美学中的科学原理。问题情境教学强调让学生在优化的教学情境中主动学习、激发情感、建构知识,在活动中启迪思维、运用知识,强调情感活动和认知活动的结合,强调知、情、意、行的统一。

(四)问题情境设计的具体问题

教师认知的不足容易导致问题情境的两大主体即"问题"和"情境"被割裂开来,使教学效果适得其反。

1.有情境但缺失问题,学习容易停留于肤浅层面

有的教师情境创设浮于表面,局限于引入学习内容、激发学习兴趣等比较浅的层面,未能充分挖掘情境中可以突出教学重点、突破教学难点的教学价值。小学阶段各科课程的教学内容是经过提炼的结构化的知识,而真实的生活情境是复杂的、发散的,情境与教学内容的联结不是自然而然发生的,而是需要教师搭建桥梁进行联结的,这种联结的形式通常是教师设计的启发性问题。学生在问题的启发引导下,主动思考探求新知,在分析问题、解决问题中理解知识、运用知识。然而,不少教师问题设计意识不够,从情境直接进入教学内容的学习,生硬且没有启发性,学生的主体性并没有得到体现。有些教师虽然有意识地进行了情境问题设计,但是存在问题过于

简单或者问题与教学内容没有联系的情况,这样的情境无法激发学生的深度学习,教学内容的学习仍然是以教师的灌输为主,学生的主体性无法得到体现。例如,教师上一节关于"圆"的小学数学课,引入新课前,让学生玩一个"一手画方,一手画圆"的游戏,比一比谁画的方更方、圆更圆?通过游戏情境导入,原本也没有什么问题,但由于所花时间太多,导致了"为情境而情境"的倾向。

2. 有问题但缺失情境,学生难以自己发现与感知问题

在教学过程中,教师根据自己的教学目的,针对相关的教学内容,设定一系列问题,要求学生思考、回答,学会解决问题。而这些问题往往是在缺乏情境支撑的情况下被提出的。这种"问题堆砌"课堂教学模式,以传统的课堂提问(师问生答)为路径,制约着学生自己去发现与感知问题的主观能动性,从而使课堂教学尤其是语文课堂气氛呈现死气沉沉的状态,学生的学习效果不明显,反而容易导致课堂教学内容枯燥无味、学生学习内容与现实生活脱节、学生学习兴趣下降等问题的出现。

【传统教学片段】

(1)思考:这些美食是用什么方法制作出来的呢?再读一读,用你喜欢的方法在这些食物的制作方法下做上记号。(拌、煎、烧、烤、煮、爆、炖)

(2)(课件出示四种主食图及名称)中国美食不仅有美味的菜肴,还有丰富的主食。读读四种主食的名称,里面又藏着哪些制作方法呢?指名找到"蒸""炸"和"炒"。

(3)观察这些字,你又有什么发现呢?指名发言,给生字分类。

这是教师在讲授统编版语文教材二年级上册《中国美食》时的一组问题,很明显的就是教师提出问题,学生被动听取问题,缺乏发现问题的过程,缺乏对知识的真实感知。就《中国美食》这一课而言,知识具有很强的实用性,如果把问题放在情境中,创设问题情境,学生在体验中习得知识,那样的学习就会收到事半功倍的效果,也能促进学生学习的延伸发展。

3. 情境创设脱离学生的生活

在教学设计中还存在教师单纯以个人的偏好来选取情境素材,忽视学生的成长环境、年龄特点的问题。教师认为自己辛辛苦苦创设的教学问题情境很有趣、很有教学价值,但是学生却毫无反应、不感兴趣,更无法产生情感上的共鸣,无法达到激发兴趣、启迪思维的效果。学习科学告诉我们,情感活动与认知

活动是不可分割的，两者的结合是学习的核心。只有先动之以情、晓之以理才更有效，情感的激发是有效学习的前提。情境强调"情"与"境"的融合，情由境生，境为情设。教师创设的问题情境必须能够激起学生的情感共鸣，问题情境必须是学生所熟悉的、感兴趣的、贴近生活的，不能脱离学生的生活实际。

4.情境创设不符合学生年龄特点与认知规律

问题情境教学的目的是为了更好地达成教学目标，培育学生的学科核心素养。问题情境创设是为学科知识的理解学习服务的，不是为了创设情境而创设情境。所以教学情境的创设要以教学目标、学科特点、教材内容、学生思维特点与认知规律为依据，不是随意创设的，不是所有的教学素材都可以拿来作为教学情境的。教学情境的创设是为了将新的教学内容与学生已有的经验建立链接，激发学生的学习热情，启迪学生的思维，在情境中思考、在情境中学习、在情境中学以致用，从被动接纳到主动学习，从而实现教学目标及培育学生的学科核心素养。但是在教学实践中，一些教师缺乏对教学目标、教材内容、学生思维特点的深入思考，为情境创设而创设情境，情境创设流于形式。虽然课堂气氛活跃了、热闹了，但是对于学生理解教学内容、达成教学目标并没有实质性的帮助，这样的教学情境是低效的，也是教师应该尽力避免的。问题情境的创设应与学生已有的知识和经验相联系，考虑到学生的"最近发展区"，在充分了解学生的年龄特点、认知水平的基础上，创设问题情境激发学生的认知冲突，从而达到思维的发展。

四、教师进行问题情境创设的原则

（一）与目标的一致性

问题情境的创设应与核心素养的培养目标相一致。如果问题情境不能指向教学目标，其价值就会丧失殆尽，就会变成堆花里胡哨的图像。为此，教师要在整体分析教材与学情的基础上制定指向解决真实问题的单元教学目标，并在单元目标引领下做好课时目标与教学目标的设计。

（二）与问题的关联性

平时，人们在某些特定场景下经常会遇到障碍，这些障碍就是需要去解答的疑问和需要去解决的矛盾等，是特定场景下一个有待满足的需求，这样所谓的问题就产生了。"问题"可以被看作是学习情境的核心要素，它可以构建学习情境"召唤力结构"的内核。在基于情境的学习中，"新学习的发生正是通过让学生克服一个或一些障碍来实现的"[1]。

将问题作为独立要素提出，以区别于"情境"，可以凸显对"问题"的关注，从而强化学习情境中的"召唤力结构"[2]。反之，低效或无效的情境创设，往往没有体现问题要素，而仅仅是场景热闹吸引眼球，不能引发学生的认知参与。如果从不同的维度提出三个"问题"，如：乱扔垃圾的行为可以分为哪几种？扔垃圾的原因有几种？为阻止乱扔垃圾的行为你能提出合理的建议吗？这样就容易引发学生认知参与的积极性。

而任务是学习情境中明确要求学生做的具体事情，通常是规定在特定时间内，按照特定的形式要求，完成特定的作品。任务的设计可以进一步具化问题解决的详细要求，细化学习情境的教学目标。通常情况下，学习情境的问题创设之后，紧跟着就是具体的任务设计。仍以上述扔垃圾学习情境为例，三个问题之后，可以紧跟着任务，比如可以设计为"请从图片中选择三个社区管理人物，为他们各写一封建议信，帮助他们规划社区卫生管理"，也可以设计为"请拟定一份社区卫生管理条例"，还可以设计为"准备一份周末在社区对广场居民进行演讲的演讲稿，演讲时间控制在5分钟内"。

任务对于问题的解决具有重要意义。教师在教学设计中，既要基于问题创设情境，又要在情境基础上进行具体的任务设计。也就是说，任务的设计如果没有明确的问题指向，该任务完成的学习目标就会迷失。而没有配合问题解决的任务设计，同样会对学生的认知发展带来不利影响。因此，在任务设计的时候，须特别强调"每一个任务中必须有问题"[3]。

（三）与学情的吻合性

问题情境教学是利用适当的现实问题对问题的生动展示，其目的是提高问题的吸引力，降低问题的学习难度，使得学生能快速地融入创设的问题情境中，并对问题进行积极思考，从而解决问题。为实现这个目标，教师在创

---

[1] 陈隆升著：《学情分析论》，上海交通大学出版社2019年版，第113页。
[2] 严育洪编著：《课堂焦点：新课程教学九辨》，首都师范大学出版社2007年版，第64页。
[3] OECD. PISA 2012 assessment and analytical framework: mathematics, reading, science, problem solving and financial literacy. OECD Publishing, 2013: 32.

问式课堂的理论与实践探索

设情境之前，首先要对学生的认知背景进行调查。一是要满足学生的心理需求，即以学生喜欢的形式进行情境展示。比如小学生比较喜欢的故事、喜爱的小动物、感兴趣的动画片等，可以用其中的人物做问题情境中的主人，把课堂变成一个美好的童话世界，这样他们既是课堂的主人，也是故事的主角，让学生把课本里的问题当作自己的问题来解决，积极参与到课堂教学活动中，利用自己的聪明才智解决身边的问题。教师在实践中深感：这样一个趣味十足的课堂，难道还调动不起学生的学习兴趣吗？难道还激发不了他们学习的热情和自主探索的欲望吗？二是教师要充分了解学生的知识水平和对事物的认知能力，确保所提问题符合学生的认知水平，避免问题过难造成认知上的障碍或者过于简单使学习失去吸引力，只有在创设的问题略高于学生的认知且没有造成知识断层的前提下，才能使课堂有条不紊地进行下去。三是教师作为教学活动的参与者、组织者和引导者，应该通过有效的教学资源整合和针对性的教学技能培训，结合自己的人生阅历和人生体验，将一些适合学生的情境结合自己的人生感悟引入课堂，从而推动问题情境教学在小学课堂教学中的开展与运用。四是在创设问题情境时应该以学生为主体，从学生视觉和认知习惯出发，探索出适应整体学生的教学方法，使所有的学生在学习上都有所收获，并且不同的学生有不同的发展。

第二节　问题情境创设与问题设计

一、问题情境创设的要求与过程

（一）设置问题情境的基本要求

实践表明，为精心设计问题情境，教师必须分析新知识与学生已有认知结构之间是否存在某种关系、是否存在不整合之处，在此基础上，提出学生力所能及或者"跳一跳能摘下果子"的问题，并把它自然、巧妙地嵌入契合的情境之中。具体而言，好的问题情境应该符合以下要求：

1. 目的明确

问题情境的设计能够符合教学目标的要求，能够围绕当前的教学内容，引导学生加强对注意力、主观努力的自我管理与调控，使充沛的精力集中在主要教学任务上。

2. 反映本质

问题情境内含的问题要直接反映所学新知识的本质特征，要避免一些非本质问题干扰学生的思路与分散学习精力，从而影响学习任务的完成。

3. 形象直观

问题情境清晰、聚焦，有利于学生通过形象直观的情境感知与获得有关信息，发现与提出问题，而不至于因为画面模糊、信息隐晦而发生感知与理解的困难。

4. 内涵丰富

问题情境的创设应该具有丰富的信息内涵与问题源泉，可以让学生感知后产生联想与疑惑，进而形成自己的问题与想法。如果问题情境过于简单或明显，学生会觉得毫无挑战性，提不出什么问题，这样的情境是低效或无效的。好的问题情境便于学生从各个维度提出一系列的问题，甚至这些问题组成一个循序渐进的、具有内在联系的问题体系。问题体系的形成为深度学习的推进打下基础，也体现了学生的思维激活与智慧开启。

（二）问题情境创设的一般过程

1. 明确教学目的，分析课标中内容标准的落实点

问题情境要服务于教学目标和教学内容。为此，教师要以标准为本，认真学习课程标准制定的课程性质、目标、学习的内容框架，厘清学科课程标准中不同学段的学生学科核心素养要达成的目标水平，并在课堂教学中具体落实的相应策略。许多教师在长期教学中过度依赖教材，备课过程中往往局限于对课本的研究，上课基本按教材的逻辑顺序照本宣科。新课程主张要用教材教，而不是教教材。教学不只是课程内容的传递和执行，更是对课程的二度开发。教师要从教材的忠实执行者转变为课程开发的设计者，根据学生的实际，结合当地社会经济发展和课程资源的现有状况，对教材进行选择、取舍、重组等。

2. 进行调查访谈，了解学生实际认知状况和生活经历

教育既不能脱离现实生活，也不能简单地还原为学生的生活。教育应来源于生活而高于生活，教育的内容和活动是对生活的提炼和对生活的超越。因此，教师要熟悉学生的生活、了解学生认知状况。应当通过家访、与学生交谈以及师生共同参与各种活动等机会，深入了解学生，积累各种有用的素材和信息，尤其

要开发学生感兴趣的、具有挑战性的、有助于探索与创新的课程资源。

3. 挖掘课程资源，认真筛选问题情境素材

与传统教科书相比，大量丰富的、具有开放性的课程资源，能够给学生多方面的信息刺激，调动学生多种感官参与活动。学生应该成为课程资源的主体和学习的主人，教师应当引导他们主动地、有创造性地利用一切可用资源，参与问题情境的创设。教师应当成为课程资源的开发者和利用者，充分挖掘各种资源，创设更加丰富的问题情境。教师还应该成为学生利用课程资源的引导者，指导学生迈开双腿，走出课堂与学校，在社会的大环境里学习和探索。

4. 设计问题情境，精心打造高质量教学方案

为精心设计问题情境，打造高质量的教案，教师首先需要考虑概念系统的架构，因为概念能够帮助学生理解与分析问题，没有概念的支撑，解决问题就可能成为一句空话。其次教师要将解决问题而必须完成的学习任务加以分解，并将教学情境中的各种问题元素与概念系统中的各个知识要素结合起来，以便在一个清晰的境脉中将学习不断引向深入。最后在运用概念理解问题分析问题的过程中，连续不断的思维活动是必要的。传统的教学方式往往关注结论的记忆，对结论的由来不够重视，这样就会把知识教"死"，唯有在活跃的思维过程中才能帮助学生将课本知识的来龙去脉搞清楚。

5. 做好问题预案，增加教学的体验性和生成性

做好课堂教学的预案是很有意义的一件事，"凡事预则立，不预则废"这句话就是强调事先准备、事先预估的重要性，尽管课堂千变万化，难以将可能性都准确预判出来，但根据以往的经验做一些预案仍是必要的。比如，教学情境的创设可以多一份备份，问题可以多设计一些，为防止教学实验失败准备好补救办法等等，以防教学中出现新情况与新问题。在做好教学预设的同时，教师也要关注在教学中的生成性，随机应变，作出判断与调整，引导学生在学习过程中沿着不断流变的认知过程，而获得新的体验、新的收获。

6. 激发动机兴趣，为学生的学习服务

课堂教学中，教师要始终充满激情与活力，充分利用问题情境这一平台，激发学生的学习兴趣，形成学生的学习动机。同时，教师要建立一个民主的、安全的、宽松的课堂气氛，在和学生共同发现问题，平等参与探究的过程中，及时捕捉学生的思维闪光点，与学生一起分享学习成果。与此同时，教师要培养学生自我约束、自我管理的能力，教育学生养成遵守纪律与按规则办事的习

惯，引导学生发扬团结互助、合作学习的精神。

二、教师问题设计的主要策略

教师创设问题情境后，必然要面对问题设计的任务。尽管学生也要参与问题提出的过程，但教师在问题情境呈现后不可避免地要提出教学问题，这就要求教师事先做好问题的设计。

（一）问题设计的重要性

著名哲学家汉斯·格奥尔格·伽达默尔（Hans-Georg Gadamer）在论及提出问题的重要性时曾指出："我们可以将每一陈述都当作是对某个问题的反应或回答，而要理解这个陈述，唯一的办法就是抓住这个陈述所要回答的那个问题。"[1]

问题是普遍而永久存在的，人类社会正是在不断发现问题又不断解决问题的螺旋上升的过程中发展前进的，著名教育学家陶行知有一句名言："发问千千万，起点是一问。智者问得巧，愚者问得笨。"问题的巧妙设置，是实现创新人才培育的起点。

（二）问题的分类

美国芝加哥大学心理学教授盖泽尔（J. W. Getzels）把"问题"分为呈现型、发现型和创造型三类。呈现型问题具有以下特点：一是问题由教师或教科书直接给予；二是问题的思维难度相对较低；三是问题解答的思路和答案都是明确告知的。这类问题挑战性较低，不能强烈吸引学生主动参与，而且标准答案的推出，对求异、质疑精神的培养没有明显效果。这类问题在传统的课堂中被普遍采用，也被称为"约定性问题"。比较而言，"发现型"和"创造型"问题更凸显创造、创新的价值。它们所具有的共同特点：一是从问题的产生来看，这两类问题大多是学生在思考过程中自主提出的。二是从问题解决的过程看，学生通常会表现出执着探究，孜孜不倦的精神面貌。三是从问题的本身特点看，它往往不是老师课前预设的，而是在课堂中生成，

---

[1] 张迎春、李金钢主编：《现代生物教学技能概论》，陕西师范大学出版社2006年版，第78页。

具有随机性与个性化。四是从问题的答案来看，创造性问题是人们从未提出过的问题，而发现类问题的答案大多是已有专家结论，而对学生来讲，在教学中普遍存在，且具有探究价值。同时需要指出的是，教师要在发现型问题解决基础上，鼓励学生进一步提出创造型问题。

（三）问题的设计

1. 核心问题的设计

现在课堂提问的有效性低的一个原因就是教师在设置问题时有些凌乱，尽管有的教师也知道每一课要教什么、要研究哪些问题，但总显得有些琐细而没有重点。为了使问题设计符合教学重点，核心问题是一个很好的统整教学的抓手。教学重点是核心问题的一个重要来源，可以说核心问题就是教学重点的具体体现。而教学重点往往是教师设计教学问题的原点，根据教学重点设计出来的核心问题也是学生学习知识的重要路径之一。解决了核心问题，学生自然而然就掌握了本单元的新授知识，而教师也就容易达成教学目标。因此，教师应该不断尝试从教学重点中寻找核心问题、设计核心问题，使提出的问题层次分明，有章可依，赋予教学一条主线，把凌乱的课堂有机统整起来。

核心问题是相对于教师课堂教学中过多、过细、过浅、过滥的提问而言的，是指在教学中能起主导作用，能引发学生积极思考与讨论的问题。简而言之，就是关键问题，能对学习起到"牵一发而动全身"的问题。以语文为例，单元导语中的"语文要素"是该单元语文学习的重点。每篇课文的学习，都应该紧紧围绕着它们来展开。小学语文二年级下册有一单元围绕"改变"主题编排了四篇形象生动、富有思维性的童话故事。"借助提示讲故事"是该单元的语文要素，在备课《青蛙卖泥塘》中，引导学生在了解课文主要内容的基础上，分角色演一演故事，体现本单元的教学重点，因此，本节课制定的阅读教学目标能够正确、流利、有感情地朗读课文，感受泥塘发生的变化，分角色表演故事。由于小学低年级学生的认知能力与表达能力有限，在讲故事的过程中会出现跑题、不连贯、丢三落四的情况。对此，教师可以事先帮助学生梳理故事的线索，并在学生讲故事时适当提供关键词进行提示，以引导他们在讲故事时能够完整地把故事讲下来。通过阅读文本，理解故事大致意思，懂得其中的道理，为以后高年级阶段精简提炼观点打基础，培养学生的概括能力。

2.具体问题的设计

（1）以问促思，引发学生高阶思维

课堂教学的内容最好是由问题的方式组织的，每个知识要素的落实也需要问题来支持与驱动。只有适切学生心理特点、能激发学生探究欲望，让学生自主思考进而引发高阶思维的问题，才具备提升学生思维品质、培养学生语文素养的价值。在日常的教学中，教师也是通过设置问题去完成教学任务的。但是在观察中发现，有些教师每课设置了很多的问题，但是问题是浮于表面的，问题提出来以后并不能引发学生的思考，那么就更别谈学生的高阶思维得到训练了。问题是思考之本，思考是学习之根。让学生带着问题去学习，就是为了突出学生的主体地位，激发学生的思维活力。以思考来带动学习，能够调动学生的学习动力，从而实现教学的优质高效。不能引发思考的所谓的问题教学不能算是成功的教学。"学启于思，思源于疑"，教师为问题而教，学生为问题而学，让学生带着解决问题的任务去学习，是实现高效率、高质量课堂的途径之一。

教师可以挖掘课本中"隐藏"的问题，来调动学生的深度思考。在部编版语文教材二年级下册《小马过河》一课中，教师针对课文的第一自然段设置了这样的问题让学生去思考：为什么小马的妈妈不去送麦子，非得让小马去送呢？在教学过程中，学生这样回答："老马老了，跑不动了"；"不是老马跑不动了，而是她想锻炼小马"；"老马可能今天刚好有事，又考虑到小马已经长大了，所以想交给他一些简单的事情去做"。虽然问题很简单，但是能把学生从课文的局限中拉出来，让他们在主观上进行思考和回答，深度地去理解文本中的设置内涵，引发学生对文本的高阶思维。

教师通过改善提问的方式，可以更加有效地训练与培养学生的高阶思维能力。例如有位教师在进行部编版二年级下册《曹冲称象》教学时，在介绍了官员们提出的称象办法后，教师问"你觉得这一办法好吗？"学生有的回答官员的办法好，可以很多人一起提起这杆秤。教师一时语塞，说秤造不出来，没有大力士能提得起这杆秤，转而讨论曹冲的办法，当教师在讲解完曹冲称象的办法后，问"你觉得曹冲称象的方法怎样？"还是有学生觉得官员造一杆大秤的办法好。在课后教研时，教师对问题进行了完善，从比较思维的角度，将问题换成"在当时的条件下，谁的办法更能行得通？"后来在另外一个班的课堂上，经过讨论和交流，大多数学生都认为曹冲的办法更能行得通。这位教师让学生明白了在当时的条件下，秤也是可以造出来的，通过一定方法也能举起这杆秤，只不过耗费的人力、物力和时间太多。这样一对比，学生自然而然地理解了曹冲称象的办法好。在第三个班上，教师认为还有值得学生深度思考的地方可以挖掘，于是在这个问题的基础上又加上了条件："在我们现在的条件下，你觉得谁的办法好？"学生进行了激烈的讨论。有的说官员的办法好，有的说还是曹冲的办法好，各自说了自己的看法。在这个过程中，学生了解到在不同的条件下，就会得到不同的答案。这样的提问让学生既学习了语文要素，又进行了深度思考，在无形中引发学生的高阶思维。

另外，教师还可以提出一些开放性的问题，引发学生的高阶思维。例如在部编版语文教材《小毛虫》一课中有这样一个重要的要素就是理解"每个人都有自己该做的事"，围绕着这一要素，教师设置了这样一个开放性的问题："每个人都有自己该做的事情，小毛虫该做的事情是什么？除了小毛虫，你还能举例说一说你对这句话的理解吗？"这样学生既能明白这一要素的意思，还能联系自己的生活进行深度的思考。

（2）以问促问，培养学生问题意识

"提出问题比解决问题更重要。"这是爱因斯坦的名言。不少教师采用的课堂提问模式多为：教师提问—学生回答—教师评价反馈。目前，教师意识到课堂提问的重要性，能够关注提问技巧与提问实施，这是一种进步。但仅仅止步于此仍有不足。教师不仅要抓住时机提出好问题，而且更为重要的是引导学生思考并学会提出问题。因此，我们可以将传统的课堂提问模式改变为：教师提问—学生回答—教师反馈与引导—学生提问。教师不仅要鼓励学生对文本提出质疑性问题，而且要善于引导学生通过梳理与归纳，将个体思考而提出的问题转化为全班课堂讨论的核心问题。一般来说，合作学习更容易汇集集体智慧，促使学生认识进一步深化，迸发出更多具有独创性的观点。例如，在部编本一年级下册《小壁虎借尾巴》一课中，教师可以在导入后针对"借"让学生展开思考和发问，学生可能会问"小壁虎的尾巴去哪里了，为什么要借尾巴？""小壁虎借了谁的尾巴？""小壁虎是怎么借尾巴的？""小壁虎有没有借到尾巴？"等问题，让学生带着他们自己提出的这些问题进入课文的正式学习中，他们会更积极地参与到问题解决的过程中。再如《猫》《母鸡》《白鹅》这一组文章的阅读教学中，教师便可以让学生深入探究文本的思想内涵，给予学生深度提问的机会。"同学们,刚才我们阅读了一组有关动物的文章,在生活中,这些小动物有没有引起你的关注呢?大家再次认真阅读这一组文章,进行深层次思考,将提出的问题写在阅读单上。"在教师的指导下,学生提出的问题逐渐深入,有的提出"动物也有情感吗?"有的提出"我们应该如何与小动物们相处?""动物们也有母爱吗?"这些问题逐渐触及文本的思想内涵,学生在此过程中认识到深层次思考的价值。深入地提出问题不仅让学生的问题意识越来越强烈,还能让学生的思维品质得到升华。

3. 问题链的设计

聚焦核心问题,依据学生认知特点设计,提出一个个具有一定关联性的问题,然后将它们按照一定的逻辑顺序有机串联起来,这就形成了"问题链"。下面,以《小虾》第三自然段的教学来说明。教师首先带领学生回顾《花钟》一课借助关键语句概括段意的方法,并让学生思考:结合《花钟》一课中概括段意的方法可以提出哪些问题?学生稍作思考后提出:哪一句是关键句?这个自然段有几句话?每句话的意思是什么?教师继续引导:关键句直接可以概括段意还是要对关键句进行修改?教师的这个问题看似是在提问,其实是在引导学生回顾《花钟》一课的学习方法——用提问的方式来总结概括关键句的方法。在这个过程中,学生首先要把陈述句换成疑问句,这对于三年级的学生来说是个难点,在此过程中,提升了学生的思维水平,其次,学生用了一系列的提问形成了一个问题链,这个问题链直接指向本课的核心问题"说说第三自然段主要写了什么?"概括第三自然段段意既是本课的学习目标又是学习难点,教师用引导学生思考形成问题链指向核心问题解决的方法来达成教学目标。在这个过程中,学生的思维得到了提高。整个过程清晰明了,学生明白了本段的中心点是什么,围绕着中心点应该了解掌握哪些知识,步步推进,各个击破。这样能很好地减少教师设计问题时的凌乱与无章法,避免问题设置过于破碎而达不到解决重难点的目的。

另外,如部编版语文教材《蜘蛛开店》是一篇有趣的童话故事。讲述的是一只蜘蛛因为寂寞、无聊决定开一家商店。课文故事情节,一波三折,内涵丰富,从中我们可以梳理出蜘蛛开店的"改变"。根据文本的特点在教学过程中把"蜘蛛开店改变了什么"作为本课的核心问题。课文的核心问题确定之后就要围绕核心问题,设置学习的问题链。

以下是教师围绕核心问题梳理出的四个方面的问题。

（1）蜘蛛开店的顾客是谁？
（2）蜘蛛开店卖的商品是什么？
（3）蜘蛛编织商品所用的时间是多少？
（4）蜘蛛开店前后的想法有什么变化？

学生围绕核心问题展开学习后，必然会基于理解进行追问。这些问题往往比起课始问题更为具体，更为深入。这时，教师要引导与鼓励学生追问，来帮助理解与印证核心问题对于学习的价值。如果学生在解问中出现不同见解与观点，需要教师策略性地将它们引向核心问题的解决中去，进一步帮助学生提出具有学习价值的新问题。追问是有效提问学习的发动机，可以推动学生语言能力的提高与思维的提升。为此，教师就要梳理出本课的问题链，在教学的过程中逐个地解决问题链中的问题，帮助学生建构起故事的支架，这样学生才能很好地掌握目标要求的语文要素。

（四）问题设计的几个注意点

1. 问题设计以学生为中心

问式课堂的问题设计应倡导学生立场。要站在学生立场设计问题，就要做到如下几点：一是在充分考虑学生的学习需求的基础上，设计能够激发学生兴趣的问题；二是在充分考虑学生已有经验的基础上，设计合适的体现"最近发展区"的问题；三是在充分考虑学生认知特点与认知习惯的基础上，设计促进认知与元认知发展的问题；四是在充分考虑学生内心世界的基础上，设计有利于情感提升的正能量问题。

2. 问题设计的多样化

从不同视角、不同维度、不同层级设计问题，不仅能够引发学生对问题的兴趣和好奇心，而且有助于打通指向意义理解的思路。多角度要求问题设计的视角要新要变，例如同样一个城市环境问题，可以从地理、生态的角度提出，也可以从城市建设、道德、伦理的角度提出，表现出思路和视野的开阔。多元化要求问题设计体现多学科知识的融合与交叉。多层次的问题设计可以体现在不同层次，例如可以在生活层面、技术层面、学术层面、认知层面，问题设计须层次分明，难易适中。此外问题呈现方式是"显性"还是"隐性"，是"开门见山"还是"循循善诱"，由此引发的思考探究是以"分析"为主还是"综合"为主、是归纳为主还是演绎为主，都是值得考虑的。

3. 注重问题的探究性与开放性

探究性是好问题的一大特点。学生只有通过亲身探索才能解决问题，而不是仅仅根据课本上现成的方法与结论就可以回答，需要结合相关知识展开探讨与争论。探究性的问题一般具有开放性的特点，即没有"天然正确"的答案与一成不变的方法，需要灵活多变、不受约束的思维品质。

4. 问题数量要适中，排列要有序

由于一节课的时间有限，提出的问题不宜过多。在众多的问题中，要优先遴选聚焦教学目标的关键性问题，遴选体现学科发展的前沿性问题，选择最能与学生生活实际建立联系的应用性问题。精心选择问题，就要依据一定的逻辑性对问题进行优化排序，问题的数量与排列没有固定之规，要从教学目标与教学内容出发，有所取舍，不断完善。

第三节 学生的问题意识与提问能力

一、学生问题意识不强的原因分析

（一）学生问题意识不强的表现及自身原因

1. 不想提问题

有的学生没有想到过上课要主动提出问题，他们往往在一个没有学生提问的课堂里习以为常了。他们认为，提问题是老师的事情，而自己主要是听问题、想问题、回答问题，这才是自己天经地义的任务。他们根本没有意识到提问是学习的重要方式，也是培养思维品质的必要手段。

2. 不愿提问题

有的学生虽然知道提问题的重要性，但身处一个教师有要求、学生有表现的问式课堂里，他们仍然无动于衷地当听众与观众，而不愿意参与到提问中去。究其原因，主要是学习缺乏主动态度，思维存在一种惰性，因为提出问题需要认真观察与思考，需要智慧的付出，而他们不愿意付出脑力上的辛劳；不愿提问的另一个原因是：怕提错了问题被老师批评或被同学讥笑；也有的学生认为自己学习好，提问题有一些"小儿科"。

3. 不会提问题

有的学生虽然也想积极参与提问，但由于提问题的质量不高，以至于影响到提问题的积极性与自信心。这种情况主要和学生没有掌握提问题的技巧有关，不知道从哪个维度去提问题，不了解这个问题与所学的关系，不明确问题的目标指向。解决这一问题，主要需在课堂中学习，学习其他学生是如何提问题的，教师与学生是如何评价的，从中归纳与总结提问的要领与方法。

（二）学生问题意识不强的教师原因

1. 意义认识不足

有的教师对引发学生提问（下称引问行为）行为缺乏文化自觉，也就是说，在这方面，他们的态度、情感、价值观存在一定的问题。比如，有的教师喜欢爱提问的学生，有的则表现出厌烦、不喜欢的情绪。因此，他们需要通过学习与体验，不断提高对引问行为意义的认识。

2. 课时安排过紧

有的教师感到课堂时间有限，新的知识内容都教不完，哪来工夫让学生提出更多的问题来进行讨论。课时紧是一个客观原因，但我们可以从实际出发加以调整。一是上课不必按部就班，什么都讲。有得必有失，有失才有得，要善于抓住一节课的核心概念适当展开，而对一些枝节末梢可以简化处理，或将一部分内容作为留白让学生课后思考，这样就有一定的时间让学生提问与讨论了。二是对学生的提问在鼓励的同时应该予以选择与灵活处理，不是学生提出的任何问题都要在课堂上讨论的。

3. 引问缺乏方法

有的教师想引发学生提问，但苦于缺少引问艺术，手段单一而刻板，只会发出指令，而没有其他方法与活动配合，调动不起学生思考与提问的欲望。

4. 难以面对问题

引问以后，学生可能会提出不少问题。面对这些突如其来的问题，教师会感到束手无策，陷入被动，甚至感到颜面无存。就如一些青年教师所说："我们刚进学校，面对好问的学生，会有惶惶不可终日的感觉，不知道他们会提出什么问题。"确实，面对学生提问的教学，难度就增加了。因为单向传输，教师讲的大多是自己掌握的知识，而双向传输，教师必须应对自己未知的东西。所以有的教师就会觉得引问会引火烧身，不敢玩火。

二、学生提问能力培养的主要途径

（一）把握引问时机

引问无时不在，无处不在。可以说，在问式课堂的所有教学环节中，教师基本上都可以进行引问，即引发学生提出问题。例如，在教学情境呈示后，教师询问学生"你发现了什么问题"；在布置学生阅读课文时，教师要求学生对文本提出问题，可以是不理解的问题，也可以是质疑性的问题；在实验活动中，教师提醒学生要注意可能出现的问题并加以思考；在课堂练习时，教师咨询大家遇到的各种问题以及解答的思路。总之，教师要有主动引问的习惯，尽可能地给予学生提问的空间与时机。

（二）搭建提问平台

教师不能单纯依赖于指令性语言达到引问的目的，而要调动多种手段，在水到渠成的过程中自然而然获得引问的效果。一是利用图片、视频、数据图、案例、文献等资源为学生搭建提问的平台。二是组织观察、实验、讨论、游戏、练习、设计、制作等课堂活动为学生搭建提问的平台。因为在开展活动的过程中，学生自然会产生许多认知的、操作的、伦理的等方面的问题。

（三）教会设问技巧

在问式课堂上，教师要注意培养与引导学生设计问题的能力，教会学生如何提问。让学生知道，提问可以从多维度、多方面、多层次展开（见图4-1）。

在问式课堂上，教师结合课文内容，着重培养学生设问的技巧。例如在部编语文三上《大青树下的小学》一课中，教师先布置学生朗读课文，要求大家在阅读基础上根据自己的感受自由地提出各种问题。教师说："今天这堂课我们的任务就是提问题，并从中学会如何提问题。"学生积极性很高，纷纷开始尝试提出各种问题：

（1）为什么学校会盖在大青树下面？
（2）作者为什么要写这所小学？有什么特殊的地方吗？
（3）这所小学建在山顶还是山脚或山坡？
（4）小学所在的地方可能属于哪个省？

问式课堂的理论与实践探索

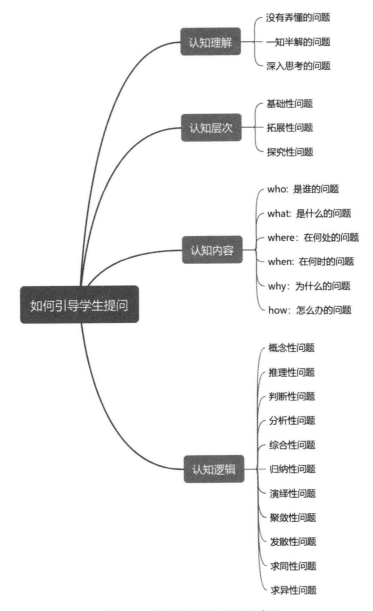

图4-1 教师引发学生提问分类图

（5）什么叫"坪坝"，它有坝吗？
（6）绒球花、太阳花是什么样的植物？
（7）这里为什么会有那么多少数民族？
（8）不同民族为什么穿戴不一样？

（9）怎么说明不同民族的同学成为了好朋友？

（10）打扮得绚丽多彩，为何用"得"不用"的"？

（11）这所小学只有一间教室吗？

（12）他们不同年级的学生都在一起学习吗？是怎么学的？

（13）为什么读书时窗外树枝不摇了，鸟儿不叫了？

（14）蝴蝶停在花朵上真的在听同学朗读吗？

（15）为什么窗外会跑来两只猴子？

（16）哪个民族的同学喜欢跳孔雀舞？

（17）课间摔跤安全吗？

（18）凤尾竹真的像凤凰尾巴吗？

（19）为什么文章结尾处要描绘"古钟"与"凤尾竹的影子"？

（20）如果你生活在那里，你喜欢这样的学校吗？

……

教师肯定了大家提出的问题，并结合举例说明：可以从"解释（5W）""阐明（用事实证明）""神入（换位思考）""自知（认知盲点）""洞察（质疑批判）""应用（知识运用）"等六个角度进行问题设计。接着要求学生通过小组合作学习的方式深入理解六个角度的内涵，并对提出的问题归属到哪个角度进行了讨论，比如（3）（4）属于"解释"的问题，（1）（9）属于"阐明"的问题，（12）（20）属于"神入"的问题，（5）（6）属于"自知"的问题，（17）（18）属于"洞察"的问题，（10）（19）属于"应用"的问题。这节课上，学生一共提出五十多个问题，不少问题具有研究价值，超出教师考虑的范围，赢得听课同行与专家的高度赞扬。当然，教会学生提问是长期的任务，贵在坚持，重在有效。

（四）鼓励爱问学风

对于学生提出的任何问题，教师都要热情回应，给予鼓励，对好问的学习态度要加以肯定，对于提问中存在的不足要善于引导，而不要随意扣上"幼稚""离谱"的帽子，打击学生的思维积极性与创新精神。为鼓励学生在学习过程中提问，教师要用好过程性评价的机制，不仅口头上表扬，还要将学生提问的频度、质量等情况记录下来。

问式课堂的理论与实践探索

（五）灵活应对问题

面对学生的踊跃提问，教师要巧妙应对。教师大致可以采取以下方法：一是"给结论"，即对于有把握回答的问题，教师根据情况可以直接进行解释，但这样做对于培养学生的思维能力不利；二是"抛绣球"，对于没有预设的问题，教师一下子没有把握回答，可以征询学生（尤其是学习表现好的学生）起来尝试回答，在与学生对话的同时为自己的思考赢得时间；三是"合作学"，即对于一些能够调动学生学习兴趣，与本课学习的重点契合度较高、学生具有一定的知识储备的问题，要不失时机地转化为小组合作学习的问题；四是"下任务"，即对于有一定难度、缺乏知识基础与背景资料的问题，则布置全班课后搜集资料，寻找证据，认真思考的任务；五是"搁起来"，即对于过难的问题搁置起来，鼓励大家好好学习，打好基础，将来再去攻克。总之，灵活应对学生的各种提问，不仅要依靠精湛的教学艺术，而且有赖于深厚的专业功底，因此，教师要不断充电，与时俱进，跟上时代的步伐。

第五章 自主思考：问式课堂的"动力"

第一节 对学生思维现状的考量

一、学生思维现状调查分析

（一）为什么要关注学生思维状况

思维是一种较认识更高级的心理活动过程，它具有概括性和间接性的特点。思维是不能被直接观察到的学习活动。著名儿童心理学家让·皮亚杰（Jean Piagel）把儿童的思维发展划分为四个大的阶段：感觉运动阶段、前运演阶段、具体运演阶段和形式运演阶段[①]。小学阶段的学生正处于具体运演阶段。在这一阶段，儿童的思维显示出从具体形象思维向抽象逻辑思维过渡，思维的目的性逐渐增强，表现出完整的思维过程，等等。儿童思维的发展是与儿童言语的发展分不开的，也与儿童的经验和实践活动密切相关。借助思维活动，儿童才能在学习过程中深入理解教材，掌握多种概念、原理，了解事物的规律和知识体系。在教学中，教师通过学生课堂上的语言表达以及课后作业的完成情况来推测学生的思维现状。小学阶段的不同学科对学生的思维能力要求描述不同，如2022版语文新课标明确提出："思维能力是指学生在语文学习的过程中的联想想象、形象思维、分析比较、归纳判断等认知表现，主要包括直觉思维、形象思维、逻辑思维、辩证思维和创造思维。"体现在数学思维能力上则主要分为三种，即逻辑推理能力、想象能力以及分析与解决数学问题的能力。英语对学生思维能力的要求则体现在对学生逻辑思维以及语用表达能力

---

① 翟大林：《皮亚杰儿童教育思想述评》，《安徽师大学报（哲学社会科学版）》1988年第3期。

的培养。各个学科对学生思维能力的描述不同,但都是为了培养学生的核心素养,而学科核心素养的呈现方式就是学生思维能力水平的提升。因此作为教师,我们要关注学生的思维现状,在分析学生思维问题存在原因的基础上找到学生思维能力培养的突破口,充分调动学生的思维能动性,实现提升学生思维品质的目标。

(二)如何调查学生思维现状

1. 通过观察来调查

思维是一种不能被直接观察到的间接活动,要判断一个学生的思维能力高低,研究者只能通过学生的课堂表现以及完成的作业、任务或解决一定量的问题的表现情况(即行为反应)来推测。

下面是研究者的一次课堂观察实录:在一节数学课上,研究者刚走进教室,学生们纷纷涌上讲台唉声叹气了起来。"这是怎么了?"学生们忍不住七嘴八舌地讲了起来:"这个果汁怎么分吗?5除以2根本除不尽。""我都看不明白最后一问在问什么。""怎么办?老师,我做到8瓶橙汁分几大杯就卡住了。"到底是怎样的一道题目让学生们如此犯难?

原来题目是"四年级举行联欢活动,小伙伴们负责分饮料,要把瓶装橙汁倒在杯子里分给同学们饮用,现场有两种规格的杯子,一瓶橙汁正好可以倒满6小杯,两瓶橙汁正好可以倒满5大杯(如图5-1)。

(1)小巧将3瓶橙汁倒入小杯中,可以倒满几杯?小亚将8瓶橙汁倒入大杯中,可以倒满几杯?

(2)小丁丁打算将6瓶橙汁分给20位同学,当他倒满12个小杯时,发现小杯正好用完,剩下的橙汁只能用大杯了。如果大杯也倒满,这些橙汁够分给每人一

图5-1 分饮料示意图

杯吗？为什么？"

通过调查询问发现，一部分学生的问题出现在"小亚将8瓶橙汁倒入大杯中，可以倒满几杯？"不论是学生想到5除以2除不尽还是做到8瓶橙汁分几大杯都卡住了，都反映出学生在解决问题的过程中过于依赖"先算出1瓶橙汁可以倒几大杯"的惯性思维。还有的学生在发现4瓶橙汁还能够倒10大杯多出2杯时有些发蒙，"我都看不明白最后一问在问什么？"这反映出部分学生在遇到这类问题与生活情境结合较为紧密且逐步递进的情况时，被困在常规的解决问题策略中，缺乏用灵活的数学方法来解决实际问题的能力。

2.通过问卷来调查

本次采取问卷的方式调查上大云小四、五两个年级483名学生，男女生比例均衡，共发放问卷483份，实际回收问卷483份，有效问卷472份，其中男生247人、女生225人。同时对该校教过或正在教学四、五年级的23名教师进行调查，发放教师调查问卷23份，回收23份，有效问卷23份。调查主要通过对学生数学思维状况的了解来获得学生思维能力方面的信息。

对教师的问卷调查内容主要是对当前思维能力培养的现状进行了解，包括培养的方式和培养策略、对当前思维能力培养效果进行调查、对当前数学思维能力培养中存在的问题进行了解（表5-1）。对学生问卷调查内容主要是对小学生的思维能力水平进行调查，了解学生的思维能力水平现状（表5-2）。

表5-1 数学思维培养情况调查表（教师）

问题	答案选项	人数（人）	比例（%）
您在平时的教学中是否经常将所教授的知识与学生的生活实际相联系？	A.是	8	34.78
	B.否	15	65.22
您会经常在课上创设特定的思维情境帮助学生学习知识或解决一些难题吗？	A.是	4	17.39
	B.否	19	82.61
您会经常鼓励学生根据直觉思维去进行学习吗？	A.是	7	30.43
	B.否	16	69.57
您是否经常鼓励学生在学习过程中运用联想或想象进行学习？	A.是	6	26.09
	B.否	17	73.91

续表

问题	答案选项	人数(人)	比例(%)
您是否经常在教学过程中把数（文字）和图形结合起来？	A. 是	12	52.17
	B. 否	11	47.83
您会鼓励或要求学生利用各种学具进行学习吗？	A. 是	8	34.78
	B. 否	15	65.22
您会在课上经常使用教具进行教学吗？	A. 是	10	43.48
	B. 否	13	56.52
您在设计教学目标时会注重学生思维能力的培养并在教学过程中实施起来吗？	A. 是	8	34.78
	B. 否	15	65.22
您是否在平时的教师培训中接受各种关于逻辑思维培养的专业知识？	A. 是	3	13.04
	B. 否	20	86.96
您对于学生逻辑思维能力方面的培养是否会根据学生的情况而因材施教？	A. 是	2	8.7
	B. 否	21	91.3

表5-2 数学思维培养情况调查表（学生）

问题	答案选项	人数(人)	比例(%)
老师讲的知识能与你自己的生活实际联系上吗？	A. 经常	114	24.15
	B. 有时	135	28.6
	C. 很少	142	30.08
	D. 没有	81	17.17
老师在讲数学课时创设的具体生活情境能帮助你掌握知识吗？	A. 很有帮助	157	33.26
	B. 比较有帮助	200	42.37
	C. 帮助不大	96	20.34
	D. 完全没帮助	19	4.03

第五章 自主思考：问式课堂的"动力"

续　表

问　　题	答案选项	人数(人)	比例(％)
老师会鼓励你理清各类知识间的结构并依靠自己的直觉去解决吗？	A. 经常	57	12.08
	B. 有时	145	30.72
	C. 很少	92	19.49
	D. 没有	178	37.71
老师会鼓励你运用想象进行学习吗？	A. 经常	106	22.46
	B. 有时	129	27.33
	C. 很少	114	24.15
	D. 没有	123	26.06
老师在讲课时会把数（文字）和图形结合起来吗？	A. 很常见	149	31.57
	B. 比较常见	95	20.13
	C. 不太常见	198	41.95
	D. 没有过	30	6.35
老师会鼓励你利用学具进行学习吗？	A. 经常	67	14.19
	B. 有时	158	33.47
	C. 很少	206	43.64
	D. 没有	41	8.7
你认为老师课上使用各种教具教学对你的学习有帮助吗？	A. 很有帮助	246	52.12
	B. 比较有帮助	157	33.26
	C. 帮助不大	69	14.62
	D. 完全没帮助	0	0
老师会鼓励你对各种知识之间的逻辑关系进行关注吗？	A. 经常	169	35.8
	B. 有时	183	38.77
	C. 很少	79	16.73
	D. 没有	41	8.7

续 表

问　　　　题	答案选项	人数（人）	比例（%）
你在看课外书时，如果发现很多数字或图案，喜欢查找其蕴含的规律吗？	A. 经常	138	29.24
	B. 有时	107	22.67
	C. 很少	172	36.44
	D. 没有	55	11.65
你对已经学过的数学概念和公式，能够比较清晰地把握它们之间的关系吗？	A. 熟练掌握	98	20.76
	B. 比较熟练	79	16.74
	C. 不太了解	204	43.22
	D. 不了解	91	19.28

（三）调查中发现了哪些问题

从课堂观察和问卷调查中发现学生思维存在以下三个方面的问题：

1. 学生思维的被动性

学生思维的被动性既是指学生在思考时依赖教师"推着走"的被动，也包含着不能自主分析问题、独立思考问题的被动。在以教师为主导、以课堂书本为中心的传统教学模式下，学生少主动参与、多被动接受，少自我意识、多依附教师，形成了思维的依赖性和懒惰性，丧失了学习的主动性与积极性，同时失去了对学习的兴趣，更无法培养思维品质。如在数学教学中，教师一味追求计算的正确率，给学生布置大量的计算练习，虽然看似让学生在"刷题"中减少了错误，提高了正确率，但对学生学习数学的兴趣是十分不利的。其次数学教学时会总结一些看似十分有利于学生提高正确率的解题方法，这同样是让学生放弃思考，被动地被教师牵着鼻子学习。长此以往，学生既失去了学习的兴趣，也失去了自主思考的能力。学起于思，思源于疑。学生有了思维才会产生疑问，有了疑问才会进一步自主思考问题，才能有所发现、有所创造。苏霍姆林斯基说："在人的心灵深处，都有一种根深蒂固的需求，这就是希望感到自己是个发现者、探究者、探索者，而在儿童的精神世界中，这种需求特别的强烈。"[①]

---

① 邵笑笑：《小学英语课堂中有效提问例谈》，《教育现代化》2018年第2期。

2. 学生思维的单一性

现今多数小学课堂教学模式为有别于传统的教学模式，采用小组合作探究的方式进行。但对自主学习意识和思维能力薄弱的学生来说，这样的合作探究，在一定程度上不仅不能促使思维品质的提升，反而会让他们思考问题的过程更加浮于表面，诱发思维的惰性，出现懒于思考、等待小组成员总结答案的情况。这样的教学活动还会导致学生思维能力发展单一，学生在思考问题时很难在理解的基础上获得思维品质的培养。

学生思维的单一性还体现在思考问题的思维定式上。认知心理学认为，思维定式是对同一类型问题多次用相同的思维方法获得成功的体验，再遇到相似问题时就不做新的思考，倾向于作出习惯性反应。在学生的学习中，思维定式是把双刃剑，对学生的学习有积极帮助的一面，但更多的是消极干扰。这种消极通常表现为对知识能力的负迁移，学生在学习时如果过于依赖思维定式，学习将会固化，容易步入思维误区，滋生思维惰性。这种思维定式在数学计算教学上表现非常明显，如在计算 65 + 35 ÷ 5 的时候，部分学生仍旧按照以往做同级运算时从左往右的顺序进行计算，再加上该题数据的特殊性，更加深了学生"巧算"心理的思维定式。还有在计算 5.37 + 4.73 这样的小数口算时，学生很容易口算得出结果是 10。在语文和英语教学中，也经常会出现题目要求"圈出"正确词语、用"T、F"判断正误，而学生却用线"画出"正确词语、"√、×"判断正误，这些都是在思维定式影响下出现错误的情况。

3. 学生思维的无目的性

幼儿的思维过程具备中心性，学生在进入小学阶段后逐渐脱离中心性，在这一阶段中，学生的思维逐渐发展，开始对事物和问题进行分析和思考。在日常教学中人们发现思维能力较强的学生在解决问题时是带有极强的目的去分析题意的，但思维能力较弱的学生在思考时是无目的的。尤其是升入三年级后，部分学生表现出极大的退步，究其原因是学生的思维仍停留在具体形象思维上，只能直观地分析问题，不能理解问题的本质，因为在一、二年级学生解决问题时只需要进行简单的加减乘除，甚至有学生总结出多就加、少就减的经验。到了三年级后，学生的思维需要从一步转向两步，也就是说在解决实际问题时通常要经过"先……再……"的思考过程，这就促使学生不能再是没有任何目的的只将给出的数进行加减乘除得出结果，而是要通过分析题意，在理解题意的基础上解决问题。如 250 米 + 750 米 = 1000 千米这种类型的错误，就是只计算了250+750等于多少而忽视了还要进行单位转化这一步骤，将两步思考变成了一步。在进入小学高年级后，在解决问题时往往还要经过"先……再……最后……"的思考过程，这对学生思维能力的要求更高，学生之间的差异化就会更大。

二、学生思维问题的原因分析

（一）从教师教学分析

1. 教师教学与教材和生活实际脱节

教材是"课标"理念的载体，是课堂教学的依托，是重要的课程资源。儿童概念的发展水平是教材和教法制定的依据，教师在教学过程中只有按照儿童概念发展的规律传授知识，才能更好地促进儿童思维水平的发展。概念是思维的重要方面，概念的形成和发展是认知发展的重要组成部分。儿童只有形成了某种概念，才能用它进行抽象、概括、判断和推理，用它来分析问题和解决问题。而另一方面，儿童掌握概念和理解概念又是以原有认知水平，特别是以原有思维水平为基础的。

研究者发现，数学教师在概念教学时，通常选择直截了当地告诉学生概念的含义，或是在学生对具体事物（图形）直观感知后，没有引导学生进行概括与抽象，就进入练习与知识运用，这样就会影响学生对知识的理解和掌握。如在教学"面积"一课时，部分教师选择直接告诉学生图形的大小叫面积，学生就很难对面积和周长概念进行区分；部分教师选择让学生比较两个图形的大小，发现图形有大有小，有的大小很相近，就产生了问题：怎样比较差不多大的两个图形的大小？在学生尚未自主思考后教师就直接根据教材给出的方格纸让学生来数方格，这其实就是教师没有充分把握教材的内涵，没有思考给学生提供"方格纸"的目的。因此，教师在教学时一定要基于教材多思多想多问，提高自身的专业素养。教师需要知道的不仅仅是一个个具体的知识，更重要的是要了解教材内含的数学整体框架组成以及教材中要教学的某个知识点在这个整体架构中有怎样的地位？重要性在哪里？有哪些应用？教学时最重要的不是解题方法，而是激发学生对数学内在规律和联系的认识。教师只有提高自己对数学知识内容的掌握，提升自身思维品质并运用到教学实践中，才能帮助学生不断提升思维品质。

在日常教学活动中,教师应注重教学与生活实际相结合,部分教师在教学时只见树木不见森林,单纯地教学课本知识,忽略了与生活实际的联系。如在进行长度单位教学中,教师应注重联系生活实际,让学生自主用直尺量一量图钉、手指等长度,建立1 cm有多长的认知表象,同时引导学生估一估生活中物体的长度再量一量验证,否则学生很难对长度单位有清晰的认识。再比如在教学"小数加法"时,要将竖式中两个小数的小数点对齐,从低位开始相加,再在和上添上小数点。但显然这样的教学是教条的,学生只是掌握了小数加法的竖式计算形式,而不去思考为什么小数点要对齐?在日常教学中,如果教师能结合生活实际,如购物情景进行教学,学生用竖式计算4.7元加3.4元时,已经知道4.7元就是4元7角,3.4元就是3元4角,加起来的结果是8元1角,也就是8.1元。这样与实际结合的教学,有利于学生对"相同数位对齐即小数点对齐"算理的理解,也可以促进学生在思考中提升思维品质。

2. 教师教学中多媒体运用不充分

和传统的教学模式相比较,使用优秀的多媒体课件进行教学能弥补传统教学上的不足,教师通过多媒体的运用可以让教学内容变得丰富有趣,也能让琐碎的知识点更集中、更直观地呈现,有利于加强学生的理解能力和思维水平的提升。但在实际教学中,多媒体使用存在着以下几个问题:

(1)多媒体的运用形式单一

部分教师将多媒体设备视为简单的投影仪,制作的多媒体课件只是把课文内容进行再现,插图和场景也都是课文当中的。教师没有真正理解制作多媒体课件的意义,单纯地让学生把读书转向读PPT,既没有对教学知识进行延伸和拓展,也忽略了多媒体教学在语文教学上的应用,这样没有任何生气的教学对培养学生的思维能力也不会起到任何的作用。

(2)多媒体课件过于花哨

有些教师在多媒体课件的制作过程中,片面追求令人眼花缭乱的动画效果,淡化了教学内容。学生注意力集中在精美的画面上,只知道机械地看图画、听声音、记笔记,却忽视了课堂上应该进行的自主思考和学习,过于花哨的多媒体课件会干扰与禁锢学生的思维。同时教师过分依赖多媒体的图文、声像处理功能与演示功能,使用大量的图片、录像或动画进行教学,这样的课堂容易削弱学生独立思考的能力,尤其不利于将形象思维转向抽象思维。

（3）对多媒体的过分依赖

在教给学生如何书写单词时，很多教师会选择用多媒体课件展示单词的写法而不会自己在黑板上板书；在教读课文时，教师让学生听录音跟读而不是自己范读等。结果都是课堂上学生把注意力集中在了多媒体屏幕上，很容易忽视教师或其他学生的发言，导致难以培养分析、探究合作的思维能力与表达能力。

3. 教师教学缺乏对物质资源的充分利用

（1）教具的使用不充分

通过课堂观察发现，语文教师惯于使用图片、视频、豆朋等来指导学生进行识字，较少使用教材插图、生字卡片和拼音卡片，不乐于使用实物模型，忽视了教具的多样性。各类教具各有优缺点，不同字词适用的教具有所不同。拘泥于某一种或两种教具，既容易使学生产生审美疲劳、不利于兴趣的维持，也难以丰富感性认知、不利于对字词音形义的掌握。教师普遍忽视实物和模型这两类教具，认为准备和使用起来不便。但实物和模型直观性更强，尤其涉及感官的字词，用实物或模型更能让学生有真切的体会，从而有助于对该字的识记。学生想象思维能力薄弱的问题，主要原因在于教师在数学教学中忽视对学生想象能力的培养。小学阶段学生的思维能力正处在形象思维能力到抽象思维能力的过渡阶段，教师要充分地利用各种数学教具以促进学生思维能力的提升。如在学习正方体和长方体的表面积和体积的相关知识时，教师借助正方体模型引导学生自主地探究表面积和体积公式，借助已有的知识经验，在观察、想象、推理、概括、总结等活动中，帮助学生初步建立数学思维模型。

（2）忽视教室角的利用

教室是学生学习的日常场所。利用好教室区角，创设良好的物质环境，能促使学生产生学习热情，为学生提供良好的学习平台、途径和机会，对学生思维能力的培养有着至关重要的作用。有的小学语文教师没有利用好教室区角，未能为学生的学习创设良好的物质环境。当前教师对教室区角的利用主要体现在图书角、黑板、生字或拼音卡片上，总体利用情况不佳。超半数的教师在读书角的建设上有所欠缺，班级的读书角藏书量不足，书目种类单一；黑板的总体利用率较低，有个别教师会利用黑板，简单复习近期学过的汉字；而教室里的其他区角、墙文化的利用更是少之又少，虽然有部分教室会张贴生字或拼音卡片，但方式与呈现的内容都比较单一。

教具和学具是发展小学生思维能力的有效手段。数学学科本身具有较强的抽象性与逻辑性，并且在日常生活中应用广泛。教师在培养学生思维能力的过程中，应该遵循小学各年级学生的心理发展特点与学习习惯，注重对学法的研究，充分运用教具和学具发展学生的数学形象思维能力。

4.作业形式单一，缺乏吸引力

大多数教师认为，作业在巩固知识和培养学生思维能力上发挥着重要作用。学生在课堂上学习的知识，需要课下多进行一些练习，才能熟练掌握。然而有些教师布置的作业形式单一，缺乏趣味性，比如语文和英语作业都让学生读课文、抄写词语和句子，数学作业让学生练习几道计算题等。这些作业虽然可以巩固学生的基础知识，但是比较机械，不利于学生开放性思维能力的培养，加重学生作业负担。此外，单一的作业形式和内容，不利于班级不同层次学生的发展：对于学习能力较强的学生而言，简单的作业可能使他们产生骄傲自满、不思进取的心态；对于学习能力较弱的学生来说，作业是他们痛苦的来源，导致他们产生厌学心理，也不利于学生思维能力的提高。

（二）从学生学习习惯分析

调查研究表明，小学生的学习习惯对于学习状态和学习效果具有直接影响。养成良好的学习习惯不仅能够提高学生接受新知识的速度和能力，还能够使学生保持较高的学习热情，从而积极主动地开展学习，不断获得思维能力的发展。因此学生思维问题与学生的不良学习习惯有直接关系。

1.思维的局限性

对于小学生来讲，思维形式主要以具体形象思维为主，逻辑思维能力还较差。这种心理发展特点决定了学生在学习过程中，比较关注具体形象的事物，思维活动停留在较浅层次，对逻辑抽象性的问题思考较差。这就会导致在课堂学习过程中，主要是被动接受教师所讲授的内容，缺少一定的反思与质疑能力，导致学习习惯较差，遇到不懂的问题时难以进行深入的思考以寻求解决的途径。但是小学低年级的学生正处于由幼儿期向童年期的过渡时期，是好奇心与求知欲最强的时期，也是培养其创造性思维的最佳时期，这就需要我们教师使用一定的方法和手段不断加以引导，为其创设问题氛围，为学生创造性思维的培养提供"土壤"。

2. 外部学习动机强于内部学习动机

心理学家奥苏贝尔（D. P. Ausubel）认为，学校情景中的成就动机主要由认知内驱力、自我提高内驱力和附属内驱力三个方面构成①。附属内驱力在低年级小学生的成就动机中占比最大，他们的学习倾向于得到教师和家长的表扬，如果他们获得物质上或者精神上的奖励，就会非常开心，有动力去学习，反之，如果没有得到奖励和认可，学习的积极性就会减弱。小学高年级阶段，附属内驱力减弱，自我提升内驱力增强，学生从得到父母的关注转向同伴或者对自己有影响力的人，他们的学习为获得优异名次来展现自己的能力，赢得大家对他们的崇拜。对于学习困难的学生，成就动机中的附属内驱力最强，自我提高内驱力次之，认知内驱力最弱。学习对他们来说，不是来自自己的兴趣和需要，而是外界，这类学生的外部动机明显高于内部动机，当外部动机的刺激性减弱时，学生的学习热情下降，会造成不认真、不完成作业、老师推着走等不良学习习惯。

（三）从学生学习方法分析

1. 学生学习不善于独立思考

在传统教育影响下，大多数课堂已经习惯了教师"满堂灌"、学生"满堂听"的教学方式，学生的学习成为被动的知识传承。在教学中，经常会见到这样的现象：有的学生没有独立思考的习惯，没有自己的见解和主张，在学习中提不出问题，经常处于无问题状态；有的学生没有学习目标和学习方法，只会被动地跟在教师后面走；有的学生在小组合作讨论时，没有自己的观点，人云亦云，更谈不上深层次探究。在这样的教育模式下，学生渐渐不擅于思考，遇到问题和难题也不知道凭借自己的思考和能力去解决，因为他们已经习惯了去等待教师给出现成的答案，失去了自主探究思维和创新思维。

2. 学生学习自主意识差

如今很多家长在培养孩子的过程中，都比较细心，喜欢包办代替。由于小学生自小被家长代劳的事情过多，因此在学习中也将这种依赖性反映出来。小学生们对于学习方法和学习内容都倾向于教师的直接灌输。在小学课堂

---

① 翟立鹏：《浅谈"双减"背景下如何培养初中生学习物理的内驱力》，《中国教育学刊》2023年第A2期。

中，小学生更习惯听从教师的安排，进行机械的记忆和学习，然后反复针对教师的教学内容进行习题的练习，学生们没有形成思考的习惯。即便教师给学生们安排了自主学习的环节，学生也无从下手。小学生自主学习的意识非常薄弱。

第二节　问式课堂对学生自主思维的要求

思维是世界上最美丽的一朵花。问式课堂之所以有很强的生命力，就是因为它为学生的思维留出了一片沃土。教师要充分认识，学生自主思维品质的培养是问式课堂的重要目标与任务。如果忽视了这一点，问式课堂就会失去灵魂与活力。

学校先前进行的一项学生思维现状调查，明确地揭示了学生在思维上的三大问题：思维的被动性、思维的单一性与思维的无目的性。它为问式课堂的研究提供了证据。问题清晰了，问式课堂对学生自主思维的要求自然也就清楚了。下面，针对问题从三个方面提出思维培养的具体要求。

一、增强思维的能动性

所谓的思维能动性是指思维的一种积极、活跃的状态。比如，一个学生能够踊跃提出问题、参与讨论、发表观点、提供创新建议、发现解题新思路等，我们会说，这个孩子思维的能动性很强。反之，那些思维存在一定被动性甚至惰性的学生不愿意回答问题，更不愿意提出自己的问题与想法，他们往往更喜欢记忆与刷题而不愿意思考知识背后的原理以及对"为什么"的原因思考，在讨论问题时也是人云亦云，这些都是思维能动性不强的表现。为了培养学生的思维能力与思维品质，增强学生思维的能动性是一项十分重要的工作。

（一）兴趣是思维能动性的内力

人们发现，让一个男孩子听故事提问题，他表现出来的情绪并不高涨，而让他搭乐高时其会提出各种问题与尝试的路径，这就是兴趣使然的差异。在前一个活动中，男孩积极性不高是由于兴趣程度低造成的，而在后一个活动中思维活跃是因为兴趣高的缘故。可以说，兴趣是思维发生的原动力与内驱力。因此，学生可以从自己喜闻乐见的生活实际出发，联系自己的经验，参与课堂的思维活动；学生要将对问题的兴趣状态上升到对问题的思维状态，即对问题的发现、分析、解决的过程；学生要不断培养新的兴趣，以激起对更多问题的兴趣与思索。为此，教师可以采取以下做法：

1. 寻找兴趣点进入思维

在教学中，如果要涉及五个知识元素，教师就要寻找其中最容易引起学生兴趣的点，从而激发他们的思维活动。找准了兴趣点也就找到了思维的线索。一般来讲，学生对于喜欢的人和事容易产生兴趣。例如，教师如果直截了当地让学生思考"蝌蚪是如何变成青蛙"的问题，学生的思考欲望就不会很强，而根据学生的喜好提出"蝌蚪是如何找妈妈的"含有浓厚亲情味的问题，学生就会表现出思考的热情。

2. 利用兴趣点引发思维

在教学中，教师可以通过情境创设、问题设计、任务布置、活动开展，调动学生的兴趣点。例如，布置一个对"新校区布局"的设计任务，学生由于很感兴趣因而会考虑诸多问题，集思广益，作出方案。

3. 培养兴趣点拓展思维

学生的兴趣往往具有一定的局限性，如果仅仅凭兴趣去发展思维，对于学生的发展是不利的。因此，教师要培养他们更多的兴趣，比如，有的学生对自然科学感兴趣而对人文科学相对兴趣不高，有的学生对航天科学着迷而对材料科学兴趣不大，这是很正常的现象，问题是教师要运用多种方式开阔他们的兴趣场域。

（二）参与是思维能动性的前提

实践是认识的必由之路，唯有参与实践才能促进思维的发生与深化。当一个学生不积极参与学习与投入活动、在课堂中游离于合作学习与解决问题的过程之外时，很难设想其思维活动是活跃的。可以说，参与是思维能动性发挥的前提。为此，学生对学习的自我参与须有要求，要以高度的注意力与意志力保证学习的参与，并要做到人到心到，将自己的心智与情感融入课堂学习之中，这样才能保持自己在认知活动中的思维活力。为此，教师应该注意以下问题：

1. 营造参与的氛围

氛围对于学生的参与是一个重要的影响因素。如果氛围是枯燥的、不吸引人的，或是冷冰冰的、不安全的，学生自然就不会积极参与其中。因而，营造一个合适的参与氛围对于培养学生自主思维能力非常重要。我们要以平等、热烈的课堂氛围吸引学生，达到"欲罢不能"的效果，要相信学生对于一个好课堂的氛围是不会无动于衷、按兵不动的。

2. 提供参与的机会

给任务、提要求、鼓励尝试、组织活动，学生自然就会增加参与的机会。如果我们的课堂基本是教师唱"独角戏"，那么学生的参与机会就会被剥夺。因此，一个聪明的教师不是一讲到底，而是提供更多的机会让学生上台"唱戏"。

3. 评价参与的表现

目前，有的教师对于学生的参与性表现评价不够，以至于造成参与和不参与一个样，这对于好学生是一种"打击"。为改变这一倾向，教师要在教学过程中留心学生的参与表现，及时给予正确评价，要以正面评价为主，鼓励学生积极参与的表现，同时指出存在的不足。

（三）习惯是思维能动性的保障

一个学生要持续地发挥思维能动性，不是靠一时的冲动、一阵子的热情，而是需要通过习惯的养成来维系。所谓的思维习惯，就是将思维的做法规范下来，并在行为上得以自觉体现的范式。一般来说，好的思维习惯包括思维的逻辑顺序、思维的方法运用、思维的意志力等方面。良好的思维习惯的养成能够使学生自觉地参与思维活动，能够引导他们在解决问题的过程中发展认知与元认知，培养他们的核心素养。养成了良好的思维习惯，课堂上即使在教师没有要求的情况下，学生也能自觉地提出问题、分析问题，从而将课堂教学引向高阶认知的水平。对于学生来说，培养思维习惯，一是要提高对思维品质的重要性的认识，要将知识学习的过程变为思维提升的过程，这对学生解决复杂问题以及终身发展具有至关重要的意义。二是要通过学习过程的体验、总结与反思，逐渐形成良好的思维习惯，要善于从自身的学习经历中总结思维的正反两方面的经验教训。三是要以意志力、持久力保证习惯的从一而终，思维是一个艰难的过程，往往能考验与增强一个人的人格力量。在平时的教学中，教师在

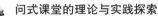

培养学生思维习惯方面可以采取以下一些做法：

1. 对学生的思维习惯培养提出明确要求

对于小学生来说，如何培养思维习惯是需要具体指导的。面对问题如何进行思考、采取什么方式思考，他们往往是空白的，需要我们将成人的经验传授给他们。

2. 在课堂教学的各个环节培养思维习惯

思维习惯的培养不是光靠教师的口传、学生的记诵就可以实现的，需要在学生的学习过程中逐渐养成，因此教师要在课堂教学的各个环节中加以培养。如在课前可以通过预习任务的布置让学生提前思考问题；在课中基于问题情境激发学生思维，展开头脑风暴；在课后适当布置深入思考的探究性作业。

3. 让学生的思维习惯在问题解决的学习中加以升华

当前，为培养核心素养，十分强调问题解决的深度学习，而深度学习的本质是高阶思维的运用过程。因而在问题解决的学习中展开思维活动对于学生思维习惯的进一步优化具有重要价值。问题解决的成果是思维运用的结晶，成果分享能够使学生获得成功的体验与成长的自信心。

二、倡导思维的多样性

问式课堂之所以要倡导思维的多样性，是因为学生对思维的方式不甚了解，所以在思维过程中，只会运用自己习惯的思维方式，单一地去进行思考。由于不可能"十八般武艺样样精通"，因此难以做到思维的游刃有余。教师要引导他们认识思维方式的多样性，并指导他们在事件中加以运用。下面，仅列举部分加以说明。

（一）思维方式的多样性

1. 求同思维

求同思维也称聚合思维、辐合思维、集中思维。求同思维是利用已有的知识经验或已知的条件解决问题的一种有方向、有范围、有条理的收敛性思维方式。例如，在数学"圆的初步认识"一节课上，教师创设问题情景：请大家利用老师提供的各种不同的工具如回形针、橡皮筋、绳子、多功能尺等画出一个圆来。课堂上，孩子们在动手操作过程中积极思考归纳出画圆的方法，从中抽象出圆的本质特征，经过头脑"加工"，再用自己的语言表达出来。这样，他们不仅认识了圆的特征，更重要的是体会、学习了求同的思维方法，培养了一定的概括能力。

2. 多向思维

多向思维是一种倡导多角度考虑问题的思维方式。这种思维方式要求在思考问题时从几个方向、几条路径展开，最后找到答案。比如在四年级的"用量角器画角"这节课上，教师让学生画出一个120度的角。刚开始学生只能想出用量角器或用两个含60度角的三角板拼一拼这两种画法。于是，教师神秘地对学生说："我可以只用一个三角板就画出来！"学生当然不相信，纷纷瞪大了眼睛。只见教师先画出一个180度的平角，然后在这个平角上用三角尺描出一个60度的角，教师指着剩下的另一个角，告诉学生这就是120度的角。教师问："你能理解这个办法吗？"学生通过观察、思考，理解了画角除了可以用量角器外，还可以通过角的加减得到，更是探询到教师的思路，学习了教师的思维方法。

3. 综合思维

综合思维是一种系统思维能力，即能够看到问题的整体和局部之间的关系以及它们之间的相互影响。这需要我们具备系统思考和综合分析的能力，能够将一个问题分解成多个子问题，再将子问题的解决方案整合起来以找到整体的解决方案。比如在综合实践活动课上，教师组织大家对"如何解决南翔地区交通拥堵的问题"展开讨论，开始，学生主要把注意力放在道路宽窄、车辆的多少等方面，后来，教师启发大家从更多因素上去考虑问题。学生通过深入研讨，开阔了思路，发现影响交通是一个综合因素，涉及道路、车辆、交通管理、出行方式、上下班时间、天气状况、居民分布、城区功能布局等，最后作出了交通综合治理的方案。这就是运用综合思维解决问题的过程。

4. 发散思维

发散思维又叫求异思维，是指沿着不同的方向、不同的角度思考问题，从多方面着手寻找解决问题的方法的一种思维方式。发散性思维是创造性思维的基础和核心，它的特点是追求思维的广阔性，决定创造活动的结果和要达到的目的。一个人发散性思维的品质、能力、水平直接决定他创造性的高低。发散思维可以提高学习的延伸性和灵活性，在提出问题、分析问题和解决问题方面具有重要的意义。比如，一词多组、一事多写、一题多解、一因多果等都有利于发散思维的培养。

5. 批判性思维

批判性思维是指学生在学习过程中有意识地、系统地处理信息,通过独立思考、分析、推理自己或他人思考过程是否缜密,进而改善思维的一种思维技能。思维的批判性来自学生对思维活动的谨慎反思与辩证认知,是一个主动思考的过程。以批判性思维为基点,构建与核心素养培育相适应的学习方式,不仅能提升学生的思维,发展学生的学习能力,更能让学生获得适应未来发展的核心素养。具有批判性思维的人,在遇到问题的时候会善于提出问题、分析问题,形成自己的意见、结论或者判断,并采取正确的应对策略。批判性思维的特征要求学生要有坚持己见的执着、推陈出新的勇气以及缜密的思辨力。例如教师在执教四年级"条形统计图"时,选择了社会广泛关注的空气质量问题。教师给出了颇具争议的话题"一到冬天上海空气质量就变差",这一观点对吗?学生经过辩论、思考,认为这一观点不全面,尽管从一年内的季节差异角度分析,冬季的空气质量相对较差,但是从几年的连续数据分析,冬季的空气质量有越来越好的趋势。在该案例中,学生用真实的数据去分析真实的问题,为数学知识和现实世界建立紧密的联系,充分感受数据分析在日常生活中所起的作用和价值。学生在这样的情境下能调动自己的生活经验,不断涌现新的疑问,推进思考层层深入。

6. 创新思维

创新思维又称创造性思维,指的是在强烈的创造动机和外在启示的激发下充分利用人脑意识和下意识的大脑活动能力借助于各种具体的思维方式(含直觉和灵感),以渐进性和突发性的形式对已有的知识经验进行不同方向、不同程度的再组合、再创造,从而获得新颖、独特的有价值的新观念、新知识、新方法、新产品等创造性成果的思维方式。

创新性思维具有六个明显的特征,即积极的求异性、敏锐的观察力、创造性的想象、独特的知识结构、活跃的灵感以及新颖的表述[1]。这种创新性思维能保证学生顺利解决对他们来说是新的问题,能深刻地、高水平地掌握知识,并能把这些知识广泛地迁移到学习新知识的过程中,使学习活动顺利完成。可以说,创新性思维是整个创新活动的智能结构的关键。

---

[1] 杨年:《论创造性思维的特征》,《中州学刊》1983年第3期。

（二）思维路径的多样性

思维路径极其多样且复杂，对于小学生而言，思维的路径大致有以下三条：

1. 纵向联系中的思维

所谓的纵向联系是指一个学科内前后不同学段之间的知识联系，伴随着这种联系的思维过程有利于学生温故而知新，有效地实现知识的迁移。比如，在学习母亲形象的篇目时，教师可以引导大家联系以往学过的所有反映母亲形象的文章，进行整体性的思维：母亲的形象特征是什么？可以从哪些方面反映？可以用哪些手段进行描写？这样前后篇幅的勾连整合，学生加深了对文章阅读的理解，同时也进一步熟悉了写作手法与技巧。

2. 横向联系中的思维

所谓横向联系是指若干学科相关知识的联系，伴随着这种联系的思维过程，学生可以开阔知识视野与思维的广度，从而能够更好地联系生活实际，在解决问题的过程中培养学生的思维能力。例如，在小学低年级可以围绕春天的主题，在语文课中学习歌颂春天的诗文，在自然课中学习四季中的春天以及生物生长的知识，在美术课上欣赏反映春天的作品，在音乐课上歌唱春意盎然的歌曲，等等。不同学科的知识养料有助于构成立体思维的框架，有利于学生深入地思考关于春天的话题：春天是一个怎么样的季节？春天对于生命、生物具有什么意义？我们在春天如何安排美好的生活？经过思考，学生可以在横向联系中获得丰盈的认知果实。

3. 课内外联系中的思维

所谓的课内外联系也可以称为超学科的联系，它没有明确的学校学科的支撑，往往超出学科的范畴。如在研学旅行中，学生对徽州地域文化的了解，就要涉及学生课内没有学到的大量知识，比如考古学、建筑学、美学、水文学、美食文化等，这些知识的关联有助于学生对徽州地域文化的全方位理解，也可以加深学生对历史、地理、文学等方面研究的兴趣。

三、加强思维的指向性

之所以要提出加强思维的指向性，是因为有些学生在学习过程中往往表现出思维散乱、漫无边际、缺乏目标的倾向。教师在教学中指导他们循着一定的方向与目标展开思维，对于提高学习质量有着明显的作用。

例如，在数学教学中，学生的思维应聚焦数学教学的目标，因此，为了在问式课堂中加强对小学数学教学中思维指向性的指导，可以通过设置明确的任务要求，逐步引导学生深入思考问题的本质，并将所学知识应用于复杂的生活情境中。

（一）指向问题的解决

学科知识来源于生活，应用于生活。要想在问式课堂中达成指向问题的解决，首先要培养学生从生活中发现问题、提出问题的能力，在教学过程中再结合真实的生活情境，设置能激发学生兴趣的情境问题，提出明确的任务和要求，逐步引导学生思考解决问题的策略，探索不同的解决路径。

1. 要提出明确的任务及要求

明确的任务要求可以帮助学生聚焦问题，指明方向，集中精力思考解决办法，避免在课堂不知所措而无效学习。要想在课堂中提出明确、有效的任务及要求，让学生能够专注地思考，不仅要求教师在教学提问、设问和追问中要指向明确，避免言语啰唆，让学生云里雾里，要求教师对所设置的任务要条理清晰、简要明确有针对性，还要求教师针对不同的任务有具体的方法指导，比如如何合作、如何分工、如何思考问题等。

2. 要引导学生思考解决问题的策略

要想引导学生养成思考的习惯，教师可以在日常的教学中引导、帮助学生总结解决问题的不同策略和方法，例如建立模型、逆向思维、分步骤解决问题等策略。在日常的学习中通过不断尝试、总结解题方法，可以使学生更有针对性地解决学习中的问题，形成自己的思维风格。另外，教师在教学过程中可以提供一些启发性的问题或综合性的问题，引导学生养成全面思考问题的习惯，寻求多种解决途径，让学生在解决问题的过程中体会到不同方法的优缺点，让其思维逐步发散，走向更广阔的空间。

3. 要给予学生探索解决问题的不同途径

众所周知，表扬的力量是强大的，教师应给予学生更多的机会和时间，鼓励学生尝试不同的解决途径，让他们发现问题的多样性和灵活性。通过让学生尝试不同的解决方法，并与其他同学分享，可以激发学生的创造力和解决问题的能力。通过多样化的解决问题的途径，可以使学生养成从不同的角度思考问题的习惯，培养其灵活的思维方式。

（二）指向问题的本质

指向问题的本质是指教师在教学过程中要让学生知道、理解本节课所学知识的意义、本原。在这一环节中，教师不仅要考虑所教知识点的本原性，即这一知识点的原理是什么，还要从单元整体的角度考虑它所处的位置、知识的前后联系，更要考虑学生知识、方法在整个学习过程中的连贯性，才能使学生的思维具有指向性，才能使学生在思维中理解问题的本质。

为此，教师可以通过提问引导学生思考问题的本质，例如"为什么会导致这个问题出现？"或"这样的简便计算运用了哪些运算定律？"等。通过这种方式，学生可以更深入地理解问题，并将注意力集中在问题的核心点上，深入地掌握所学知识点的本原。

教师可以引导学生分析相似问题的具体特征和模式，帮助他们发现、总结问题之间的联系和规律。例如，教师可以提供一些相似的问题，让学生观察并总结它们之间的共同点和不同点。通过分析问题的特征和模式，学生可以更好地理解问题的本质，并运用所学知识解决类似的问题。

教师可以鼓励学生主动提出问题，让他们从问题中发现新的知识和思维方式。学生自己提出的问题可以帮助他们更深入思考问题的本质，促使他们主动寻找解决方法。教师也可以通过组织小组讨论或开展探究活动的方式，让学生共同思考和解决问题，从而更好地促进问题本质的达成。

（三）指向知识的迁移

为引导学生在思维中指向知识的迁移，教师可以在教学活动中设计一些真实的情境问题，便于学生将所学知识应用于真实生活情境中。通过解决与实际情境相关的一连串问题，让学生能更好地理解所学知识的实际意义和本原，并逐步提高其运用知识解决生活实际问题的能力。

为引导学生在思维中实现知识的迁移，教师可以开展主题式或项目化学习活动。例如小学数学教学中可以采用主题式学习，并将主题活动分别融入数学知识学习的主题活动（学科内）、运用数学知识和其他学科知识的主题活动（跨学科）两类，将跨学科主题活动作为落实核心素养目标的主要抓手。因此，随着跨学科学习的推进与实践研究，教师应当充分利用已有资源，将数学知识与其他学科进行整合，如将数学与科学、艺术或社会研究等学科进行关联。引导学生将所学数学知识应用于不同领域的问题中，培养他们的综合思维和解决复杂问题的能力。

综上所述，加强对学生思维指向性的指导，对培养学生的思维能力至关重要。通过指向问题的解决、指向问题的本质以及指向知识的迁移，可以有效提升学生的思维品质，为他们的当前学习和未来发展奠定坚实基础。

第三节　问式课堂对学生自主思维培养的策略

一、鼓励学生从被动听讲走向能动学习

被动听讲是传统教育模式中的一种典型表现，课堂中往往以教师为中心，学生在课堂上只是被动地接受教师的讲解，记笔记，做练习，缺乏主动思考和探究的能力。这种教育模式难以激发学生的学习兴趣和主动性，已经无法适应当今社会对人才的需求。

能动学习则是指学生在学习过程中积极主动地思考、探究、尝试和创新。实现能动学习的方法包括积极参与课堂，提出问题和观点；自主学习，独立思考，寻找问题的解决方法；与同学合作，交流思想和经验；利用网络资源，拓展知识面和视野；反思学习过程和结果，总结经验和教训。

因此，鼓励学生从被动听讲走向能动学习已经成为当今教育教学路上的一个重要目标。为了实现这一目标，以下几种措施是可行的：

（一）建立互动式教学模式

互动式教学模式是一种通过教师和学生之间的互动来促进学生学习的教学模式。在这种教学模式中，教师不再是单纯的传授者，而是引导者和促进者，学生则成为学习的主体。举例来说，在数学教学中，教师可以通过课堂互动、小组讨论等方式，让自己成为课堂的引导者，让学生成为真正的课堂主体，使学生在交流、合作、思考中获得学习体验和主体地位，从而提高学生的学习主动性和创新能力。

(二)开展探究式学习活动

探究式学习是一种通过实践和探究来获取知识的学习方式。在探究式学习中,学生需要自主思考问题、制定解决方案、实践验证、总结反思。这样的学习方式有助于激发学生的学习兴趣和学习动力,提高学生的学习效果和学习能力。如在数学教学中,教师可以引导学生通过实验、探究、发现规律等方式,掌握数学知识和解决问题的能力。在上大云小"小学数学指向学习品质提升的问式课堂学习任务设计与实施的研究"的课堂中,教师以"植树问题"为载体,创设了"学校计划在通往图书馆的一条长60米小路的一旁植树,每隔5米种1棵,由3组同学依次完成。① 每个小组平均要种多少米?② 每个小组各种树多少棵?"这一新颖的问题情境,通过不同的学习任务设计,引发学生猜想,不断出现认知冲突,推进学习的进程。然后通过设问、追问,让学生再带着问题探究,最后内化知识、建立模型,使学生学会用数学的眼光审视世界,并促进他们的思维走向更广阔的空间。

(三)倡导个性化教育

个性化教育是一种根据学生个体差异和需求,为每个学生提供量身定制的教育方案和教学服务的教育方式。在个性化教育中,教师需要充分了解和尊重学生的个性差异和需求,以有效地激发学生的学习兴趣和学习动力。如在英语教学中,教师可以根据学生的语言程度和兴趣爱好,开展听力训练、口语表达、阅读理解等多样化的教学活动,以满足学生的个性化需求。

教师可以通过以上策略来引导学生探究数学问题的深层次原因,激发学生的好奇心和兴趣,让学生在探究中学习。并通过讨论、合作学习等方式,鼓励学生积极参与课堂活动,发表自己的观点,提出问题和疑惑,在学习中自主探索和发现,从而培养学生的自主学习能力。如在一次小学数学课堂活动中,教师为学生准备了一组有趣的数学问题:"小明有3个苹果,小红有8个苹果,请问两人一共有几个苹果?""小明再有多少个苹果就可以和小红一样多?"教师让学生自己思考并讨论这些问题,鼓励他们提出自己的想法和解决方法。在课堂上,教师充当了引导者的角色,帮助学生理清了思路,解决了疑惑。通过这样的活动,学生不仅学会了简单的加减法,还培养了自主学习的能力,激发了学习兴趣。

问式课堂的理论与实践探索

二、引导学生从熟练解题走向变式迁移

在小学阶段,学生需要掌握基本的数学知识和技能,熟练掌握各种数学题型的解题方法。可熟练解题只是指学生能够熟练地掌握某种解题方法,但缺乏将解题方法应用到变式问题中的能力。而变式迁移则是指学生能够将已学的知识和解题方法应用到不同的情境中,解决不同的问题。

虽然熟练解题是学生在学科学习中的一个重要目标,但仅仅掌握解题方法还不足以应对实际问题,需要学会将所学的知识和技能应用到新的情境中,还需要引导学生从熟练解题走向变式迁移。具体来说,实现变式迁移的方法包括:理解知识的本质和内在联系,而不是仅仅记住公式和方法;通过实际问题的应用,发现问题之间的共性和联系;积极思考和探索,尝试将已有的知识和经验应用到新的问题中;与同学合作,共同探讨和解决问题。

要想达到以上的目标,应该采取以下措施:

(一)学生从会做题走向会说题

在学习数学的过程中,很多学生只是机械地完成作业,并没有真正领会题目的本质和解题思路。因此,我们应该鼓励学生从会做题走向会说题。具体来说,有如下一些方法:

1. 引导学生分析问题

教师可以引导学生分析问题的关键点和难点,找出问题中的条件、关系和要求等等,这样可以帮助学生理解问题的本质和解题思路。如以下这道题:班级里有30个学生,其中男生人数是女生人数的2倍。男生和女生各有多少人?教师通过引导学生找出问题中的条件和要求等,既可以帮助学生理解问题,找到所对应的等量关系,也能帮助其列出方程并解答。

2. 鼓励学生讲解解题思路

教师可以让学生互相交流讲解自己的解题思路,从而帮助学生更好地理解和运用解题方法。比如上一道题,教师可以通过追问学生"还有不同的解题方法吗?哪一种方法更简单?"让学生自由讨论并试着讲解自己的解题思路,有的学生用的是解方程的方法,有的学生用的是算术的方法,从而作出比较,选

择较优的解题策略。

3.提供多样化的题目

教师应该提供多样化的题目，包括基础题目和综合题目，让学生有机会运用所学知识和技能解决不同类型的问题。这样可以帮助学生更全面地掌握解题方法，并逐渐形成自己的解题思路。如在一次课堂活动中，教师为学生准备了一组有趣的数学游戏"算24点"，让学生分组进行游戏，每组学生轮流发挥自己的想象力和创造力，讲解算法、思路。在游戏过程中，教师充当了引导者的角色，帮助学生理清思路、澄清疑惑。通过这样的活动，学生不仅学会了基本的解题方法，还培养了自信心和讲解能力。

（二）学生从会说题走向会命题

让小学生学会自主命题是一个突破，它有助于培养学生的抽象思维与命题能力，能够变个角度对知识与技能进行建构，也能增强对知识运用的灵活性。同时，也能够体验到与教师角色换位的感受，在行为暗示中提高自我效能度。

1.告知学生一般的命题技巧

小学生因为从来没有命题的经验，教师应该告诉他们题目的一般类型：填充题、计算题、连线题、选择题、论述题、是非（判断）题、改错题、材料题等。同时要告诉他们命题的基本要求：命题要考虑测试的是什么知识点，考查的是识记、理解还是运用、分析等。教师还应该提供多样化的题目，包括基础题目和拓展题目，让学生有机会运用所学知识和技能进行模仿、命题。

2.鼓励学生大胆尝试命题

刚开始让小学生参与命题，他们会有一种不适应感，但同时会产生一定的兴趣与兴奋感。教师要鼓励学生尝试命题，提高他们的积极性。同时指出他们在命题过程中出现的语句不通、条件缺乏或者违反科学、不合情理等问题。比如对在算术题中出现高铁平均速度100千米（不真实）、买个包10 000元（过于奢侈）等问题，进行正确引导。

3.引导学生从模仿开始命题

如在四年级数学上册"乘法分配律"的学习中，呈现了这样一道题目：$42 \times 39 + 42 \times 61 = 42 \times (39+61)$。教师要求学生通过对这一算式的观察，模仿命题，结果学生命制了很多类似关系的题目，如$28 \times 55 + 28 \times 45 =$，$35 \times 98 + 35 \times 2 =$……教师进一步引导学生：能否找到一种办法概括所有的例子呢？学生经过讨论，抽象出$a×(b+c)=a×b+a×c$这一数学模型。这一过程其实就是抽象思维能力得到提高的过程。

另外教师还要求学生命制具有相反关系的题目。比如：相同路程情况下，速度与时间的相反关系等。教师可以通过类似的问题让学生进行数学建模和命题。通过这样的活动，不仅可以帮助学生理清思路、澄清疑惑，还可以帮助学生学会基本的数学知识和技能，更可以培养学生的抽象思维和模型应用能力。

4. 要求学生结合提问进行命题

教师要告诉学生，其实在学会提问题的过程中就会形成命题的能力。因此，结合学生提问题的环节，教师要求学生把自己所提的问题精致化。比如有的学生对教材中"白白的大米如何来的"表述产生质疑，提出："教材对大米由来讲得全吗"？教师肯定了这位学生的想法，并要求他把这一质疑性问题命制为一道表述完整的问答题，让大家来思考讨论。于是一道质量较高的题目诞生了："除了农民的精心耕作与管理外，我们所吃到的大米还凝聚了哪些人员的辛勤付出？请举例说明"。学生认识到，从会提问题到设计题目，只要在表达上做精加工，命题就不会显得那么困难。

5. 启发学生在想象中自由命题

如在小学作文教学中一定要根据小学生理解能力差、想象力丰富且大胆奇特的心理特点，在练习写作时，教师不仅要对小学生作文要求明确，同时还要注意留给学生充分自由发挥的余地。比如教师让学生观察一张抽象的墨迹图，要求以"我看到了……"为基础扩大为完整的作文题。学生凭着想象力，呈现了五花八门的题目：《我看到了骏马奔腾》《我看到了小鸡觅食》《我看到了蓝天白云》《我看到了海涛汹涌》《我看到了稻浪翻滚》……命题后，学生各自兴致勃勃地完成一篇短文并进行交流。鲜明的主题与形象的描写，使作文更具生动性、可读性与趣味性。通过这样的写作课，学生更爱写文章了。

另外，为锻炼学生的命题能力，教师可以开展一些命题比赛。只有文章的题目起好了，学生才能由此产生积极的联想，从而进入良好的构思，写出内容丰富、思想灵动且具有真情实感的文章来。正如有的教育专家说过："解开命题绳索的最佳方法是让学生自己命题。""只有让学生自己命题，写他们自己最熟悉的、印象最深的人或事，不仅能在短时间内写就成文，而且内容一定具体、真实、可信、可亲。同时也可避免假、大、空的现象。逐渐提高其兴趣和水平。"①同时,自主命题也有利于提高作文教学的实效性。

三、启发学生从低阶思维走向高阶思维

深度学习的核心特质就是高阶思维的培养,以破除传统课堂浅层学习的弊端。传统课堂教学是以"考试"为中心的,追求确定的知识内容、答案的定向性。教师依据考试大纲所规定掌握的概念、定理、公式,通过传递、说明的方式教予学生,并详细地给出各题型的解题步骤。课后学生通过反复的记忆、大量做练习题来巩固这些定理、公式,以达到自动化的程度。如此,学生的思维仅停留在记忆、理解、简单迁移的低阶思维。为了走出传统教学的怪圈,学习目标的定位必须从低阶思维走向高阶思维。我国学者钟志贤教授把高阶思维界定为:指发生在较高认知水平层次上的心智活动或较高层次的认知能力。主要包括问题求解、决策、批判思维、创造思维②。学者马淑风、杨向东也提出了学生在高阶思维课堂中行为特征的体现:分别为分析、综合、评价、创造性思维与问题解决等能力的展现③。因此学习目标的制定要以高阶思维为导向,促使学生的思维从低层次向高层次的逐步嬗变。以下从几个方面论述高阶思维的培养。

(一)引导学生学会分析

分析是指能够对所给材料进行划分,并确定各部分材料之间的关系的思维方式,其行为特征主要表现为组织、归因、推测、分类、对比、归纳等方面。小学生在学习中培养分析能力不仅是必要的,也是可行的。以人教版语文三年级上册中的《大青树下的小学》一课为例,其内容可以涉及多种学习行为,而这些学习行为都可以有效地指向分析思维的培养。如在阅读过程中需要查找与组织有关的信息,包括学校的位置、地形、环境、学生来源、学校设备、学校氛围等信息;"为什么说这是一所与众不同的小学?"需要用事实说明理由,这是归因的过程;"所有学生是如何在同一间教室学习的?"课文中没有答案,学

---

① 唐文荣著:《乡村情结》,文化艺术出版社2010年版,第157页。
② 钟志贤:《教学设计视域:大学教学模式的局限与走向》,《开放教育研究》2007年第2期。
③ 马淑风、杨向东:《什么才是高阶思维?——以"新旧知识关系建立"为核心的高阶思维概念框架》,《华东师范大学学报(教育科学版)》2022年第11期。

生需要进行合理的推测；分类对于学生也是很重要的，比如山坡、坪坝、蝴蝶、鸟儿、猴子、大青树、绒球花、太阳花、凤尾竹等，在理解事物的基础上，对具有相同属性的事物进行归类；学生联系生活实际，将自己的小学与大青树下的小学进行对比，从中可以培养分析能力；教师最后让学生从不同角度进行归纳，如"我爱大青树下的小学""和大青树下的小学手拉手""如何把大青树下的小学建设得更美好"等，鼓励学生充分表达自己的观点。在这一过程中，分析思维的因子就有可能潜移默化地渗透到学生的脑海，内化为学生的自觉行动。

（二）引导学生学会综合

任何事物都是以系统的方式存在的，都是相互联系、相互依存、相互制约着的有机整体，这要求学生进行全方位、多层次、多方面的分析与综合归纳，找出事物间的内在关联，而不是孤立地观察事物，更不是单纯地利用某一方法进行思维活动，应是多种思维方式的综合运用。这种综合性的思维方式，体现了对已有知识的升华，而不是简单的相加、拼凑。综合后的整体会大于原来的部分之和，综合思维可以变不利因素为有利因素。它是从个别到一般、从局部到全面、从静态到动态的矛盾转化过程，是辩证思维运动过程，是观念得到突破从而形成具有普遍意义的新成果的过程。

所谓综合性就是把系统的各个部分、各个方面和各种因素联系起来，探查当中的共同性和规律。系统的综合性原理包括：系统目标的多样性和综合性、系统实施方案选择的多样性与综合性[①]。阿波罗登月计划的总指挥官韦伯曾说过："当今世界，没有什么东西不是通过综合而创造的。"阿波罗计划中就没有一项是新发现的自然科学理论和技术，都是对现有技术的运用。计划成功的关键就在于综合，综合在另一意义上就是创造。磁半导体的研制者菊池城博士说："我认为搞发明有两条路：第一是全新的发明，第二是整合已知的事实。"摩托车的诞生也是综合的结果，它是将自行车的灵活性和汽车的机动性两者结合而形成的产物。

从综合思维的内涵看，综合思维的培养主要有以下三条途径：

第一，要引导学生从事物的各个因素考虑问题从而完整地形成自己的认

---

① 彭小鹏、钟周、龚敏主编：《产品设计方法学》，合肥工业大学出版社2017年版，第54页。

知。比如部编版道德与法治四年级下册的"白白的大米哪里来"一课中,教师不仅要求学生阅读课文,知道大米是农民辛勤劳动(根据图像显示,包括育秧—插秧—田间管理—收割—碾米等主要环节)的产物,而且让学生进行更全面的思考:"除此之外,还和哪些方面的工作是分不开的?"学生因此展开了综合思考。有的学生说:"大米的生产和工人叔叔的劳动也是密切相关的,如化肥与农药的生产,插秧机、收割机、碾米机的制造……"有的学生说:"大米从农村运到加工厂,从加工厂运到城市,运输工人长途跋涉很辛苦!"有的学生说:"大米包装、保管、标价、上架、出售,需要商家的投入。"有的学生还说:"粮库负责大米储存,需要一定设备,粮库人员要调节温度与湿度,防止霉变。"此外,学生还提到了农业科技人员、农业气象人员、农业信息情报人员等的功劳。这是一个培养小学生综合思维的典型课案。通过这堂课,学生较全面地理解了"白白大米哪里来"的真正含义。

第二,要引导学生在认知实施过程中选择思维与方法的多样性。以下是数学"多边形"作业培养综合思维的实例[①]:

多边形是一种平面(二维)的几何图形,由直线组成,这些直线被称为"边",每个多边形都有周长和面积。三角形是最简单的多边形,只有三个角和三条边;四边形则有四条边。有些三角形和四边形有等长的边和同样大小的角,而且有特别的名称。

1. 找出关键词。

写下五个和平行四边形相关的词,先参考一下别人提供的词:

a. <u>形状</u>　　b. ____　　c. ____　　d. ____　　e. ____　　f. ____

2. 建立关联。

把问题1的关键词填入下列表格的最后一栏。然后,在中间栏填入二到六个用来建立关联的字,造出一个合理的句子:

主　题	关　联　字	关　键　词
平行四边形		
平行四边形		
平行四边形		

[①] 柳中平著:《数学无处不思维》,海天出版社2021年版,第182页。

3. 比较。

写出正方形和圆形的三个共同点：

a. _____

b. _____

c. _____

写出正方形和圆形的三个不同之处，只有正方形是：

a. _____

b. _____

c. _____

4. 排序。

把下列图形按照顺序排列，并写出你的理由：

a. 五边形　　三角形　　正方形　　六边形

我的顺序是：_____

我的理由是：_____

b. 面积　　长度　　体积

我的顺序是：_____

我的理由是：_____

5. 分类。

在下列每一题的五样东西中，各有两样和其他东西不同，把不同的东西圈起来，并说明为什么不同：

a. 三角形　　立方体　　正方形　　三角锥　　六边形

不同点在于：_____

b. 正方形　　等腰三角形　　长方形　　五边形　　六边形

不同点在于：_____

6. 归纳并找出模式。

哪些特征是所有多边形的共同点？在表格中填入"是"或"否"：

多边形	特 征			
	边	封闭图形	面 积	体 积
三角形				

续 表

多边形	特 征			
	边	封闭图形	面 积	体 积
四边形				
五边形				
六边形				

共同点：所有的多边形都是_____。

7. 分析构造。

a. 为什么铅笔通常有六个面，而不是三个面或十个面呢？
_____

b. 为什么水管是圆柱形而非平面的呢？
_____

8. 分析组成部分与各部分之间的关系。

完成下面的句子（注意：后面两样东西的关系要和前面两样东西之间的关系相同）：

a. 圆之于球体，正如正方形之于_____。

b. 正方形之于四，正如三角形之于_____。

c. 三角形之于二，正如三棱锥之于_____。

9. 提出问题。

有一个半径3厘米的圆形，根据这句话，提出至少三个问题：
_____
_____

以上作业运用各种思维方式讨论多边形问题，对于综合思维的培养帮助极大。

第三，引导学生将已有的知识通过叠加、组合、统整等方法产生新的思想或产品。比如，学生利用瓶盖拼出各种奇妙的图案，学生设计出会飞的汽车、会在水中开的汽车，运用语文、数学、英语、科技、音乐、舞蹈、体育等知识编排一台"明天的学校"的幻想剧等，这些都体现了综合思维的火花。

问式课堂的理论与实践探索

（三）引导学生学会评价

评价是指能够依据某种标准和准则作出的一种判断，其主要认知行为特征表现为：检验、质疑、因果联系、估计、评论等[①]。问式课堂不仅是充满问题与探究的课堂，而且是对话与评价的课堂。新课改让学生成为学习的主人，同时也让学生走向评价的舞台，尤其是生生互评的学习方式，要求学生必须学会评价。检验需要有依据地说明观点，包括理论与实践的依据。比如，在"道德与法治"课上，有的学生提出"喝满月酒"是不良的风俗，对此，大家展开各自的评论。但无论是支持还是反对，都要说出自己观点背后的根据与理由。数学课上的检验更是普遍，比如有的学生用前后呼应的方法解决 1+2+3+4+5+6+7+8+9+10=？的连加运算问题，很快就算出等于55。教师就会提醒："这样做是否对，是否可以推广？"于是在评论的过程中，学生进行严密的检验，检验结果证明此方法是可行的：1+10=11，2+9=11，以此类推，因为有5对数相加是11，所以$5\times 11=55$。推而广之，1+2+……+99+100=？，具体运算为：$(1+100)\times(100\div 2)=5\,050$。质疑是评论中的一大要素，因为评论不是一味地唱赞歌，要挑出毛病。生生互评是"对事不对人"，要敢于指出对方的问题。评论中要注意因果联系，还是以"满月酒"为例，当有的学生提出应该取消时，有的学生从因果联系的角度谈出了不同的观点：我国早就有满月酒的习俗，它是指婴儿出生后一个月而设立的酒宴。古代，汉族人认为婴儿出生后存活一个月就是渡过了一个难关。这个时候，家长为了庆祝孩子渡过难关，祝愿新生儿健康成长，通常会举行满月礼仪式，如洗澡、剃满月头。当然，现在有的地方把满月酒变成了一个请客送礼的排场，过分奢侈浪费是需要反对的，但简单粗暴地取消也是不对的。

估计就是根据某些情况，对事物的性质、数量、变化等做大概的推断，在评价中，经常会有这样的表述："按照这样发展下去，那就会……""照此办理，可能……"例如，"对满月酒中的不良风气如果不加以引导，请客之风就会愈演愈烈，加重家庭不必要的新负担。""如果取消满月酒，酒店的经营会受到很大影响，亲朋好友的正常往来与联系也会越来越少。"评论是评价的表达

---

① 邓桂玲：《基于任务型教学培养初中生高阶思维能力的实践研究》，新疆师范大学硕士学位论文，2022年。

形式，反映了评价者的水平，它要求评价的语言是简洁流畅的、富有逻辑的、留有余地的、恰如其分的、和善友好的。学生学会评论对发展表达能力、形成高阶思维品质都是受益匪浅的。

（四）引导学生学会决策

决策是指人们在对某些行动方案的知觉和具有正面或负面的后果及成功的可能性等考虑的基础上作出抉择的过程[①]。作为决策的特殊形式之一，问题解决是指开发和评估各种可能的选择。某些时候，决策能力和问题解决能力是非常相似的。决策需要在尝试探究的基础上深思熟虑然后作出选择。比如，上大云小的一位教师曾经给学生出了一道有趣的题目："在一个正方体中挖掉一个棱长为1厘米的小正方体，正方体的表面积会如何变化？"要求学生采用不同的"挖"的方法得到正方体的表面积不变、变大、变更大的三种结果。在教师的引导下，学生先是思考和猜测，然后进行缜密的论证，最后作出正确决策，终于解决了这一问题。通过这样的活动，学生不仅学会了决策与解决问题的方法，还培养了自主探究和创造的能力。

四、帮助学生从学科知识走向核心素养

学科知识是学习的重要内容，是学生在学习过程中所学到的具体知识和技能，但仅仅掌握学科知识是不够的，还需要培养学生的核心素养。学科核心素养则是指学生在学习过程中所培养的综合素质和能力，学校应该帮助学生从学科知识走向核心素养。为此，需要关注以下几个问题：

（一）提高对创新教育的认识

要培养学生从学科知识走向核心素养，首先应该让教师学习当今国际创新教育的先进理念，使教师具备培养学生核心素养的能力，并根据我们实际情况选择合适的培养方法。不少国家为我们提供了开展创新教育培养核心素养的经验。芬兰被誉为全球创新教育的典范，其创新教育的核心理念是"学生为中心"。在芬兰的学校中，学生可以自由地探索自己感兴趣的领域，学校不强制

[①] 朱颖俊：《组织行为与管理》，华中科技大学出版社2017年版，第180页。

问式课堂的理论与实践探索

学生完成某些任务或考试，而是让学生自主学习和发展。芬兰的创新教育强调学生的自主性和创造力，鼓励学生参与到各种各样的活动中，培养学生的创新精神和创造力。美国创新教育强调学生的批判性思维和探究式学习，学校注重培养学生的创新能力和创造力，通过探究式学习、科学实验、创新实践等方式，让学生在实践中探索新的思路和新的解决问题的方案。随着世界教育的发展，中国的创新教育也在不断推进和完善。中国过去的教育体制相对比较封闭和缺乏创新，但是随着国家政策的调整和教育理念的变革，中国的创新教育也开始得到更多的重视和支持。不少学校尝试着为学生提供多样化的学习环境和创新实践活动，如"嘉定区品质课堂"等。此外，上大云小也在不断探索新的教育模式和方法，如谈话式教学、项目化学习等，来培养学生的创新能力和创新精神。

（二）创设所需的优良教育环境

学校和教师在培养学生的创造力和创新精神中扮演着重要的角色，因此要想培养学生从学科知识走向核心素养，应该从以下几个方面着手：

1. 提供多样化的学习资源和学习环境

学校和教师应该为学生提供多样化的学习资源和学习环境，让学生在实践中探索新的思路和新的解决方案。日常学习中应该引导学生学会利用各种资源，如图书馆、实验室、网络等，来进行自主学习和研究。

2. 鼓励学生自主学习和积极思考

学校和教师应该鼓励学生进行自主学习和思考，让学生从实践中发现问题，在探究中探索解决问题的新方法和新思路。在整个培养过程中应该为学生提供指导和支持，帮助他们逐步培养创造力和创新精神。

3. 培养学生的批判性思维能力

教师应该引导学生学会批判性思考，学会质疑和挑战传统观念，不唯教师是从，并且在日常教学中鼓励学生主动提出问题、质疑问题，从而引导他们进行深入思考和探究，培养他们的批判性思维能力。

4. 培养学生的团队合作能力

团队合作能力是培养学生创造力和创新精神的另一个重要途径。通过团队合作，可以让学生在合作中探索新的思路和新的解决方案，从而提高他们的创造力和创新精神。教师应该引导学生学会合作、学会协调，培养学生的团队合作能力，发扬团队共同奋斗的精神。可以在教学中通过开展一些项目化学习、团队合作、小组讨论、角色扮演等活动，来培养学生的团队合作能力和创新精神。

5. 注重创新能力培养

创新能力是指学生在学习过程中能够创造性地运用所学知识和技能解决实际问题的能力。教师可以通过开展创新思维训练、创新实践活动等方式，培养学生的创新能力。

如在数学的寒假和暑假等作业设计中，教师可以引导学生进行创新，从而培养他们的创新能力。假期作业可以让学生利用所学的图形创作生活中的物体，为的是让学生的想法既可以来源于生活，又可以在变化、创新的环境中得到发散。

创造力和创新精神是当今社会所需的重要素质之一。学校和教师都应该为学生提供多样化的学习环境和创新实践活动，培养学生的创造力和创新精神。因此，教师可以通过开展创新思维训练课程、创新思维训练营等方式，为学生提供创新思维训练。应该引导学生学会创新思维方式和方法，提高他们的创造力和创新精神。同时，教师也应该发挥自己的作用，引导学生进行自主学习和思考，培养学生的批判性思维能力、团队合作能力和创新思维能力。只有这样，我们才能培养出更多具备创新精神和创造力的人才，为社会的发展和进步作出更大的贡献。

6. 注重跨学科融合

跨学科融合是指将不同学科领域的知识和方法相互结合，产生新的思维方式和解决问题的方法。教师可以通过跨学科教学、跨学科研究等方式，提升学生的跨学科融合能力。跨学科能力是学生发展核心素养的重要方面。如在教学中，教师将数学与生活中的装修问题相结合，结合了长方形的面积和窗帘倍率问题，从而探究数学与美术、劳技等其他学科的联系，培养学生解决生活实际问题的能力。

7. 注重实践能力培养

实践能力是指学生运用学科知识解决实际问题的能力。教师可以通过实验、调查、实习等方式，培养学生的实践能力。如在平方米、平方厘米、平方分米等量感方面的教学中，教师可以开展实践教学，让学生亲自操作实验，感受不同体积单位的量感，加深对所学知识的理解。

综上所述，通过引导学生从被动听讲走向能动学习，从熟练解题走向变式迁移，从低阶思维走向高阶思维，从学科知识走向核心素养，可以全面提升学生的学习能力和综合素质，使学生更好地适应未来的社会和职业发展需要。而上大云小问式课堂的实践探索，形成了以"问思探创"为特色的问式课堂任务设计与实施策略，通过问题的形式生发问题意识，启发学生探索，激发学生学习兴趣，并将课堂评价、课上反馈作为课堂教学中的常态，让学生在有限的课堂提问体验中获得深度理解，更好地突破以教师为中心的传统教学模式，有效促进学生全面发展的教育目标的实现。总之，以"问思探创"为特色的问式课堂是培养学生学习品质和核心素养的重要手段与途径。

第六章 协同探究：问式课堂的"旅程"

第一节 协同探究伴随学生成长

一、协同探究的概述

（一）协同探究的界定

培养学生的"主人意识""参与意识"和"主动意识"是协同探究中必须强调的目标之一，它有利于确立学生主体地位，改变以往被动接受式学习，养成自主学习的习惯。它应该包含两层含义：一是让学生建立一种责任感，即让他们知道，学习不是别人在帮自己，而是自己的事情；二是强调在以学生学习为中心的前提下，以乐于合作、乐于探究的合作形式存在，学生在积极讨论中突破教学重难点，在探究中形成学科素养。教师参与其中，关注每名学生的个性特点和学习情况，认真观察小组讨论情况，适时调控课堂，有意识地引导促进小组合作探究效益的最大限度发挥，最终充分提升学生的自主能动性和合作探究能力。协同探究学习模式富有创新性和探索性，合作、探究综合搭建，合二为一转化为协同探究学习，强调师生角色转换，进而提升教学效率和学生学习成效。协同探究学习模式过程主要包括：教师通过创设情境提出所质疑的问题、学生在自主研究过后，分组合作，协同探究进而论证并得出结论以及教师恰当地指导、创新评价等（见图6-1）。

（二）协同探究的意义

协同探究对于小学生的认知具有重要意义。有人曾经说，小学生不适合开展探究学习。如果说这样的看法有一定道理的话，那么协同探究恰恰可以弥补

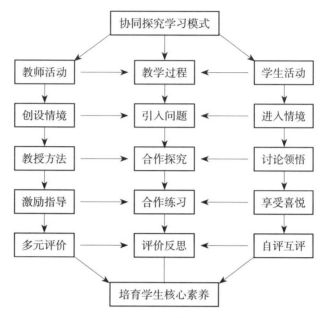

图6-1 协同探究学习模式示意

小学生的某些方面的不足。

1. 心智还欠成熟

小学生对有明显特征的事物容易感知到，但有时知觉事物的特点较笼统，不够精确，容易把相似事物混淆。小学生感知事物往往是从孤立的对象开始的，他们看不出事物各部分之间的联系和主要特点。到小学中高年级时，才逐渐开始从事物的关系中去掌握事物外部的某些特点。在思维和语言方面，小学生思维发展的基本特点是从具体形象思维为主要形式开始向以抽象逻辑思维为主要形式过渡。小学生入学后，开始由光凭口头语言交流思想，逐渐向运用书面语言表达思想方向发展，并逐渐具有使用书面语言交流思想的能力。在注意力方面，小学低年级学生注意力的特点是无意注意力占优势，注意力不稳定、不持久，容易为一些新奇刺激所吸引。小学生的有意注意力正在发展中，即使到小学高年级时，有意注意力最多可集中在30分钟左右。根据上述特点，教师在教学中要经常变换教学的方式方法。在记忆力方面，小学生具体形象的记忆占主要地位，抽象识记能力正在发展中，识记的方法以机械识记为主，不善于掌握自己的记忆方法。在情感方面，小学生富于表现，情感不稳定、不持久、爆发快，表现明显而且容易转变，情感表现得浮躁，还不够深刻。由于小学生心智发展不够成熟，因此独立自主开展探究学习会有一定困难。但鉴于小学生的心理发展的不平衡性、部分学生心理相对成熟的情况，教师以协同的方式推进探究，就有了一定的可能性。在合作研究中，学生会相互学习、相互影响，在潜移默化之中，会产生"一棵树摇动一棵树，一朵云推动一朵云"[①]的效应。

2. 生活阅历浅薄

小学生由于很少接触社会，生活经历与经验都是不够的，因此联系社会生活的实际开展探究学习，就会成为一块"短板"。但是必须看到，学生的家庭背景与所在社区的不同，协同探究使学生有机会有平台在一起交流信息、一起讨论问题，可以从更多的视角看待社会现象与社会问题，从而弥补个人生活阅历的贫乏。

3. 元认知很缺乏

所谓的元认知是"我们在自身认知过程方面的知识和控制"[②]。小学生在认知过程中，对怎样记忆、怎样思维、怎样迁移的知识非常缺乏，对自己学习行为与情绪的调控能力也很差。因此"需要同伴激励和教师引导"[③]。而在协同探究的过程中，有教师的设计与实施，有同伴的互助与互动，可以保证探究学习的顺利进行。

4. 研究能力不足

对于小学生来说，探究学习中需要的研究能力是很薄弱的，包括发现与提出问题、合理进行假设、制定研究计划、开展观察调查与实验、统计数据、寻找证据与作结论、发布成果、反思研究等。协同探究可以在教师的指导下，学生在研究中学习研究，群策群力，获得成功。

（三）协同探究的内容

协同探究的内容是协同探究质量高下的关键因素。教师在引导学生自主解决问题的过程中须注意以下方面的问题：

[①] 黄志煊著：《教育　让孩子学会与世界和合》，广东人民出版社2021年版，第4页。
[②] 罗斯玛丽·卢金、栗浩洋著：《智能学习的未来》，徐烨华译，浙江教育出版社2020年版，第62页。
[③] 赵呈领、王继新主编：《教育技术的创新、发展与服务　上》，华中师范大学出版社2006年版，第67页。

1. 问题要大小适宜

问题太大了，学生会无从下手，而问题过小，又常常因为缺乏挑战性，无法引发学生的认知冲突，从而大大降低学习兴趣。

2. 问题要有针对性

提出的问题要能切中要害，为课堂教学的展开层层铺垫，好比脚手架，有利于学生循着支架，一步一步往上攀。

3. 问题数量不宜过多、过杂

可以依据一定的内在逻辑组合起来，形成问题链或串。问题一多，往往抓不住重点，分散学生的注意力与学习精力，适得其反。

4. 设计问题要考虑难易适中

让学生能够通过协同探究，顺藤摸瓜，直奔主题。例如，教学"长方体和正方体的认识"一课时，教师抛出一个问题，安排学生分组讨论："通过观察长方体和正方体，你知道了什么？长方体和正方体有什么相同、不同和联系呢？"分组合作交流后，大部分学生得出了"长方体有六个面，正方体的六个面都相同"等结论。教师及时予以回应，肯定正确、纠正错误，追问"还有什么不同的发现吗？"引导学生进一步思考与探讨，从而发现并总结出"正方体是长、宽、高都相等的长方体"等以往少数学生才能发现的这一特点。

二、协同探究的步骤

（一）主要步骤

1. 学生自学

这一阶段主要指导学生根据学习提示，在教材上圈圈画画，做适当的批注，自主阅读课文。

2. 组内交流

这个阶段是学生自主学习后在2人或4人小组内，各抒己见，自由讨论，分享智慧，取长补短。

3. 小组汇报

以小组为单位，向全班同学汇报，由本组一位组员主要负责汇报，其他组员进行补充，教师从旁适时点拨，并给予评价指导。

（二）步骤推进中需注意的问题

以上三个步骤中的"学生自主学习"环节非常重要。这一环节，一般安排在"组内交流、小组汇报"之前。教师要舍得给出时间，学生只有有了足够的时间用来反复阅读、认真思考，才可能从中发现并解决问题。学生也只有真正学习过、思考过了，在小组讨论时才有话可说。如果这一学习过程扎扎实实地完成了，小组合作交流就能顺理成章。教师须充分认识到：只有把课堂的时空充分还给学生，让学生在足够自由和安全的环境中，独立思考，静心领悟，才能学出东西、悟出感受来。在小组合作交流中，要帮助学生养成良好的习惯，师生共同讨论制定合作交流的学习规则，并成为人人遵守的规矩。例如，教师出示自主学习内容后，要求学生马上进入状态。开展小组活动时，小组成员在组长的组织下交流讨论。在讨论中成员们都要积极举手发言，踊跃代表自己的小组上台发言，不能"你推我让"。"小组合作交流"结束后，进入班级"小组合作汇报"阶段，要求全班迅速安静下来，认真倾听其他小组的汇报，随后由各组同学互相点评。良好的习惯养成和学习规则的建立是确保高质量学习的基础和底线。以部编版四年级语文上册第一单元口语交际《我们和环境》一课为例，教师在进行教学时，首先要制定自主合作探究的教学方案，有计划地引导和指导学生自主学习。其次，根据班级的实际情况，按照"组内异质、组间同质"的基本原则，组建学习小组。同一个学习小组中，既要有学习基础不一样的学生，也要有个性特点、学习风格有差异的学生。只有这样，才能促使在小组合作探究中，每个学生各展所长，并在小组合作学习中发现、改善自身的不足，彼此之间取长补短，从而把小组学习的效应放到最大。再次，在上课前需要设计好教学任务，并将任务内容通过学习提示、导学单等不同方式传递给学生，让每个学生都知晓自己在小组中的角色和承担的任务。教师在上课伊始，播放"遍地垃圾，工厂排放废气、污水排入河流和树木被砍伐"四段视频画面，并给学生布置自主合作探究任务："视频反映了哪些环境问题？对人们的身体有什么危害？"让学生观看视频后，通过小组自主合作讨论后总结答案。随后，教师引导学生从视频中看到的环境问题过渡到生活中的环境问题，让学生进一步思考"在我们生活中还存在着不少其他环境问题，这些问题对人们的身体健康都有哪些危害？"学习小组交流后，教师再次问到"听了××小组的交流，同学们觉得他们小组讨论得怎么样？"有学生回答："我觉得××小组搜集到的环境问题都发生在我们生活的小区里,这些身边的环境问题给我们的生活健康都带来了不小的危害。"还有学生认为:"我觉得他们在搜集问题时,有的是通过现场观察发现的,有的是通过看电视了解到的。××小组在交流时,还用上了照片,这些搜集问题的方法和交流的方式值得我们学习。"每一个小组交流后,教师都会请同组的同学加以补充,请其他小组的学生点评,并对小组讨论的内容提出自己的看法。教师帮助学生发现总结:交流时围绕话题不跑题,倾听时判断发言人是否围绕话题。"对于我们身边存在的这些环境问题,我们可以做些什么呢?请同学们围绕这个话题继续展开讨论。为了使讨论更有针对性,读一读气泡图里两位同学发现的问题和他们的建议。"教师继续导学,学生发现这次的学习任务是从简单易行的角度出发,为保护环境提出一些小小的建议。于是一个个环保金点子在小组交流、全班分享的过程中喷涌而出。最后教师提出:大家能否在今天讨论的基础上,选出10个简单易行的做法,印成《保护环境十条小建议》,张贴在学校社区布告栏里,号召大家一起为保护环境贡献力量。

三、协同探究的策略

(一)创新教学理念

1. 教师树立"以人为本"的教学理念

第一,"以人为本"的教学理念告诉我们,教师既是教学的设计者、开发者和执行者,也是学习的参与者、讨论者与探究者。教师需要不断学习,努力提高自身理论水平和实践能力,改革教学方法,丰富教学手段,多维度、深层次地推进教学活动。

第二,新课程"一切为了学生的发展",倡导教师从"关注学科"转向"关注人的发展",强调与实现学生的主体地位,让学生参与到课堂中来,倡导鼓励学生自主合作探究的学习方式。教师须根据不同学生个性化的学习需求及时调整教学策略,运用有效教学策略引导学生经历学习过程,获得积极的情感体验,注重学生习惯养成和品德发展,使学生在获得知识技能的同时,获得美好的心灵和健全人格。

第三,教师教学要从"教教材 教知识"转向"用教材 教学习",与学生共同发现好的学习方法和思维方式,为学生提供自主学习的机会,引导并强化学生在学习过程中的主动性、积极性，促进学生的个性全面发展。

2.学生树立"学会学习"的学习理念

第一，夯实基础的观念。小学处于基础教育阶段，诸方面都在打基础，学生的学习不应局限于课堂、书本知识，应拓宽视野，敢于探索和尝试。

第二，自主学习的观念。要引导学生主动参与到课堂学习中，采用行之有效的学习策略，自觉培养学习调控和自我评价的能力，形成富有个性特点的知识图谱、思维图谱。

第三，重在实践的观念。知识是在实践中得以内化和深化的，从实践中习得知识才能在生活中懂得如何提取知识解决现实问题。

第四，终身学习的观念。终身学习强调长期坚持不懈地学习新知识和新技术，这种学习伴随着人的整个生命历程，因此也更强调学习者学习的主动性和主体性。

（二）激发探究欲望

依据学生年龄特点，从激发动机、培养学习兴趣出发，运用多种方法，带领学生从"让我学"走向"我要学"。例如，在教授部编版二年级语文上册第八单元《狐假虎威》时，教师创设了森林王国的情境，通过问题"狐狸到底用了什么计策？是怎样让老虎信以为真的呢？"激起学生探究与表达的欲望。教师带着学生们慢慢"来到"森林王国，走进百兽中间，学生们一下子情绪高涨。教师引导学生边读课文边圈画语句，从狐狸用的三个招数，对应老虎的三个不同的反应，明白了狡猾的狐狸是如何借着老虎的威风吓跑了百兽。学生通过小组读、师生演，读出角色语气的变化，演出神气活现、摇头摆尾的样子，在朗读中进一步体会狐狸的狡猾，教师及时予以评价鼓励。实践证明，教师的激励性评价，可以帮助学生建立起学习的自信心，激发学生学习的兴趣，促使他们主动以探究的方式来学习。

（三）养成良好习惯

"少成若天性，习惯成自然。"良好的学习习惯一旦养成，可以让学生的学习始终保持在一个稳定的状态，为后续学习打下坚实的基础。因此，教师在日常教学中，要有意识地帮助学生养成良好的学习习惯，例如，善于提问、主动探究、积极思考的学习习惯。在课堂教学中，教师要给出足够的时间，引导学生在新旧知识之间建立联系，通过实践体验、动手操作、思维碰撞，经历新知识产生的全过程。毋庸置疑，良好学习习惯的养成有助于提升学生自主探究的能力。

（四）提问获取知识

"发明千千万，起点是一问。禽兽不如人，过在不会问。智者问得巧，愚者问得笨。"[①]这是著名教育学家陶行知先生说过的一段话。课堂的学习缘起于问题的提出，学生学会提问，参与提问，能够很好地激发学生主动学习、深度思考的兴趣和习惯，引导学生主动探究、自主解决问题。学生积极、主动地投入学习的过程，思维品质得到了锻炼与提高，充分彰显学习的主体性。

（五）及时总结经验

学生在探索过程中，会遭遇各种困难，也会多少有所收获，需要及时总结。但小学生的年龄特点，决定了他们归纳总结的能力非常有限，这时就需要教师提供帮助。教师在实践中会发现，虽然学生自主探究的结果具有一定的创造性，但大都显得零散，很难从中找到并总结出规律来。比如，在学习英语be动词的变化形式的时候，学生能够用心记，但是很难说出具体的规律。这时候，教师用口诀"我用am你用are；is跟着他、她、它"示范。引导学生们尝试用类似的顺口溜，依据一定的规律，对自己已经获得的零散的知识，重新进行组合编排，掌握的知识得到巩固，探究学习的能力也得到锻炼。再如，教师在讲授部编版四年级语文下册第七单元第二十二课"古诗三首"中《塞下曲》《墨梅》《芙蓉楼送辛渐》这些古诗词时，可以安排学习能力强的学生分别担任学习小组的组长与副组长，由他们组织小组学习。例如，先让组内的成员自主背诵，把觉得难以理解的地方标记出来进行组内讨论，逐一解决。接着督促小组成员完成背诵和默写的任务，指导组员之间互相批改默写的古诗。在完成背诵和默写任务之后，召开小组讨论会，组员分享收集的相关资料以及对诗词的理解，并分享自己在背诵和默写时遇到的困难或问题，自己无法解决的问题向组长汇报，由组长一并汇总提交给教师。在班级汇报时，组长可以总结小组合作探究的成果，由其他学习小组一起来讨论解决提交的问题，教师从旁指

---

① 李文诠主编：《大学生成人成才成功之路》，天津大学出版社2011年版，第145页。

导，适度点拨。通过发布学习任务，组织小组合作学习，学生的语文基础知识、分析能力、语言表达、团队合作等综合能力得到了一定程度的提升。教师引导大家及时把好的学习方法、经验加以总结，鼓励在今后的学习中发扬光大。

（六）多元审美评价

协同探究学习不可缺少的环节——评价，科学的评价方式实现关注学生、引导学生、激励学生，增强学生的自信心。协同探究学习模式中需要多种评价方式相互结合，保证公正公平。多元审美评价即多种评价方法的综合，能够有效指导学科教学实践。协同探究学习评价依据评价主体划分为学生自我评价、小组内互相评价、小组之间互相评价、教师对学生点评、家长学校对学生点评等等。学生自我评价即学生主动反省自己在整个学习过程中的表现；小组内互相评价主要从小组成员在完成任务时是否积极探讨、是否学会倾听、是否合作顺畅等方面进行分析，实现双方共同发展；小组之间互相评价可以达到增强学生荣誉感、自豪感、责任感的目标；教师对学生的点评，既要对学生个人作出评价，也要对小组的合作情况作出点评。作为一名教师，不要吝啬自己的微笑、动作、眼神、语言等，应将多元化审美评价运用自如，任何评价的最终目的，都是为了充分激励学生，为了提高课堂教学质量。在课堂上，教师要进行即时评价，在学生表现突出时表扬称赞，在学生课堂实践表现优异时鼓励加油，力争"不放过"每个学生的闪光点，从而大大提高学生学习的积极性。关于小组的合作情况，可针对小组合作分工明确、讨论友好、效率保证的情况进行大力表扬，对于学生在小组合作过程中所取得的进步进行积极奖励；家长点评对于教师的点评具有促进作用，孩子在家受到家长的鼓励赞扬，在校获得老师的认可赞美，如此小学生可在快乐愉悦的氛围中健康成长；学校点评可以设立"优秀小组"奖等进一步激励学生。评价类型基于不同的评价目标一般分为注重结果性的和注重过程性的，注重结果性的在意协同探究学习的最终结果，注重过程性的在意学习与合作的过程。对于学生而言，结果确实很重要，因为它是学生在一定时期内在某一特定领域的成绩。但是成绩并不代表学生的能力、态度，仅仅反映的是某一个阶段的结果。结果性评价所获得的信息能够为教师提供教学计划的反馈，过程性评价与结果性评价两者有机结合，更适合于协同探究学习。

（七）挖掘学生潜能

在课堂教学中，教师应通过有效的"导"，促进学生深度的"学"。教师的教学，要满足不同类型学生个性发展的需求，尊重差异，挖掘潜能，引导学生在探究过程中从浅表的知识接受，转变到深层的知识探究与问题解决。

为充分挖掘学生的潜能，教师要精心设计课堂教学中的"问"，其设计要贯穿从发现问题到探究问题的全过程，让学生在此过程中真正获得知识、能力、素养的提升。具体而言，教师要善于创设问题情境，精心设计驱动型问题，形成问题链（串），将学习与应用有机结合，充分调动认知与情感的作用，让学生探究的兴趣自然迸发。同时，教师要密切关注其他学科与本课程之间的关联，找寻到与本课程内容高度契合的点，从而巧妙引入，加入跨学科的知识，常常会让学生感受到所学内容与自己的生活息息相关。

为挖掘学生潜能，教师和学生要建立一种新的关系。即教师不仅是学生学习和发展的陪伴者，更是学习过程中的促进者，引导学生去思考、去探索、去发现，鼓励学生打破"唯书""唯师"的传统思维模式。此外，保障学生顺利探究的关键在于课堂上师生充分而有效的互动，学生主动探究过程中一旦出现认知偏差，教师要善于引导学生发现错误，找到问题的关键；学生思维受阻，探究活动无法顺利进行，教师要能够及时点拨，启发学生换一个角度寻找新的思路，从而找到有效解决问题的方法；当学生通过合作探究提出新的想法时，教师应当给予学生肯定和鼓励。

为挖掘学生潜能，教师要启发学生学用结合、知行一致，促进学生实现知识迁移。在课堂教学活动中，教师应引导学生从多学科出发，使知识之间建立内在联系，帮助学生在学习基础知识和技能的同时建立正确的人生价值观。为了有效发挥学科育人的功能，需要学生主动对所学知识进行迁移，促进学生自身的情感得到升华，用正确的价值标准指导生活实践，做到知行统一、学以致用。

四、协同探究的效益

（一）心灵上释放自主探究的空间

教育心理学家陶行知对儿童教育提倡六大解放：解放儿童的头脑，让他们自己去思考、去想；解放他们的双手，让他们自己去做、去干；解放他们的眼睛，让他们自己去看、去观察；解放儿童的嘴巴，让他们有问题就说出来；解放孩子的空间，让他们接触大自然、大社会；解放儿童的时间，让他们自己去学习、去活动[①]。陶行知提到的"解放孩子的空间"，也包含解放孩子心灵上自主探究的空间。《义务教育语文课程标准（2022年版）》指出：义务教育语文课程内容主要以学习任务群组织与呈现。我们知道，传统的教学方法往往会束缚学生的思维，禁锢学生心灵上的自由。新课标中学习任务群的提出，意味着语文教学观念和方式的巨大转变，由"教师教"转变为"学生学"，且要创设真实、具有挑战性的学习任务群，做生活的有心人，不仅关注学生课堂的表现，还要关注他们的思想、心理上的变化与成长。学生的学习水平参差不齐，我们应当承认并尊重学生的差异，努力发现他们每一个人身上的闪光点。比如，教师可以在提问时用热切的、期待的目光看着学生。在学生发言后，教师赏识的语言可以如春风般坚定学生的自信心，开启学生积极思考的空间。以英语（牛津上海版）五年级上册 Unit 3 Seeing the doctor 这一单元中的 The toothless tiger 故事为例，学生对文中的动物角色很感兴趣，初读时，边读边做动作。此时，教师问学生想怎么学习这一课，很多学生提议要表演这个故事。教师充满期待地对学生说："老师相信你们会有精彩的演出。"接下来，学生以四人小组为单位，兴致勃勃地投入学习中。汇报时，演老虎的学生犹如帝王，他说的话给人至高无上的感觉，最后需要帮助时，也演出了不同于一开始的态度表现；演狐狸的学生，把它的机灵表现了出来；演其他小动物的学生一跳一跳的，把小动物的激动表现得淋漓尽致。每一位教师都喜欢看这样的表演，这样的课堂能开启学生自主探究的心灵空间，激发他们的潜能。

（二）氛围上创设自主探究的空间

美国心理学家卡尔·兰桑·罗杰斯（Carl Ranson Rogers）说过："成功的教学依赖于一种真诚的理解和信任的师生关系，依赖于一种和谐安全的课堂气氛。"[②] 教学中，教师要努力营造自由、平等、宽松的课堂氛围，引导学生通过

[①] 李全彩、王玉梅著：《家庭教育的道与术》，中国矿业大学出版社2020年版，第40页。
[②] 徐智发著：《信息时代初中物理教学方法研究》，天津科学技术出版社2020年版，第127页。

问式课堂的理论与实践探索

发现、思辨实现"再创造"。教师要把课堂还给学生,让他们成为学习的主人,创设更多机会,让学生做中学、玩中学。

(三)思维上拓展自主探究的空间

朱熹说过:"读书无疑者,须教有疑,有疑者却要无疑,到这里方是长进。"①质疑问难是一切思维活动的开始,质疑问难也是学生自主探究的起点,教师在课堂上营造自由而安全的氛围,至关重要。因此,教师在课堂上要减少对学生思想和行为上的高控制与强束缚,给他们充分表达、自由表现的机会,在心理上、思维上给予学生自主探究的空间。只有这样,学生的潜力才会被看见,并得到最大程度的开发。

(四)课内外创造自主探究的空间

学习的资源和实践的机会,是无处不在、无时不有的,因此,教师在平时的教学中,可以结合社会生活和学生实际,组织课堂活动,如事件调查、综合实践活动等,将课内外学习有机融合、相互渗透,从而拓宽学习的宽度、广度与深度,让学生通过大量真实的实践体验发现并把握学习的真谛。"读书百遍,其义自见。"多读书,对增长学生知识非常重要,教师可以充分利用学校的图书资源,通过图书"漂流"等活动,拓宽学生阅读量和知识面。在平时的教学中,利用晨午会、班队课、语文课前两分钟等进行好书推荐,在班上提出人人手中有两本书的建议,让学生在课余时间静心阅读。鼓励学生间经常交换好书。把每周去图书馆借书阅读排进课表。开展红领巾读书奖章活动,学生们积极性颇高,班级的嘈杂声不见了,大家徜徉在书的海洋里。在学生阅读时,教师可以教他们如何摘录,学习单上还给学生留有足够空间让他们谈谈自己从书中得到了什么知识并及时给出评语,纳入学业评价中,作为语文学习的重要内容。同时,教师还可以鼓励学生尝试写日记,内容以一日的见闻感受,也可以是阅读中的某个体会,坚持一个学期,就会发现学生的语言表达能力有明显的提高。

---

① 达·芬奇科学馆著:《写给孩子的哲学启蒙书》,四川科学技术出版社2020年版,第65页。

第二节　协同探究融汇集体智慧

一、协同探究对集体智慧的诉求

（一）以学生的学习需求为中心，以深度学习为目标

为什么要在协同探究中特别强调集体智慧？这是因为协同探究具有很高的学习要求：一是要协同，而不是单兵作战，单打独斗，因此要靠团体的力量与集体的智慧；二是探究学习的本质是开展深度学习，在新时代的背景下，学生的学习需求再也不是仅仅获取知识与技能，而是要在学习过程中培养高端思维与解决复杂问题的能力，以适应时代发展与未来生活的需要，因此，靠以往的学习方式与个人的"小聪明""小计谋"是难以胜任协同探究的要求的。

（二）多元化学习环境与资源让学习丰富而生动

协同探究的学习环境不同于以往的单一的学习场所——教室与专用教室，协同学习的学习资源也要更加丰富多样，这些资源来自网络的、设备的，也来自学校的、社会的、自然界的。多元的学习环境、丰富的学习资源、互动性强的学习材料等都会让学生更有效地投入学习。而这些支撑性的学习环境与资源的开发以及利用，也必须依靠集体智慧。例如，如何使学习环境根据学习内容和学生的情况而变化，特别是将课堂内外的空间环境灵活地切换。又如，如何活用自然环境中的教育要素，从真实的、自然的环境中去挖掘学习的机会和资源，从而加深学生对学习内容的理解和掌握，都是需要在学习设计中加以认真思考的。再如，这些学习资源如何合理利用于协同探究，也是需要师生共同在学习过程中凭借集体智慧来解决的。

（三）构建自治互信的人际关系，促进自主化学习

协同探究的过程是人际交往的过程，在这一过程中，人所具有的安全、归属、爱与尊重的心理需求，是必须考虑的问题。情感的交流与集体成员的关系相处，是搞好协同探究的重要的前提条件。所以教师要在人际关系的构建方面进行有效的设计，依靠集体智慧，创设民主、和谐的氛围。只有当学生感受到平等、尊重和包容时，才能形成良性的互动。课堂上，师生间、生

生间友好而正向的交流，是信息交换的桥梁，是情意交融的驿站，有助于学生增强面对困难、战胜挫折的勇气，获得成功的愉悦，进一步提升探究的效能。

二、集体智慧的衍生

（一）个体智慧与集体智慧的关系

集体包含个体，个体离不开集体。按照辩证的观点，集体智慧是结晶，它由个体智慧发散、汇集、动态凝聚而成，换言之，因为有了个体智慧的差异性、独特性，才会有集体智慧的整体性、系统性；反过来，集体智慧的形成又促进个体智慧的丰富与提升。每个个体千差万别，对同一事物、同一问题都有相异构想，这正是集体智慧凝聚的前提。学生个体奇思妙想的展现，智慧火花的碰撞，都是课堂教学的闪光点，需要及时捕捉，加以发扬光大。有研究者从小组合作学习的视角对个体智慧与集体智慧的关系进行了总结（见图6-2）。

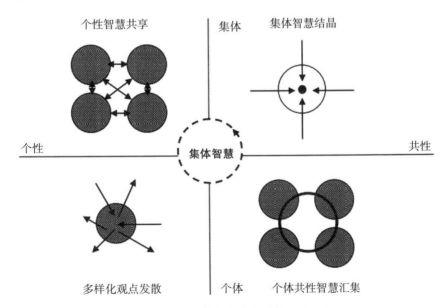

图6-2　个体智慧与集体智慧的关系示意

（二）情境创设与集体智慧的关系

良好的情境创设是引发集体智慧的平台。当知识以抽象的语言与公式呈现的时候，学生对学习内容不感兴趣时往往会出现注意力不集中、打瞌睡、坐立不安等情况。而教师一旦从学生的情感需要入手，联系学生的生活实际，创设良好的活动情境，就会调动学生参与活动的积极主动性，学生就会产生一种为集体贡献智慧的热情与冲动。如在开展《陆地快艇》的机器人教学活动时，教师运用情境教学法将活动气氛推向高潮。引起兴奋的情境、具有挑战性的任务以及激烈角逐与竞争场面，大大刺激了学生的学习情绪，提高了小组成员的主动性、参与度以及责任感。学习效果表明，在良好的情境气氛中，学生情绪高涨、思维活跃且注意力集中，个体智慧能得到充分发挥，从而集体智慧得到良好发展。

（三）小组学习方式与集体智慧的关系

1. 小组分组方式与集体智慧

在小组学习中，有时会出现某几个小组讨论非常热烈像开了锅似的、某几个组发言者寥寥无几像温吞水一样的情况。这一现象告诉我们，小组的分组方式至关重要。研究者认为，学习小组可以分为同质分组、异质分组、指定分组和自由分组。针对出现的问题，分析不同分组方式的特点发现：教学中将具备不同学习能力水平、不同性格特征的学生，在坚持自愿、民主的基础上，教师进行适当的调整（分组人数、男女比例等）指定分组，并制定相关的小组合作规章条例，可以使各个小组间尽量以平等的起点展开竞争，促进小组内的协作交流、取长补短及群体动力的形成，促进集体智慧的发展。

2. 小组讨论方式与集体智慧

小组讨论的方式多种多样，它们对于集体智慧的形成会有不同的影响。围绕某一具体问题，有的小组不假思索，盲目讨论；有的小组以某一人为领导者，主宰讨论；有的小组两两讨论，然后再集体讨论。通过对比各种讨论方式可以发现：小组间的讨论需要具有一定的讨论流程与规则，确定各成员的角色和地位，明确责任，以便促进集体智慧的发展。首先，每个人要独立思考，努力保持观点的鲜活性与个性化，然后与他人进行配对交流，彰显重要的观点，再进行小组成员间的讨论，最后进行组间交流、集体总结。在小组合作学习中，针对具体的问题，成员间展开讨论、凝聚智慧的具体操作方式如图6-3所示。

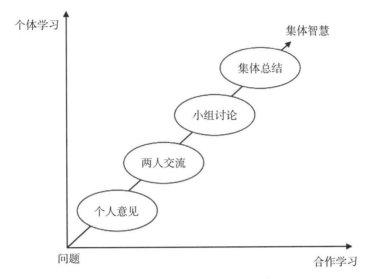

图 6-3　凝聚集体智慧的操作示意

3. 小组学习中教师的行为与集体智慧

教师是小组学习活动的组织者与指导者，他们的行为方式对小组学习的效果起到很大的作用，对集体智慧的生成也是密切相关。但凡教师能够依据教学目标确定有价值的活动主题，精心安排小组活动，在小组活动中适时指导、热情帮助、大力支持，为小组合作奠定基础、提供保障，在小组活动中对小组成员间出现的矛盾进行调节，对不善言表的个人进行鼓励等等，都会对小组的智慧凝聚起到明显的引导作用。因此，小组学习中，教师需要用饱满的热情、高度的责任、灵活的课堂机智来促进每个学生的智慧得到展现，全班集体的智慧得到凝聚。如在数学课上，教师可以根据教学目标、教学内容及教材的重难点和学生的实际情况，设计如下问题：学校食堂里各种主食和菜品，其中烤饼1元、米饭2元、炒青菜3元、鸡肉5元、锅包肉8元。我有25元，请各小组同学设计购买方案，看看哪个小组设计的方案可以买到又多又好的食物。由于该问题紧贴生活，一下子激发了学生的讨论热情，但是教师并不着急开始小组活动，而是先让学生独立思考，并询问他们的想法，等每个学生都能积极思考、有自己的观点后再进行小组讨论。小组讨论时，每个学生不但要认真倾听，还要仔细思考同学所说方案的对错，使得他们既是问题的讲述者，又是问题的评判者。教师在学生的学习中重视巡视，及时地发现小组中存在的问题并帮助解决，使讨论得以顺利进行。通过小组讨论，不同类型、不同知识结构的学生可以互补，使学生个体对所学知识能有进一步的理解，在学习伙伴的影响与帮助下，有效改善个体学习能力与学习方法。不同思维的激烈交锋，能有效地激活不同学生的思维，这样的教学过程，才有利于每个学生个体独立探索，更有利于学生互动合作探索。这样，使得集体智慧在小组合作中迸发，创新在师生互动中延伸。

（四）激励与集体智慧的关系

激励策略可以有效地提高学生的学习兴趣，激发学生的个体智慧，最终达到集体智慧的提升。如对于喜欢尝试的学生要鼓励他大胆尝试，并对他的创新给予充分肯定；对于渴望交流的学生要给予各种表现的锻炼机会；对于有一定创造创新能力的学生给予展现作品的机会。适当激励措施的实施，能为个体智慧的充分发挥起到"催化剂"的作用。

三、激发集体智慧的策略

儿童的学习离不开群体，儿童创造力的激发有益于集体智慧的形成。因此激发集体智慧，要以"全纳"的态度激发并保护儿童的创造力、以"理解"的态度促进儿童创新素养的发展、以"高品质"的课堂教学激发学生的创造力。如果儿童自我创造力被激发，必然有利于集体智慧的形成和迸发。

（一）以"全纳"培育智慧

当前，国际上对创新的概念已有新的解读：创新不是少数人的专利权，创新智慧的生成是面对全体学生的学校任务。这让每个人的创新成为一种可能。现代的学校教育应该保障每一个学生创新可能性的实现。我们的学生将来不一定成为"专家"，但他们可以在自己的学习中、在日常生活中去创新。因此，学校要以"全纳"的态度来进行创新素养的培育，把每个学生都看作潜在的创新者。具体而言，教师须以平等的态度对待每一个学生，满足每个学生的不同需求。当然，并不是要追求一种绝对的平等，而是强调关注每一个学生的个性发展，不能因为一部分学生目前能力不足就选择忽视甚至放弃，应当保护全体学生的求知欲，鼓励他们积极创新。上大云小在办学的过程中，注重培养学生在各领域的创新智慧，有的是在科技发明方面的小专家，有的是爱劳动善制作的小匠人，有的是具有艺术天赋的小明星，有的是环境保护的小卫士，有的是捕捉新闻的小报人，等等。这些佼佼者成为学生的榜样，在某一方面起到示范作用。

（二）以"理解"促进智慧

根据学生不同年龄段所表现的学习特征、不同的性格特点，教师要站在学生视角，以理解的态度设计学习活动，设置教学评价，以满足学生个性化的发展，激发其学习潜力。在小组活动中，学生基于自身不同的能力特点，承担相应的任务，充分发挥所长，凝聚集体智慧，高质量完成小组任务。教师应当站在学生视角，利用一切课内外学习资源，充分考虑学生的不同需求，鼓励每个学生参与小组活动，给予学生、小组多维度的教学评价，促进其核心素养的形成与发展。例如，上大云小中高年级数学教师在实施"大窗帘、小秘密"项目中，要求学生进行角色分工，分为组长、沟通能手、神算手和小鲁班四个角色，根据每个角色的相应职责承担任务，再结合项目化学习的实际情况，采用能反馈学生真实学习情况的过程性评价方式，在整个评价过程中融入了师评、学生自评、学生互评和专家评价。

（三）以"品质"提升智慧

在教师处于主导地位的课堂中，学生大多只能被动地接受，久而久之，变得不善于思考，参与课堂的积极性也不高。在新时代的背景下，以"教师的教"为主的课堂显然无法满足学生的需求，也不利于创造力的培养。因此，我们应当以培养合作创新意识为目标，突出学生的学，提升课堂品质。教师可以营造和谐、平等的学习环境，通过设计高品质的小组活动、多元的教学评价、有深度的小组作业等，激发学生主动思考学习，合作探究，为创造力的培育奠定坚实的基础。以英语（牛津上海版）四年级上册Unit 2 Century Park Period 2 Our route of visiting Century Park中的教学活动为例，通过听三位主人公的路线，教师先示范展示Kitty的路线图，再让学生动手在地图上展现出另外两条路线，结果发现三条路线错综复杂地交织在一起，混乱无比。以此，教师引导学生开展小组讨论，制定合理的小组路线，最后进行小组学习成果的展示，完整地进行语段表达，并阐释制定此路线的理由。

第三节　在协同探究中加强学习共同体建设

一、学生视角

(一)学生对话与倾听习惯有助于学习共同体的建立

学生对话与倾听的习惯，是一种重要的学习能力，对于构建和谐人际关系、提高学生的语言表达能力、改变原有的学习模式有着重要意义。为此，教师要重视学生对话与倾听习惯的培养。首先，教师要运用生动、有趣的教学语言，吸引学生的注意力，从而慢慢引导学生养成参与对话和认真倾听的习惯。比如教师可以说："在听同学说话时，不仅要像兔子那样竖起耳朵听，而且小眼睛要瞪得大大的，看着对方，还要边听边想，他讲得对不对，有没有不同的想法。""如果我们能够仔细听，并发现指出同学的错误，老师会表扬你、奖励你……"其次，要指导学生学会合作学习，学会共同商讨。引导学生投入小组合作学习"规则"的制定中去，是十分有效的做法。比如，在什么环节要认真听取他人的发言；什么时候需要做记录；发言的顺序怎么确定；如果有同学讲得不完整或有错误，要不要进行补充与纠正；如果有同学在理解上出了问题，怎么相互帮助；在小组中如何轮换发言人角色代表小组作汇报发言；等等。再次，在倾听和对话的过程中，教师要鼓励学生从"对话"与"倾听"中获得灵感和启发，吸纳他人发言中的精彩观点与独特思想，形成自己的理解与思路。同时被倾听者在一种受关注和被倾听的环境下，也会获得愉悦的情感，形成自信的心态。

课堂上，教师的倾听姿态可以给学生最好的示范和引导。教师大多是走到学生身边蹲下来说话，话语和声调是柔和的，并很认真地倾听学生的发言，让学生真切感受到教师的信任与温暖。

(二)学生合理的小组分工有助于学习共同体的建立

通过观察发现，合理的小组成员分配是有效开展合作学习、促成课堂学习共同体建立的基本前提。因此，科学、合理地安排小组的成员分工，赋予他们不同的职责与任务，显得尤为重要。具体而言，一是要了解学生差异，即掌握学生基本情况，尊重学生不同意愿。有学者认为，差异本身就是一种资源，每一个学生不同的家庭背景、生活经验、知识基础、认知方式、思维习惯、学习能力都可能成为共同体组建的丰富资源。教师平时要采用观察和个别谈话的方式，充分地对学生的学情进行深入分析。在小组分组时适当考虑将性格特点和学习兴趣相近、意气相投的学生分在一组，这样对调动学生的积极性有一定帮助。二是要兼顾学生差异，按一定标准保留差异，是合理分配小组成员的好方法。比如，男女生比例要搭配好，这样可以使不同性别的思维习惯和认知方式得到互补；学习程度不同的学生的合理配置，有利于他们在相互帮助中共同提高；不同性格特点的学生的组合，可以让性格外向的同学带动内敛的同学，从而使小组每个学生都能行动起来，分工合作也更加合理。

（三）学生合作意识的形成有助于学习共同体的建立

加强培养学生的合作意识，帮助学生发展社会性情感能力，密切学生之间的联系，学会人际交往的技巧，是教师在教学中应该特别关注的重要方面。学生只有形成了真正的团体意识，才能相互帮助，彼此分享，获得共享成果的体验。在组建合作小组之后，要合理分配任务，确保每个小组成员都有活干。小组内的成员不仅要明确分工，还要按期互换角色，让每个同学都能轮流担任各种不同的角色，达到提升合作意识的目的。同时，教师要引导学生建立小组学习的规则和纪律，保证合作学习的规范性与有序性。在课堂上，教师对不符合规则和纪律的行为应当明确指出加以批评，对符合规则的行为应该进行表扬，增强合规行为发生的频率，有助于学生产生集体合作的意识，促进和谐集体的形成与学习共同体凝聚力的不断增加。为形成集体精神和共同体的意识，教师不仅对学生个体进行评价，而且要注重对小组进行整体的评价。教师可以依据学习小组的表现，推选出显著进步、最佳表现、精彩创意等奖项，通过团体评价，提升学生集体主义的意识，增强学生积极学习的自觉性。例如在《彩色的非洲》一课的教学环节中，几乎所有的学生都不具备去非洲旅游的经历，对于非洲国家的环境特征更是一无所知。针对这样的情况，就需要教师根据课本中描述的多彩的植物和动物等，引导学生以小组的方式，共同到现实环境中去寻找多彩的植物或景观，并作出文字表述或图画的创作，以不同的角度和方式展现这多彩的世界。为了完成教师布置的任务，小组中每个学生都有工作要做，有的负责搜索资料，有的负责文字表述，有的负责图画创作，还有的负责最后的展示。在此过程中，集体荣誉感应运而生，学生们人人参与作品全过程，认识到自己与团队是密不可分的。展示环节中，老师不仅对个人进行评价，还设立了集体奖项，以此肯定团队的努力。

二、教师视角

（一）从师生关系改善上加强共同体建设

正确处理好师生之间的关系，直接影响到课堂学习共同体的形成和维系。如果师生关系不和谐、情感交流不顺畅、师生互动不热烈，我们往往就感受不到学习共同体的力量与气场。因此，要构建师生学习的共同体。一是教师应该从观念更新开始，如果"教师中心"的观念不破除，教师过分地占有话语权，不恰当地体现一种控制力的强势，那么学习共同体就难以建立。二是要有师生共情力，在情感上建立联结，要学会理解感受他人的心情与处境，这样才能在成员之间形成无形的凝聚力与感染力。教师和学生在课堂中是相互依存的关系，学生是知识构建的主角，可以像教师那样成为活动的组织者和设计者，在课堂教学中发挥主体作用。教师也应向学生学习，以平等的方式参与学习与探究。三是师生要对共同目标有高度的认同感。小学生在课堂上的学习目标，不应该是完全依靠教师在课前的预设，而要在了解学情的基础上相互讨论、合作协商、共同制定。教师要依据小学生活泼好动、想象力丰富、好奇心旺盛的特点，重视学生实际的学习需求，在学习内容上注重生成性和动态性，在学习目标上达成共识。四是师生形成共同的价值观认同。小学阶段是基础教育的关键时期，小学生价值观的塑造尤为重要。在这个年龄阶段，小学生的思想和行动都需要用正确的价值观念去指导、去规范，从而使学生的心理、认知和情感得到同步发展。教师在教学过程中要寻找易于被学生接纳的切入口，通过创设真实的语言学习情境，引起学生情绪上的体验，引导学生在共同体的氛围与场域中形成健康的价值观念。

（二）从学习环境的完善上加强共同体建设

学习共同体的构建还受到课堂环境的限制，课堂教学中要改变传统、僵化的学习环境。长期以来，学生被秧田式座位排列方式所割裂，同学间的合作和交流局限在有限的空间里。讲台是教室所有学生注视的中心，教师无形中拥有课堂掌控的绝对权威，处于一种支配者的地位。这样的排列方式对于学生的自由交往、师生的平等对话是不利的。因此，要构建课堂学习共同体，必须改变这样的现状，营造师生之间开放、和谐的教学环境。应当从实际出发，灵活考虑变换座位排列的方式，以适应不同学习主题、学习任务和学习方法之需。例如，马蹄形排列式也叫U形排列式，这种方式可以使教师处于U形的缺口处，让教师与学生在学习场域中保持差不多的距离，便于师生保持良好的交流空间，既可以避免教师给学生带来一定的压迫感，也便于教师观察到不同小组的学习情况。此外，还可以采用模块式的排列方式，模块可以是方形、长方形、三角形的，也可以是圆形、椭圆形的，这样的排列方法，保持了学生的相对集中性，又使小组模块之间留出了活动空间，也有利于教师在小组之间来回走动和指导学生。总之，座位的变动会给学生带来新鲜感与交流的舒适感，同时，不同的座位排列各具优势和局限性，关键是教师要根据学习目标与任务对座位方式进行灵活选择、创新组合与即时调整。

（三）从课堂活动的实施上加强共同体建设

传统的课堂教学中，教师"一言堂"的现象比较普遍，而学生的活动相对缺乏。教师长时间的灌输容易使小学生产生疲劳以致注意力涣散。另外，由于学生一直被动接受教师的灌输，容易产生消极和厌烦的情绪。如果教师在课堂教学中注入具体认知的理念，多设计一些学生活动，让学生动起来，就能激发学生学习的主动性，形成活跃的课堂气氛。丰富多样的活动方式有利于在学生自主、合作、主动探索的基础上形成真正的课堂学习共同体。一是要突出学科学习的特点，选择与开展符合学生实际和贴近生活的主题活动，如可以采用朗诵、演讲、讲故事、做游戏、当小老师、课本剧展演等形式，为学生提供多途径多形式的学习机会，发挥学习共同体的效用。二是要将教育技术手段与学科有机整合，创设生动、真实的活动情境，如在英语课上可以创设多样的、适合的交际氛围，在真实语境中给学生增加语用的机会，开展各种角色的模拟活动，将英语运用到生活的实际中去。教师还可以利用现代教育技术的便利，针对不同学生的学习特点，在活动过程中使用训练和测评工具，比如，可以运用自动语音评价功能的软件，以小组的形式进行配音、语音播报等方式练习口语，软件可以给出及时的评分，以便获得及时的评价反馈。

第七章 创新成果：问式课堂的"追求"

第一节 问式课堂对创新精神培养的价值

创新精神是未来社会所需要的重要素质。在基础教育领域，培养学生的创新精神已经被广泛认可为至关重要的任务。作为小学教师，面临着如何有效地培养学生创新精神的挑战。问式课堂作为引导学生主动探索、思考和解决问题的教学方法，为教师提供了一条崭新的途径，也为学生在探索知识的过程中培养积极的创新心态和能力提供了一条可行的路径。

一、创新精神的界定与内涵

（一）创新精神的界定

创新精神是指学生具备勇于探索、勇于尝试、勇于创造的心态和能力。在快速变革的社会中，创新精神成为应对挑战和取得成功的重要因素。培养学生的创新精神不仅能够为他们的学业发展奠定坚实的基础，还能够为其未来职业发展和社会参与提供有力的支持。因此，教育界普遍认同将创新精神纳入教育目标并积极探索相应的培养方法。而问式课堂作为一种积极引导学生思考和探索的教学方法，具有独特的优势和潜力，通过提出引人思考的问题，引发学生的好奇心和求知欲，激发他们的思维和创造力。与传统的传授知识和答题模式相比，问式课堂创设问题情境，以问为引，以问导学，它可以使学生通过合作探究尝试解决问题，生发新的问题，更加注重学生的主动参与和思考，有助于培养学生的创新精神，提升学生的创造能力。

(二)创新精神的内涵

创新精神是指个体在面对问题和挑战时,具备积极的态度和能力,勇于思考、探索和创造的心态和意识。它包括以下几个方面的内涵:

1. 勇于探索和冒险

创新精神要求个体勇于主动探索未知领域,勇于冒险尝试新的思想和行动方式。这需要个体具备对未知事物的好奇心和求知欲,敢于面对风险和不确定性,敢于跳出舒适区进行大胆探索。

2. 独立思考和批判性思维

创新精神需要个体具备独立思考的能力,不墨守成规,敢于挑战既有的观念和做法。个体需要具备批判性思维,能够对问题进行深入分析和评估,不盲从他人的意见和看法,形成独立的判断和观点。

3. 创造性思维和解决问题的能力

创新精神要求个体具备创造性思维和解决问题的能力。创造性思维是指个体能够将不同的思维元素进行组合、重组和变换,产生新的想法和观点。解决问题的能力是指个体能够有效地面对问题,分析问题的本质和要素,并提出创新的解决方案。

4. 持续学习和适应变化

创新精神要求个体具备持续学习和适应变化的能力。个体需要不断更新知识和技能,紧跟社会和科技的发展,不断适应变化的环境和需求。只有具备持续学习和适应变化的能力,个体才能不断刷新自己的思维模式和行动方式,不断寻求新的机遇和突破。

二、创新精神培养的意义

创新精神对个体的发展和社会的进步具有重要的意义和价值。

1. 实现自我发展的价值

创新精神是个体实现自我发展和价值的重要因素。具备创新精神的个体能够更好地适应社会的发展和变化,具备更强的竞争力和适应能力。他们能够主动探索和创造,不断充实自己的知识和技能,拓展自己的视野和能力,从而在个人发展的道路上取得更好的成就。

2. 社会持续进步的价值

创新精神是社会进步和创新驱动的重要力量。社会需要创新精神来推动科技、经济、文化等各个领域的发展和进步。创新精神能够促进科学研究的创新，推动技术的进步，推动产业的升级和转型，推动文化的繁荣和创新。只有在全社会普遍弘扬创新精神，才能实现社会的可持续发展和长远进步。

3. 解决复杂问题的价值

创新精神是解决问题和创造价值的关键能力。面对社会和个人面临的各种问题，需要创新精神来提出新的思路和解决方案。创新精神能够推动社会解决各种复杂问题，促进社会的和谐与稳定。同时，创新精神也能够创造新的价值，推动经济的发展和繁荣，为社会带来更多的福祉和财富。

4. 培养优秀人才的价值

创新精神的培养是培养全面发展的人才的重要途径。创新精神不仅仅是一种能力，更是一种人生态度和人格品质。培养创新精神可以激发学生的自主学习和探索兴趣，培养学生的独立思考和解决问题的能力，提高学生的学习能力和创新能力。这将有助于培养具备综合素质和创新精神的人才，为社会的发展和进步提供强大的人才支持。

综上所述，创新精神作为一种重要的心态和能力，对个体的发展和社会的进步都具有重要的意义和价值。通过培养创新精神，个体能够在不断变化的环境中保持竞争力，实现自我发展和价值；社会能够推动各个领域的创新和进步，解决问题和创造价值；教育能够培养全面发展的人才，为社会的可持续发展提供坚实的基础。

第二节　课堂培养创新精神的主要策略

一、培养广泛兴趣

爱因斯坦曾说："提出一个问题往往比解决一个问题更重要。"[①]所以，以"问"激趣，通过构建问式课堂巧设疑问，引导学生沿着各种问题去展开想象，

---

① 苏忱著：《与一线教师谈科研》，上海教育出版社2018年版，第39页。

是有效激发学生广泛学习兴趣的重要手段。在问式课堂中,教师通过问题导入和激发兴趣的方式引起学生的好奇心和求知欲;通过引发学生对问题的思考和探索激发他们对知识的兴趣和热情。学生在积极参与讨论和解决问题的过程中,可以逐渐发展对学习的主动性和积极性,主动去探索和学习新知识,形成积极向上的学习态度。

(一)巧设疑问,激发兴趣

常言所说的"学起于思,思起于疑",充分表明思维起始于问题。巧设疑问,可以引导学生在追寻问题答案的过程中、在启迪思维认知中,培养学生广泛的学习兴趣。

1. 增强课堂感染力

在小学语文阅读教学中,通过创设问题情境,可以激发教学魅力,把学生不由自主地带入读书氛围中,让他们有一种非读不可、欲罢不能、想一探究竟的欲望。比如,在教学《月光曲》一课时,可以播放《月光曲》音乐课件,提出"贝多芬心里是怎么想的?""月光曲创作背景"等猜想(在预学单中提前准备),创设"美妙音乐"的气氛,呈现"热爱人民"的主题,引导学生快乐融入所创问题情境中。通过对以上问题的查找和探究交流,培养学生对学习音乐的广泛兴趣,在此过程中,可以促进学生语言表达实践应用能力和情感的升华。

2. 激发探究心理

著名教育家苏霍姆林斯基说:"惊讶感情——是寻求知识的强大源泉。"[①] 精心创设质疑情境,不但能有效激发学生学习热情,还有助于培养广泛兴趣。比如:在小学一年级数学"认识人民币"教学上,课始,教师展示存钱罐,问:"此物能做何用?"生答:"存钱罐。""对,存钱是为了什么?""你有零花钱吗?""你有存钱习惯吗?""为何要存钱?""我国的钱是什么知道吗?"生答:"人民币。""对,我们国家的钱是归全国人民的,所以叫人民币。这节课我们就来认识人民币。"教师从学生熟悉的生活情境和已有的知识基础出发,找准新知识起点,"关于人民币,你还知道哪些知识?""你还有什么问题要问?"此时,引导学生适当拓展学习、诱导兴趣、简介知识,比如涉及

---

① 任勇著:《中学数学学习指导的研究与实践》,航空工业出版社2002年版,第127页。

人民币的地位、趣闻、制作、爱护等广泛的知识，激起学生学习兴趣和求知欲。

3. 提炼教材问题

课本是学生最直接的学习素材，然而，如今的教材内容极具概括性，若想理解得更透彻，需要教师从多角度引发学生思考。因此，深度研读文本是十分必要的。通过研读，从教材的有关内容中剥丝抽茧，从而抓住本质问题来进行提问。如在"认识比"一课教学开始时，教师出示一张照片，然后呈现四张经过技术处理拉伸变形后的照片，问学生："哪张照片与原来的最像？""这张照片与原照片相像的奥秘是什么？"问题提出后，学生急不可待地用多种方法寻找答案。经过深入思考与尝试，学生得出"长除以宽的商相等，相片就相像"的结论。教师顺势揭示"比"的概念，这样就水到渠成，加深了学生对"比"的概念的理解。

4. 联系生活实际

陶行知说"生活即教育"。我们的日常生活和生产实践中处处包含着各类知识。如在数学教学中可设置一些"链接"社会生活的生动现象，来激发学生的好奇心，培育探究热情和兴趣，使学生善用数学的眼光去观察思考发生在身边的现象，并将这种现象用数学的知识、方法、观点和思想去解决，例如：教学小学数学"千克、克、吨"时，小强同学刚买了一盒彩笔重50克，而小红同学喜爱的酸奶为200克一袋，教师借此可向学生提问："1千克包含多少盒小强新买的彩笔重量？几袋酸奶重量为1千克？"在教师提出问题后，学生观察实物，将铅笔和酸奶放在手掌上感觉实物的重量，并计算得出结论，通过结论可知克与千克的关系。教师还可在课后布置生活实践性作业：放学后帮助妈妈买菜和水果，在买菜和水果的过程中，选出妈妈所需克重的数量，然后在称重时与自己估计的克数相比较，得出结论。因此，联系生活的问题创设，在于帮助学生培养广泛的兴趣，在兴趣问题的引导下获取认知信息，让学生在探究和解决真实问题的过程中感到学有所用，最终实现知识的迁移以及问题的解决。

总之，根据教学内容精心设计问题是教师进行教学设计的主要任务。教学贵在设疑。设疑可激发学生的好奇心、注意力和求知欲，使学生的学习始终处于兴奋状态，并通过不断思考、联想进而释疑，调动学生的学习主动性和广泛的学习兴趣。

（二）教会提问，增强兴趣

教师鼓励学生提出问题是一种非常重要的教学方法。法国著名科学家、哲学家、数学家笛卡尔曾说："最有价值的知识是关于方法的知识。"[①]新课标指出，教师应鼓励每个学生大胆地提出自己的问题或疑虑，让每个学生都能真正地参与到课堂中来。

在教学中，教师应该示范学生如何提出问题，教给学生在平时的学习中寻找问题的方法，让学生善问善解和敢问敢说敢想。如在教学部编版语文三年级下册《惠崇春江晚景》一课时，教师先以问题示范："这是一首优美的什么诗？但是从诗的题目分析，老师发现诗中有欠缺的内容。同学们能把它找出来吗？"学生按照教师提出的示范性问题，先后提出：苏轼的诗词中为什么没有"晚"的内容？鸭子为何最先知道春江水暖？诗中描绘夕阳的词句有哪些？"桃花三两枝"说的是何意？哪几个词句描绘《春江晚景》这幅画？围绕学生小组讨论中自主学习提出的这些问题，学生自主寻找答案，很快就掌握了此诗的内容和题画诗的特点，也由此引导学生在层层问题探究中激发广泛的学习兴趣。由此可见，恰当运用提问的艺术，能有效调动学生学习的积极性和主动意识，激发学习兴趣。

（三）获得成功，促进兴趣

除了示范提问方法外，教师还应该充分尊重并倡导学生回答问题中的求异思维。苏霍姆林斯基曾告诫教师："请记住，成功的欢乐是一种巨大的情绪力量，它可以促进时时学习的愿望。"[②]学生都有成功的需要，一旦这种需要得到满足，他们就会以愉快的情绪进行学习。比如，王维《山居秋暝》是部编版语文五年级上册中的一首诗，讲课前，教师说："老师在搜集王维的资料时，发现一些他创作诗歌的秘密，大家想知道吗？我们一起先看王维的几首诗《鹿柴》《终南别业》《秋夜独坐》《鸟鸣涧》，相信大家能发现其中秘密。""读完这几首诗，你会发现它们有什么共同之处？"学生思考后回答："诗中有画：有声、有光、有色、有万物。""诗中有情：孤单、悲哀、孤独、闲适。""诗中有禅：诗中出现'空'84次，占作品的五分之一。"教师大大地表扬了学生们

---

① 伍爱成编著：《最新大学英语词汇学习与记忆》，湖南科学技术出版社1987年版，第9页。
② 庞尔成主编：《师本之路》，吉林大学出版社2015年版，第82页。

能说出这些任何资料上都没有的新颖见解。

二、拓展阅读视野

（一）以关键问题牵引，拓展阅读视野

快乐学习、兴趣促学是"第一学习动力"[①]。按照"针对性、趣味性、实效性"三原则，教师要注重在阅读中培养好习惯，引导学生以关注关键词、问题牵引等实践方法，帮助他们提升"乐读、善读；会听、智说"的能力。如在部编版小学语文五年级上册中的《什么比猎豹的速度更快》一课教学时，可以从关键词"速度"切入，结合亚洲飞人——苏炳添短跑相关视频，拓展阅读范围，激发学生学习的兴趣。然后，由学生按照阅读提示，结合总结出的阅读方法速读不回读并交流个人的阅读感受，梳理课文结构特点。最后，教师以问题牵引促进学生围绕课后第三题开展交流，激发学生探究热情，针对学生回答问题的不同内容，引导学生再次快速"回读"。

（二）以经典问题引导，拓展阅读视野

从一节课的阅读拓展到日常阅读，教师要善于利用经典问题拓展阅读视野，引导学生在拓展阅读中养成阅读的爱好，让阅读益智增品。比如，在教学部编版小学语文二年级下册中的《绝句》时，在学生自学诗句意思后，教师可提出问题："作者在诗中描写了哪些景物？为什么描写这些景物？"这些问题虽然简单，但却是贯穿全诗的经典问题，学生找到诗眼，如"白鹭""黄鹂"等景物，随即课件呈现动画视频，让学生听一听小黄鹂在翠柳间鸣叫、看一看一行白鹭直飞上青天，让学生遥望西岭千年未化的积雪、近观从万里外吴地驶来的船只，可以更加直观地了解诗中所描绘的境界，体会作者看到这番美景后的喜悦心情，从而实现情感陶冶。

此外，利用经典问题，拓展课内外学习。比如在教学部编版小学语文六年级上册中的《七律·长征》后，教师可以通过设置"什么是长征精神？毛泽东诗词的革命精神体现在哪里？"等经典问题，引导学生赏析《忆秦娥·娄山关》等毛泽东诗词并通过阅读长征经典图书、观看相关影视片等方式，指导学生开

---

① 周松：《以学定教，促学生素养再提升》，《数学教学通报》2018年第11期。

展课外延伸阅读，加强语言学习和训练。

三、提升思维力度

质疑是思维的导火索，是学习的内驱力。追问能使学生通过认知冲突，产生强烈的求知欲。追问的作用就在于启发和引导学生，通过提出问题能够让学生将思维引向深入，走进问题的本质。我们应该多问几个"为什么"，这样可以让学生意识到自己的问题，并且及时调整和改进，进一步提升思维的力度和深度。

追问的目的是引导学生走向"最近发展区"，同时让他们在问题解决的过程中体会到智力活动的乐趣。比如，在数学教学中可以通过给出一个长方形框架，然后把它变成平行四边形，再让学生判断面积是否发生变化。教师不急于给出答案，而是留下一个悬念，通过激发学生的好奇心和探索欲望，引导他们去思考和实验，并最终发现问题的答案。这种学习方式会比仅仅告诉学生公式要好得多，因为学生通过自己的探索和思考，可以更加深入地领悟知识。

四、促进探究精神

设计开放性提问，不仅会使课堂充满生机与活力，而且学生的创新意识也能得到培养。通过提出开放性的问题，可以激发学生从多个角度、多个方向去思考问题，培养他们的批判性思维和创造性思维。例如，在教授"角和直角"一课时，可以要求学生找出图形中的直角，并引导他们思考如何创造一个直角。这样的提问可以激发学生的兴趣和积极性，他们会愿意去探索，哪怕是平时学习有困难的学生也会积极参与其中。开放性提问的方式能够引发学生多角度、多方向的思维活动，培养他们的创新意识，能使他们在学习中取得更好的成果，也为将来的发展打下坚实的基础。

五、鼓励创造行为

教师在拓展课堂空间基础上开展渐进式提问，可以有效提升小学生学科创造能力。教师应关注到小学生体现出的思维特点，重视结合班级学生的实际情况实施多样化的课堂教学，立足教学锻炼学生们的学习意识与运用能力。这是因为课堂提问能引导小学生对课程知识进行探索，也能立足问题解答，培养学生独立思考与情感表达能力，呈现出较强的课堂运用价值。学科教育不应该局限在教材上，而是应该结合小学生的思维需求进行拓展性的课堂教学，重视立足拓展教学提高课程教育的创新性与针对性。所以教师需要在拓展课堂空间基础上开展渐进式提问，逐渐提升小学生的学科能力。

创造行为一是可以以物化成果表现的，如科技小发明、小制作，人文的小调查、小论文、小方案等；二是可以以独特的思想观点彰显的，如有质疑性的想法、创意性的想法等。以部编版小学语文五年级上册课文《落花生》为例，在这一篇课文中，将花生的品格与为人处世的道理结合是教学的难点，也是培养学生创造力的难点。在总结环节，学生得到的认知总是围绕课文结论展开的，如"要像花生一样，做有用的人""做人要不图虚名，默默奉献"等。若教师止步于这些观念，则学生的创造力不能得到发展。因此，教师需要对学生进行引导与鼓励，让学生得出自己独特的见解。如教师对学生进行引导："同学们，你们认同这些认知吗？说一说你的看法。或者，在学习完文章之后，你是否有一些个人的理解，即使你的理解与文章内容不相符，也请说出来。"有的学生说："其实我认为不能什么事都像花生一样。比如，高调做慈善就可以进行，就像挂在高枝上的苹果和石榴一样，我觉得，我们在做善事之后，应当勇于宣扬，并坦然接受表扬，以此激励其他人。"有的学生说："默默奉献确实是高尚的，但是不能被埋没，现在往往是丑闻满天飞，而好人好事宣传很少。这是不公的，我们的社会要营造做了好事要大力宣传的氛围，让大家都知道，这样才能发挥榜样作用。"学生的想法是非常有道理的。

第三节　学习成果的发布与评价

一、重视创造性学习成果的发布与分享

学生的学习成果是他们学习过程中的宝贵财富，不仅反映了学生对知识的理解和掌握程度，还展示了他们的创造力和才华。然而，很多时候，学生的学习成果仅仅停留在课堂内或者练习上，没有得到充分的展示和分享的机会。这

不仅限制了学生个人成长的空间,也剥夺了其他同学欣赏和学习的机会。

因此,教师要创设各种机会,让学生的作品得到充分的展示和分享。这不仅可以激发学生的创造力和创新思维,还能够促进学生之间的交流和合作。以下介绍一些有效的方式和方法,用于学生学习成果的发布与分享。

(一)过程板演

过程板演是指学生个体或者学习小组在教师引导下以黑板或电子白板等教学设备为媒介,借助语言文字符号(包括数学公式、图表等),依照一定的程式向班级全体学生公开展示思考结果的一种课堂学习方式。主要用于展示学生个体思考或者学习小组合作探究得出的成果并借此与其他学生分享,达到沟通交流的效果,在此基础上结合教师的指导、点拨,完善自己的学习成果并作为一种范式为其他学生提供参照。在具体的使用类型上具有显著的多样化和个性化选择倾向,主要包括参与型、激励型、惩戒型、检测型和示范型的过程板演。从理论上看,过程板演的使用能够帮助教师在课堂中落实教学目标和检查教学效果,有利于教师及时了解学情和获取教学反馈信息,进而有助于教师调整教学思路和教学内容,而且也有助于学生积极参与课堂教学,调动学生学习的兴趣和动机,为全班学生提供具有针对性和典型性的解决问题的样例,能够呈现学生完整的思维过程。因此过程板演不论是在激发学生参与课堂教学的积极性、有效实现师生的课堂互动还是在生成新的教学资源等方面,都起着举足轻重的作用。那么,在学生过程板演时,教师应当注意哪些问题呢?

第一,学生的板演时间要视教学内容的需求而定,一般来说要尽可能做到短而精。教师借助学生板演可以了解学生对所学知识与技能的掌握情况,了解学生思维的具体状况,及时进行教学调整,进而借助这些反馈信息完善、弥补教学的不足;学生则可以借助教师对自己或他人板演的讲评与分析,强化对相关知识和技能的理解与运用。教师在课堂教学过程中对学生板演进行时间控制,以达到师生互动的一种动态平衡。

第二,学生板演的针对性要强,题目选择要精。教师对学生板演题目的选择,必须根据其目的进行有针对性、典型性和层次性的设计,以满足不同的学生群体的需求。

第三,在时间允许的情况下尽可能多地让更多的学生上台板演。教师不仅应允许、鼓励学生上台板演，而且应支持有不同意见的学生上台板演，以展示比较独特的解题思路。在学生进行板演时，教师也要做好没有参与板演的学生的组织工作，为其提出明确的学习任务，督促他们在座位上认真完成学习任务。

(二)作品展示

举办学生作品展是一种常见的活动形式。通过作品的制作、创作、参观、评价的全过程，学生能够亲身体验作品展示活动的苦与乐、得与失、成与败，他们的动手操作能力与创造创新意识都能得到磨炼与增强，这是学生作品展示的意义所在。另外，学生作品展示活动能够将学生、教师、家长几方面的力量凝聚起来。

1. 学生作品展能增强学生的自信心

学生的德、智、体、美、劳等方面的进步，总会以各种作品形式反映出来。有的学生习作文采飞扬；有的学生数学作业尽显天赋；有的学生音乐舞蹈表演惟妙惟肖；有的学生书法、美术作品艺术才气逼人；等等。只要学校组织活动，总能在学生中发现一件又一件叹为观止、光彩照人的作品。在上大云小各类作品展示活动中，涌现出了一颗又一颗闪烁的"小明星"。

学生的才艺展示在学校教育中起着重要的作用。通过学生的才艺展示，他们可以提高自信心，激发学习兴趣，对班上和学校的各种活动逐渐产生兴趣。以书法、美术、作文、作业、小制作品、动植物标本的展出为例，上大云小通过设立展台，给学生提供了展示才艺的机会。刚开始时，全校只设立一个展台以容纳全部作品，但随着时间的推移，作品的数量逐渐增多，全校统一展台已无法容纳。因此，以各班为单位设立展台的方式确保所有作品都能得到展示。

2. 学生作品展能引起家长的重视与关心

组织展评活动也是了解和认识学生成长情况的重要途径。家长最关心的是孩子在学校的成长情况，而学生才艺展示正是一个展示孩子才艺与成长的机会。当家长看到孩子的作品展出时，会感到欣慰并充满自豪和成就感。但对于那些无法看到孩子作品展出的家长来说，可能会产生不满足感，进而主动与老师沟通，分析孩子的优缺点，并思考如何进行家庭教育，以促使孩子和其他孩子一起共同成长进步。因此，组织展评活动不仅能够让家长了解孩子的成长情况，也可以激发家长的参与和思考。

3. 学生作品展能激发教师的积极性与创造性

学生作品展也能激发教师的积极性和创造性。学校的各类活动，包括学生作品展、文艺表演以及运动会，都需要依靠教师的组织和教育。教师不仅要对学生的作文、作业、书法、美术等进行精心挑选和修改辅导，还要悉心指导学生的动植物标本和小制作。他们需要在保证学生积极参与的同时，提高参与质量，确保班级之间的评比不落后。因此，学生作品展不仅是学生展示才艺的机会，也是教师展示教育能力和创造力的平台。

（三）实验演示

新课标明确提出我国的教育目标是提高每一个学生的科学素养，即要求培养的学生具有科学应用能力、科学调查能力、科学交流能力、科学自我教育能力和科学创造能力。特别注重培养提出问题、建立假设、设计研究方案、处理数据及事实材料、根据数据和事实材料推出结论、检验和评价以及交流研究成果等技能，以及初步的分析、比较、分类、综合、归纳、演绎等思维能力和运用所学知识解决简单实际问题的能力。

1. 演示实验有利于产生问题、引发思考、解决问题、提高能力

演示实验能够帮助学生进行感性认识，通过直观的方式让学生掌握科学知识。但是在传统的实践中，教师通常是将实验过程呈现给学生观看，而学生的观察目的性并不明确。他们往往只关注那些具有强烈刺激作用的现象，而忽视整体的观察和细节的把握。这样的实验方式学生被动吸收，会降低他们对科学实践的兴趣和动力。然而，通过实验演示学生能够主动参与和动手操作，通过实际体验实验过程来学习。这种转变将课堂变成学堂，让学生积极探索各种自然现象，研究事物的发展变化规律，并得出科学结论。通过这样的实践，学生将培养出发现问题和解决问题的能力，以及初步的分析、比较、分类、综合和归纳的思维能力。如在"水怎样净化"一课教学中，教师先让学生自学，然后由学生上讲台做演示实验。

出现的问题有：

（1）实验室的明矾是块状的，用块状的好还是粉末状的好，制成粉末状需要哪些仪器，怎样操作；

（2）滤纸怎样叠；

(3)滤纸与漏斗壁之间为什么不要有气泡；
(4)玻璃棒抵在哪侧滤纸上；
(5)滤液沿烧杯壁流下与滴下有什么区别；
(6)用玻璃棒引流比直接倒有什么好处；
(7)为什么强调"二低"等。

出现的错误有：
(1)铁架台面向听讲的同学或侧面；
(2)滴管使用时直接将空气挤入液体中；
(3)润湿的时候没用废液桶接着；
(4)直接用手赶气泡；
(5)用手将滤纸取出。

课堂上教师及时处理好来自学生的错误，让其发挥应有的价值。让学生在"尝试错误"中比较、分析甚至引发争议，让学生从错误中反思并从纠错中不断完善知识结构。引导学生从不同角度审视问题、发现问题，深化对知识的理解和掌握，培养学生的发现意识。动手实验和组装仪器能培养学生的操作能力和解决问题的能力。一些意想不到的问题对教师也是一种挑战，解决的问题越多，学生的积极性就越高，掌握的知识也会得到升华。

2. 演示实验有利于提高参与积极性、保护自尊心、增强自信心

每个人都会犯错，而当学生站在讲台上进行演示实验时，他们更容易被大家关注，也更加敢于指出实验中出现的错误。这种尝试错误的经历让学生以不同的角度分析和比较问题，并能从中寻找问题的解决方法。从错误中反思和纠正错误，学生的知识结构也会不断得到完善。在教育教学过程中，教师的角色不可忽视。教师的开放态度和指导能为学生提供一个积极、活跃的学习环境，引导学生将错误视为学习的机会，同时，这种教学方式不仅可以保护学生的自尊心，尊重学生的人格，还可以激发学生学习的积极性和创新意识，为他们的成长与发展铺平道路。

3. 演示实验有利于将错就错，正反对比，印象深刻

在确保安全的条件下，对于实验中的一些错误，教师可以让学生将错就错地做下去，然后与正确的方法进行对比。

比如：可以让学生观察滴管使用时平放、倒放的结果；可以让三个学生分别以仰视、平视、俯视的方法读取量筒数并做对比；指出实验时铁架台背

向操作者、给试管中的液体加热时液体过多、夹子夹在试管的中部等错误。

将小学自然科学中一些授课内容尤其是演示实验大胆地交给学生,由学生自己发现问题,产生错误,解决问题,纠正错误。教师加以适当的指导,将错误作为一种促进学生情感发展、智力发展的教育资源,正确地、巧妙地加以利用。

教师做到以科学探究作为课程改革的突破口,更好地激发学生的主动性和创新意识,促使学生积极主动地学习,使获得知识和技能的过程也成为理解学科、进行科学探究、联系社会生活实际和形成科学价值观的过程。

(四)辩论式演讲

辩论式演讲在培养学生的创新能力、思维能力、沟通能力、交际能力,拓展学生知识领域等方面有着很好的促进作用,它在具体操作中分为四个基本步骤:演讲前的准备阶段、课堂演讲、同学评价总结和教师阶段性总结。具体实施如下:

1. 演讲准备

充分的准备是保证演讲顺利进行的前提。在这个阶段,教师需要做好以下两个方面的工作:

第一,明确演讲主题。演讲话题的选择是教师对学生活动的预设,主题的确定及内容的选择应特别注意思辨性、表达性、哲理性和即时性。思辨性要求演讲话题本身必须具备一定的争议空间,让传统的价值观念与新的价值观念产生激烈的碰撞。表达性就是该话题能够有话可说,由于小学生处于懵懂期,涉世未深,对有些特殊话题无法涉足,进而无法思考或无法讨论。哲理性就是指演讲内容要具有一定的哲学内涵,哪怕是很浅显的。即时性是选择最新颖的社会热点,这是学生最关注、最欢迎的,也是学生融入社会的一种需求。

第二,遵循演讲规则。演讲规则就是演讲的具体要求及具体做法。学生在拟写演讲稿并进行演讲的过程中,应该遵循事先制定的规则。教师可将参与演讲的角色设置为:主持人、演讲人、参评人和观众。主持人是演讲节奏的掌控者,演讲者是核心表演者,参评人则是对演讲者表现的评价者,观众是演讲活动的重要组成部分。

2. 课堂演讲

课堂上的演讲虽然仅仅只有几分钟,但对整个辩论式演讲的全过程而言,是最重要的活动环节。

每个小组分成正反两方，每一方五个人左右。首先，正反双方派出两名成员，借助事先准备好的资料进行说服性的演讲。接着，对于前两名成员演讲中遗漏或不清晰的内容，剩下的三名同学进行适当补充。然后，双方所有成员进行自由辩论。接下来，其他组的同学对这一组的正反双方进行挑战性质询。最后，同学进行点评，老师评估、指导、总结，大家选出最佳辩手。在整个过程中，辩论组成员的知识习得、语言技能训练、思辨能力培养融为一体，其他同学的批判性聆听也得到发展。每个学生既是辩手也是听众，全程参与课堂活动，真正做到课堂以学生为中心。

3. 同学评价总结

活动结束后，学生通过互相评价，能够从客观的角度看待自己的演讲技巧和表达能力，并在同学的建议和意见下不断提高。这种互相评价的机制为学生提供了一个改进自己的机会，也可以培养他们的自我反思和团队合作能力。

4. 教师阶段性总结

教师的开放态度和指导能激发学生学习的积极性。当教师将错误视为学习的机会时，学生会感到更加自由和舒适，不再害怕犯错。这样的学习氛围使学生愿意主动参与到课堂讨论和探究中，并不断挑战自己、超越自己的舒适区。通过允许犯错、重新答题、再思考和辩论不同意见，学生学习效果得到提升，并在学习中不断成长和进步。

总之，教师在教育教学中以开放的方式对待学生的错误，可以为学生提供一个积极、活跃的学习环境。这种教学方式不仅可以保护学生的自尊心，尊重学生的人格，还能激发学生学习的积极性和创新意识。通过允许犯错、重答题、再思考和发表不同意见，学生的思辨能力和表达能力得到培养，他们在积极、活跃的学习氛围中能够自由表达自己的观点。在这种教学方式下，学生能够从舒适区走向学习区，逐渐拓展舒适区，最终取得更好的学习效果。因此，教师的开放态度和指导对于学生的学习和成长具有重要意义。

（五）节目表演

小学阶段对于每个学生来说十分重要，它对于每个学生未来的发展方向都起着举足轻重的作用，对于他们将来的人生观以及价值观的形成也有很明显的影响。鉴于小学生活泼好动、喜欢模仿、热爱表演的特点，为了提高他们的学习效果，教师可以在学科教学中渗透"玩中学"的理念，创新性地运用教育戏剧来激发学生主动学习的兴趣，让他们在玩中高效地完成学习任务。

18世纪，卢梭就提出"learning by doing（在实践中学习）"和"learning by dramatic doing（在戏剧实践中学习）"[①]。教育戏剧（Drama-in-Education），是指承载学科内容与学生活动的一种艺术平台，也是从事学校课程教学的一种重要方式，它体现了戏剧与剧场的应用技巧。教育戏剧要求教师设计活动时要做到以下几点：

1. 增强戏剧活动的真实性

课堂教学中的戏剧活动应该避免单纯的表演倾向，应注重体现学生对学习内容的理解与体验。比如，英语学科在教学中可以用比较新颖的戏剧游戏的形式，例如以某种场景为平台介绍自己的朋友或讲述身边的故事，或在具有情节的课本剧中演绎某一人物与某一事件，从中发挥他们的主观能动性与艺术想象力，进而发展自己的语言能力。

2. 戏剧活动材料多样化

教师应该将戏剧活动材料进行多元化的创编，在设计课堂活动时不要按部就班地安排戏剧活动。有的教师做法比较呆板：如果课文是对话文本，那么就按照对话内容分配角色，简单排练后上台展示；如果课文不是对话文本，那么戏剧活动就一筹莫展了。因此教师要发挥想象力与再度创作的能力，让课本剧摆脱枯燥无味的对话，使课本剧拥有更多的让学生喜闻乐见的形式。

3. 合理安排戏剧活动时间

鉴于课堂时间有限、知识传授与活动开展的双重任务的困难，教师要合理安排学生的戏剧活动时间。比如，新授课不一定要安排戏剧活动，而是把重点放在语言知识的理解、记忆和对于新课文的朗读上，可以到第二节课再考虑安排戏剧活动，这样时间相对充足，也符合循序渐进的教学规律。

4. 分层进行戏剧活动教学

学生的性格特点、兴趣爱好、知识基础各不相同，如果"一刀切"地要求学生，会令基础薄弱以及内向的学生产生焦虑、排斥的心理。分层进行戏剧活动教学，能够让不同层面的学生的语言技能得到锻炼，综合语言运用能力得到发展。

---

① 束为主编：《2013（江苏南京）全国科技馆发展论坛论文集》，中国科学技术出版社2013年版，第264页。

通过分层戏剧表演，每个学生都能获得学习的灵感。学习的过程不再是机械、枯燥、呆板的语言训练过程，而是置身情境借助角色进行真实、自然的语言表达与沟通的过程。教师应该带领学生一起创编戏剧，让戏剧在真实的情境和充足的时间中发生，让不同层面的学生都能参与到戏剧表演活动中来，获得快乐的学习体验。

二、在成果分享中培养学生的反思精神

教与学的反思是一种有益的思维活动和再学习方式，每个优秀学生的成长都在自觉或不自觉中进行着"学习反思"。学生学习的反思与教师的反思性教学是相统一的，都是新课程提倡的。教师在关注学生全面发展的同时，应努力培养学生的反思精神，并掌握反思的方法，让学生"学会学习"的口号变为现实，有利于促进学生的自主学习，有利于提高学生的学习质量，有利于提高学生的学习思维能力。

（一）发挥生生互评的作用

现代建构主义、交往理论、素质教育理论和新课程标准特别强调采用生生互评的课堂模式，倡导以自学与合作学习为主要方式，以生生互评为教学的主要动力，这样可以有效提高学生思维及表达能力。生生互评体现了"以生为本"的先进理念，强调生生之间的信息交换，使学生评价从原来的形式点缀，变成课堂的灵魂。在此过程中，教师起到穿针引线的作用。需要注意以下几个环节：

1. 小组互学互评

生生互评可以运用于小组的合作学习之中。有研究者通过对比实验发现："实施小组互评"的班级在学习的积极性与有效性方面要明显优于"未实施小组互评"的班级。小组互评包括小组内的互评和小组之间的互评。前者可以让一些性格腼腆或学习基础薄弱的学生在小范围内尝试表达，帮助他们树立起学习的自信心；同时小组之间的探讨和互评，可以更好地交流信息、激活思维、锻炼表达。

2. 小组划分办法

为促进小组互学互评的开展，教师可将实验班划分成四类小组：原始小

组（指按原始座位安排划分的小组）、同质小组（指以相同或相近学习程度学生组成的学习小组）、伙伴小组（指按学生自由意愿组成的学习小组，通常为关系友好的伙伴）、异质小组（指由不同学习程度的学生组成的学习小组，通常为强带弱）。通过观察，异质小组的学生相互帮助的表现最佳，该类小组内的"学困生"经过小组互学互评后，在全班交流中发言的次数和正确率都是最高。

3. 小组向全班展示

内容：小组合作学习的成果。

方式：汇报、介绍、演讲、表演、实验操作、作品展示等。

要求：

（1）小组派出代表在全班范围内展示学习成果，说明本组观点，也可以向他组提问、求助等。

（2）学生在倾听各小组代表发言的同时，进行比较与思考，形成与发表自己的个性化观点。

（3）积极思考和应对其他小组提出的问题。

4. 互评互辩

互评互辩这一环节是小组展示后的高潮部分，也是生生互评的亮点。它一般包括本组成员的补充发言和组际的互评互辩。在互评中，一要关注展示者的表现——逻辑思维、语言表达、肢体形态等，二要关注展示内容——主题、思考过程、思想方法等。不同组别的互评不局限在两个小组间，鼓励形成多组多维共评的局面。互评与互辩可以相伴进行，在组际评价的过程中，会因意见相左而出现辩论的场面。教师不要认为这是"乱哄哄"的现象，而要把它视为学生交流、信息交汇、思想交锋、情感交融的过程。在互评互辩中，教师还要注意引导学生围绕某些重要的知识点展开互辩，尤其在易错点、混淆点、模糊点、重难点等关键处的互辩。这样做有利于培养学生的思辨力与鉴别力，取长补短，共同进步。

（二）学会自我反思的方法

1. 养成反思习惯

反思习惯是学生良好学习习惯的重要部分，它是学生对自己学习状态及时进行反观、反馈与反省的自觉行为，有利于保持清醒头脑与正确的认知方向。

因此说，反思习惯对于一个学生的认知发展具有重要的价值和意义。每个教师都应充分利用课堂教学这一阵地，致力于学生反思意识与习惯的培养。例如，在教学"3的倍数特征"时，之前学生已经学习了2、5的倍数特征，知道判断2、5的倍数特征都是看个位上的数，学生自然而然地把看"个位"迁移到3的倍数特征的学习中，当发现这种方法无效时，学生表现出束手无策。于是，在教师的一步步提问启发下，学生对"思维定式"展开了自我反思。教师第一次引问："2、5的倍数特征只看这个数个位上的数，3的倍数是不是也只看这个数的个位呢？"第二次引问："个位和十位合起来看看怎么样？"学生相加后发现和是3的倍数。教师第三次引问："是这样吗？看看这些数是不是也有这样的规律？"之后，学生在更多的例证中找到了隐藏其中的规律。这就是在教师引导下，通过学生自己的理解、顿悟逐步将知识内化的自我反思的过程。

2. 做简要摘记

要反思，就会有反思的内容。因此，用做课堂简要摘记的方式将过程中自己反思的心得随时记下来，是一种很好的方法。通过课堂简要摘记，学生可以更好地体验课堂上所学习的内容，也可以把真实的认知过程记录下来，有利于提高他们的学习力。另外，从更重要的意义上讲，每个学生的反思性课堂摘记收集起来，供大家相互学习与借鉴，可以成为学生元认知的宝贵资料。

3. 反思的多样化

课堂反思的实施可以是多种多样的，总结起来大致有四种方式：一是环节式的反思，也就是跟随各个教学环节进行的反思，如在阅读教材、问题思考、课堂作业等环节，针对自己的问题及时进行反思；二是活动式反思，即在每个活动中或结束时的自我反思，如在讨论、表演、制作、游戏等活动后进行回顾与总结；三是集中式反思，一般在上课结束前或课堂反馈测试后进行；四是课后式反思，指一节课上完后，学生经过思考与沉淀后进行的自我反思，这种反思相对更加完整与全面。

第八章 问式课堂的学科实践

第一节 语文学科问式课堂的实践研究

一、语文学科的特点分析

语文作为一门学科,有其学科的性质特点和功能,这直接决定了语文教学的内容及教学的方法。

(一)从语言的性质和功能看语文学科

叶圣陶认为,语就是口头语言,文就是书面语言。把口头语言和书面语言连在一起说就是语文。语言最主要的功能是进行交际,学习语文就是要学得口头和书面语言交流的能力[1]。口语交际是语文能力训练的一个重要方面,通过交际达到表情达意的目的。语言作为载体,它所载负的文化科学知识,都具有一定的思想、情意内涵及审美意义。语言是交流思想感情的工具,也是思维的工具。人们掌握语言就是为了相互之间交流思想感情。尤其是文学作品,其表情达意的功能更强[2]。所以从语文学科的角度看,我们既要研究"语言建构与运用""思维发展与提升",同时更要关注学生在语言文字学习中的"审美鉴赏与创造""文化传承与理解",这样才能促进核心素养的形成和进一步的发展。

---

[1] 田本娜:《再论小学语文学科的性质与功能》,《课程·教材·教法》2002年第7期。
[2] 刘国正主编:《叶圣陶教育文集》,人民教育出版社1994年版。

（二）从语文的综合性和实践性看语文学科

《义务教育语文课程标准（2022年版）》中指出："语文课程是一门学习国家通用语言文字运用的综合性、实践性课程。""语言文字的运用，包括生活、工作和学习中的听说读写活动以及文学活动，存在于人类社会的各领域。"这些表述体现了认识语文学科的综合性、实践性对语文课程教学有着重要意义。语文学科的综合性与实践性的统一，要求每位语文教师准确把握语文学科体系，在教学中注意考虑语言文字的特点，既重视识字、写字、阅读、写作、口语交际搜集处理信息对学生思维发展的影响，培养学生良好的语感和整体把握能力，也重视语文课程应植根于现实，面向世界，面向未来，拓宽语文学习和运用的领域，注重跨学科学习和现代科技手段的运用，使学生在不同内容和方法的相互交叉、渗透和整合中开阔视野，提高学习效率，初步获得现代社会所需要的语文实践能力。我们在小学语文学科的教学中，要更多地关注学生在问题情境中学习解决问题的方法，从而获得在真实情境中解决问题的能力。

（三）从语文的工具性和人文性看语文学科

工具性与人文性的统一，是语文学科的基本特点。工具性指语言文字是人类社会重要的交际工具和信息载体。人文性指语言文字本身所承载的丰富的人文精神内涵，包含民族文化、宗教、哲学、艺术、科学以及人类社会的真善美。工具性注重培养学生的语言文字运用能力，而人文性注重发展学生的思维能力，提升学生的思维品质，助力学生形成自觉的审美意识的过程。因此，语文教育是人文化的过程，从工具性与人文性相统一的角度来理解语文学科的特点具有重要意义。我们既要关注语言文字本身的特点，也不能忽略语言文字中所蕴含的人文思想、审美情感。只有做到这些，学生才能在运用、理解、感悟语言的同时内化其"人文性"的熏陶。

因此在语文学科教学中，我们要立足学生的核心素养的发展，充分发挥语文学科的育人功能，以学科关键要素为抓手，积极提升语文学科课堂教学的成效。加强语文学科课程实施的实践性和情境性，培养学生在真实情境中运用语言文字的能力，促进学生学习方式的变革，进而实现学生文化自信、语言运用、思维能力、审美创造的核心素养内涵的落地。

问式课堂的理论与实践探索

二、语文学科问式课堂的特色做法

(一)精研课堂问题,让"问"在课堂中真正发挥效能

"问"是课堂教学的关键要素。通过系列的问题来引发持续性学习活动,它要求学习活动以学习者对问题的自主发现与提出为开端,用有层次、结构化、可扩展、可持续的问题系统贯穿学习过程和整合各种知识,通过系列问题的解决实现知识的整体建构、学习的有效迁移与能力的逐步形成。小学语文课堂中的提问对于教学更是重中之重,因为小学生的年龄小、自主学习能力弱,所以需要精研的结构化问题去引导学生学会知识,从而达成教学目标。把小学语文的课堂提问落到实处,是促进学生知识能力的全面提高、为学生语文学习的终身发展奠基的首要任务。问式课堂在最初的尝试中,我们发现要想提高课堂提问的有效性,给学生提供学习中的核心助手和链条支架,能较快地让学生明白"学什么、怎么学"。我们通过探索寻找核心问题构建有效的问题链,解决教师在教学过程中设置问题过多或设置问题比较拉杂的情况。核心问题引领下的问题链,可以使提问精简化、有序化,能引导学生明晰在课堂学习中自主提问和解决问题的基本方法和路径,激发学生的学习动力,提高学生自主解决问题的能力,提高课堂的效能。

核心问题引领下的问题链的设计,要求教师在备课时以整体的角度看待整篇课文的内容,把握课文重难点,以主问题为突破口,把课堂教学内容转化为引导学生思考的问题,精心组织设计层层递进螺旋上升的问题链。

【案例一】

《将相和》一课的问题思考路径

在部编版语文五年级上册教材中,在教授《将相和》时,教学目标之一是把握文章的主要内容,用自己的话讲述"完璧归赵""渑池会面""负荆请罪"三个故事。有关讲故事语言表达方面的语言要素,在每个年级段都有涉及。如低年级的"根据图片讲故事"、中年级的"借助相关或关键语句讲故事"、高年级的"复述故事",落实讲故事的教学目标,部编教材的编写是层层递进式地要求并训练的。《将相和》这篇课文情节跌宕起伏,故事有趣,非常能够激发学生的阅读兴趣。三个故事按照时间发展顺序来写,由题目"将相和"不难提出三个问题,教师可以让学生在初步感知文章内容的基础上,抓住关键情

节，以三个小故事为线索，设计如下思考路径，来落实"讲故事"的教学目标（图8-1）：

图8-1 《将相和》一文的思考路径示意图

有了问题的思考路径，教师就可以把课文内容通过问题链设计，搭建阅读支架，即学习单，如表8-1所示。

表8-1 《将相和》一文的阅读支架

	人物	完璧归赵	渑池会面	负荆请罪
将相和	廉颇		带兵到边境，做好抵御秦兵的准备	负荆请罪
	蔺相如	带璧换城，凭借聪明才智完璧归赵，官至上大夫	以死相逼，维护国家和君主尊严。又立功，官拜上卿	避免与廉颇见面，回车避让
	同心协力，维护国家利益			

开始由教师引导组织学生合作学习，小组分别派代表交流合作学习单，用图表的形式画出故事的主要情节、人物的表现等，学生看着图示，围绕"将""相"分别做了些什么事，理清三者之间的内在联系。这样借助图表，搭建"问题链"支架，由图表中的要点复述文章的主要内容，从而把握课文的主要内容，体会人物形象，在提高阅读速度的同时，加强提取关键信息的能力。

可见，搭建问题链支架，可以聚焦语文核心问题，提高教师课堂提问的有效性，对学生有明显的指导作用。

（二）基于逆向设计，让"问题链"在课堂中得以构建和实施

当前的小学语文课堂，教师在开展教学活动前，更多关注的是"教师的教"而非"学生的学"，更多考虑的是"教什么内容""怎样设计""用什么方式进行教学""还需拓展哪些资料"等而非学生应该学会什么、为了达到学习

目标学生需要什么。逆向设计的教学理念引导教师在设计教学活动前,更多地从学生立场出发,思考学生的学习需求、学习兴趣以及学生需要借助怎样的方式以达成学习目标等,真正做到以生为本、以学定教。同时在逆向设计视角下,以"问题链"为脚手架,为学生提供一些学法指导,引导学生从被动地接受知识到主动地学习探索,不断深入,有序地思考,有目的地解决,有条理地归纳,有方向地应用,在言语实践中发展必备品格、提升关键能力,让核心素养真正落地。

【案例二】

《枣核》的教学设计和实施

一、以终为始,确定预期结果

基于教材解读和学情分析,并在"了解故事主要内容,用自己的话有序复述故事"这个单元目标的指引下,本课所确定的预期结果:

学生将会知道:

1.在语境中认识"枣、核"等10个生字,读准多音字"折、涨",理解词语"扶犁、县衙门、衙役、钱褡"的意思。

2.默读课文,借助关键语句说出故事内容并厘清脉络,感受枣核聪明的精神品格。

3.迁移运用学过的复述方法,借助提示,复述故事。

学生将能做到:

1.能在真实情境中运用所学生字、词语及多音字。

2.能在今后读故事的过程中运用学习的方法把故事复述给别人听。

教学目标是否立足于学生的真实学习需求,是否符合学生的认知规律,可能遇到哪些障碍和困难,是需要在课堂上用实践验证的。只有适时紧扣教学目标,连接新旧知识,建构新知识的落脚点,"学"的活动才有效。所以在设计基于教学目标的学习任务之前,先明确《枣核》教学的核心问题是什么,再将核心问题分解成一个个子问题形成闭环,最后设计能够评估学生已经掌握了教师预期目标的表现性任务,有效达成教学目标,实现语文学科核心素养的发展。

二、以问题链为抓手,设计评估证据

(一)核心问题

西西的个子特别小,他一直情绪很低落,为自己长不高而焦虑。哥哥想把

《枣核》的故事讲给西西听,希望他能在笑声中得到启迪,不再忧郁。要讲好这个故事,你们有什么高招?

(二)子问题

1. 学习本单元课文时,你掌握了哪些复述的方法?
2. 要复述《枣核》这篇课文,你们有什么好方法?
(1)故事中的枣核是一个怎样的人?
(2)枣核的勤快和聪明具体表现在哪里?
(3)哪些情节不能省略,要详细复述?
(4)可以借助怎样的搭建复述支架?
(5)用怎样的语气、表情、动作表现人物特点?
3. 以后要讲好故事,我们可以思考哪些问题呢?

三个子问题的设计全部指向核心问题——子问题1,达成"复述"这一教学目标,通过课文的学习唤起学生对复述方法的记忆。在交流时,教师有意识地点拨学生要根据不同的文本特点选择适切的复述方法,这对学生的迁移运用能力起到了潜移默化的作用;子问题2,聚焦本篇课文时,你会用什么复述方法呢?学生在选择方法前,要先解决"课文讲了枣核哪些故事,枣核是一个怎样的人,哪些内容是要详细复述的"等一系列与文本内容相关的问题,再寻找复述方法,搭建复述支架;子问题3,不仅是对本节课内容的小结,也是针对讲好各类型故事的总结和延伸,为下学段简要复述和创造性复述打下"地基"。这样"以始为终"的逆向设计理念,先确定预期要达成的目标,再设计表现任务来评估预期结果的达成,我们的研究是以构建和实施问题链为主要抓手。像案例中所示那样,问题链中的核心问题清晰,学习目标明确,指向语文学科核心素养。子问题目的性强,明确指向核心问题,用以合力解决核心问题,达成学习目标。问题链中各子问题间逻辑清晰,层次分明,循序渐进,步步深入。且各子问题不是独自为战的散兵游勇,而是共为一个有机的整体。问题链为学生构建基本支架或确定思维起点,激发学生学习兴趣,诱发学生积极思考,引发学生探究欲望,活化学生思维过程,提升学生思维品质。

(三)依托问题情境,让挑战性任务赋能课堂

学习源于问题,问题源于情境。问题情境是指真实的问题背景,以问题为中心的课堂活动场域。学习者置身于"真实的问题情境"之中,在分析和解

决问题的过程中，在合作完成任务的过程中，掌握知识。富有结构化的问题情境，才能让学生互动更具方向。《义务教育语文课程标准（2022年版）》指出：义务教育语文课程实施从学生语文生活实际出发，创设丰富多样的学习情境，设计富有挑战性的学习任务，激发学生的好奇心、想象力、求知欲，促进学生自主、合作、探究学习。语文挑战性学习任务，也可以理解为发生在最近发展区的能激起学生学习动机的素养导向的语文实践活动。在问题情境中设计具有挑战性的学习任务，才能激活学生的思维，培养其在真实情境中解决问题的能力；才能增强课程实施的情境性和实践性，促进学习方式的变革。

在部编版二年级下册《青蛙卖泥塘》一课中，我们设计了这样一个教学环节："课文里面很多小动物用言语都拒绝了青蛙，你最喜欢谁说的话呢？请你评价一下。"学生读了课文，找出了每个小动物的话，然后发现，老牛和野鸭的话是非常有艺术的，它们既提出了问题、意见，但又很有说话的艺术，比较委婉地拒绝，不让人难受。怎样才能委婉地拒绝呢？学生通过学习探究，又发现委婉地拒绝，可先夸奖，再提意见，中间用上转折。说话要真诚，不是虚情假意的。在此教学的基础上，教师在问题情境中创设一个挑战性的任务：在儿童节义卖活动中，有一个班级的小朋友极力向你推荐一款适合你但又很贵的玩具，你想拒绝，你该怎么做？同桌互相演一演再互相评价。学生在问题情境中积极地完成教师所要求的任务，在这个过程中促进学生深度思维，又培养学生在生活中解决问题的能力。

随着新课改的不断推行，教师可以尝试从"问题集式"的教学转向"任务驱动式"的教学。坚持以学习任务为导向，在语文实践活动中融入学习内容、学习资源、学习方法、学习评价，创设富有吸引力的问题情境[①]。在问式课堂积极探索中，我们既尝试了在单元整体的问题情境中设计挑战性的学习任务，还尝试了在单课时的问题情境中设计挑战性的学习任务。

【案例三】

"作家笔下的动物"一课的挑战性任务的设计

整个单元我们以"说说我身边的动物明星"问题情境的言语实践活动推动学生展开学习，设置挑战性任务一"动物大明星"，引发学生产生思考，带着问题和思考进入接下来的挑战性任务二"名家笔下的小动物"的文本研读

---

① 王潭娟、徐鹏：《义务教育语文学习任务群的结构关系及教学建议》，《语文建设》2022年第6期。

阶段，借助比较阅读的方式，分层次分梯度地展开学习。品读《猫》初步接触，了解方法；品读《母鸡》深入感受，体会方法；运用"韦恩对比图"品读《白鹅》，自主运用，掌握方法。如此，在总结提升的过程中，学生就可以去完成挑战性任务三"我心中的动物明星"来运用所学进行情境表达。最终的挑战性任务四制作动物明星卡分享展示"动物明星会"则是对整个单元成果的一种呈现。整个单元的设计，我们一方面借助问题情境下的挑战性任务设计来促进学生的思维发展，另一方面依托言语实践活动，促进学生的语言提升。从读到说再走向写，由学习到理解走向最终的运用，便可以实现阅读与习作的双重滋养，思维与表达的同步提升。（图8-2）

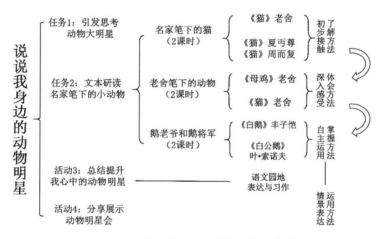

图8-2 四年级下册第四单元问题情境下的挑战性任务设计

【案例四】

《太空生活趣事多》挑战性任务设计

本课教学紧扣该单元特点，创设学生变身航天员、探索神秘太空的问题情境，通过四个挑战性任务驱动课堂教学。任务一旨在创设情境，让学生代入航天员的角色；任务二旨在引导学生初读课文，借助关键词句提取四件趣事，落实本单元的语文要素，即提取主要信息，了解课文内容；任务三通过解锁睡觉装备、体验别样睡法等方式，让学生抓住关键词，感受太空中睡觉的神奇有趣；任务四利用直播这种学生喜闻乐见的形式，进一步落实本单元的语文要素，提高学生利用不同媒介提取、处理、运用信息的能力，在交流活动中为学生播下航天梦的种子。（图8-3）

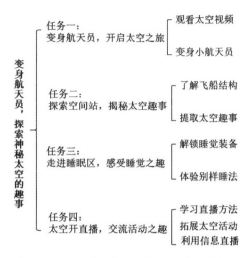

图8-3 《太空生活趣事多》问题情境下的挑战性任务设计

课堂教学,是培育核心素养的主阵地。依托问题情境,在语文课堂教学中设置挑战性任务,坚持学科本质,强化真实情境下的语言文字实践,可以提高学生的语言运用能力;同时还注重对文本的审美与鉴赏,培养学生感受美、发现美和运用语言文字表现美、创造美的能力;语文挑战性任务的设置往往指向学生的高阶思维,通过分析、综合与评价,培养学生的逻辑思维、辩证思维、创造思维,这样才让学生的学习朝纵深化发展。

三、语文学科问式课堂的案例

【案例五】

构建问题链　创设任务群　品味慈母爱
——以《慈母情深》教学为例[①]

一、教学前端分析

(一)学材分析

《慈母情深》是部编版小学语文五年级上册第六单元的第一篇课文。单元篇章页明确点明本单元的人文主题为"舐犊情深";语文要素为体会作者描写的场景、细节中蕴含的感情;用恰当的语言表达自己的看法和感受。本篇课

---

① 本案例由吉爽提供。

文紧扣单元人文主题和语文要素，主要讲述了"我"的母亲在家境极端贫困的情况下，毫不犹豫地给"我"买《青年近卫军》的事。故事里浓墨重彩地描述了一幅幅场景、一个个细节，在这些场景和细节中，饱含了"我"震惊、心疼、酸楚等五味杂陈的感情。在复杂的心情背后，处处流露着母亲对子女无私的爱，也传递着"我"对母亲的爱和感激。本文虽然在人教版教材中出现过，但课文内容略有改动，加之人文主题和语文要素的双线统整，在教学中更加要求教师具备老文新教的意识，凸显主题和要素。

（二）学情分析

本文的写作视角独特，发生的年代离现在较远，再加上现实生活中有些孩子不能体谅父母的辛苦，对父母的深情常感到"理所当然"，缺少"心存感激"，这就给学生走进文本带来一定的难度，故需要老师引领学生走进那个特殊的年代，让学生去感受、倾听人物内心的声音，引导学生对自己眼下的生活进行思考。

有了之前人物细节描写的学习基础，学生对通过外貌、语言和动作来描写和感受人物特点并不陌生。因此，阅读教学中要引导学生注意人物细节描写的语句和场景对人物情感的烘托，加深对课文的理解和体验，有所感悟和思考。

二、教学设计与实施

（一）示篇章页，明确任务

1. 明确主题，揭示课题

（1）出示篇章页，明确单元学习主题。

（2）揭示课题。

2. 介绍作者，明确任务

（1）出示梁晓声图片，配文介绍。

（2）如果请你当导演，把他的作品《慈母情深》拍成电影，刚拿到文本的你会做什么呢？

3. 分解任务，梳理内容

（1）知文本：课文讲了一件什么事？

（2）理场景：课文写了哪些场景？

（3）选场景：场景中的哪些细节能体现慈母情深？

（4）聚细节：文中的母亲和"我"分别是怎样的形象？

（二）整体感知，解决部分问题

1. 默读课文，说说课文写了一件什么事。

2. 梳理课文中的场景与其对应的自然段：进工厂找母亲（6～19自然段）—母亲给钱买书（20～34自然段）—再凑钱买书（35～38自然段）。

3. 简要梳理故事的背景：还剩下1～5自然段，这部分内容不是场景，那写的是什么呢？

（三）品味场景中的细节，感受深情

1. 各位小导演们，在6～19自然段中，你觉得哪几个镜头是要重点拍的，去找一找。找出后在段落旁边作出标记。

2. 我们将摄像头对准这三个片段，聚焦细节，读懂人物。在这个镜头之下，你看到了哪些小小的细节？你读懂了一个怎样的母亲？

（1）学生交流第7自然段，体会母亲工作环境的恶劣。

① 抓关键语句交流母亲工作环境的特点：低矮、潮湿颓败、闷热、狭小、拥挤、噪声大、昏暗。理解"颓败"的意思。

② 发现反复的写作手法：连续出现了五个"七八十"，作者为什么要在一个个镜头里反复出现这样的词？读读这些语句，你读出了什么？

③ 指导朗读。

④ 感悟作者的心情。

⑤ 再次有感情地朗读。

（2）学生交流第16、第19自然段，体会母亲的形象。

16自然段：我穿过一排排缝纫机，走到那个角落，看见一个极其瘦弱的脊背弯曲着，头凑到缝纫机板上。周围几只灯泡烤着我的脸。

① 抓"极其瘦弱的脊背弯曲着""头凑到缝纫机板上"两处关键词，谈感受。

② 追问：这句话为什么不说"看见我的母亲弯曲着瘦弱的脊背，头凑到缝纫机板上"？

③ 感悟作者疑惑的心情。

④ 带着你的感受读一读这句话。

19自然段：背直起来了，我的母亲。转过身来了，我的母亲。褐色的口罩上方，一双眼神疲惫的眼睛吃惊地望着我，我的母亲的眼睛……

① 抓"眼神疲惫"这个词，和"直""转""望"这几个分开的动词，谈感受。

② 通过对比句，品味反复表达的效果。

③ 带着你的感受读一读这句话。

④ 想象画面，感悟作者心情的变化，由开始的不敢相信，到辨认后的震惊、心疼母亲。

⑤ 读出作者心情的变化。

（四）课堂小结，布置作业

这节课，我们研读"进工厂找母亲"这个场景，抓住作者对母亲工作环境和母亲的样子的细节描写，感受到了母亲的艰辛和我的内心复杂感受，体味到了"慈母情深"。下节课，我们继续交流后两个场景中的"慈母情深"。

三、教学成效与反思

（一）逆向设计：确定教学目标，锚定核心问题

美国学者格兰特·威金斯（Grant Wiggins）、杰伊·麦克泰勒（Jey McTighe）在《追求理解的教学设计》（华东师范大学出版社2017年版）中指出："教师是设计师……他的一项基本工作就是精致地设计课程和学习体验活动，以满足特定教学的需求。与此同时是，他还是一个评估师，诊断学生需求以指导我们的教学，使自己和学生，能够检验我们的工作是否已经达到了预期目标。"基于此，威金斯提出了逆向设计的概念和方法，建议教师以终为始从学习结果出发进行逆向思考，即教师在设计教学过程前先明确预期的结果以及评估的手段，进而再去设计教学资源、教学方法和教学流程。

逆向设计理论启发我确定这节课的预期结果：就是要让学生触发心底的波澜，真正感受到"慈母情深"。要用什么方法指导学生达成良好的效果，我该如何检测呢？想起于永正老师对于语文教学的观点："重感悟——把学习的权利交给学生，在老师的指导下自己读书，自己去领会。"自己读，感知文章的主要内容，建构语言，表达清楚故事的前因后果；自己读，读到触动你的场景和细节，圈圈画画，写点随感；自己读，将母亲和"我"之间深深的爱倾注到朗读中。精彩的场景和细节，在朗读和交流中品味鉴赏；在朗读和交流中建构和运用语言；在朗读和交流中评价和点拨。思考至此，将本节课的学习目标设定为：

1. 用较快的速度默读课文，说出文章的主要内容。

2. 通过圈画关键词、想象画面的方法学习"进工厂找母亲"的场景、细节，感受"我"心情的变化，初步体会"慈母情深"；有感情地朗读"情深至极"的片段。

3. 体会文中反复出现的词语的表达效果。

反复梳理这三个教学目标,发现它们都指向"你从哪些场景、细节的描写中感受到慈母情深?"这个问题,而要解决此问题,就要沉潜到场景和细节中,触摸到语言文字的真容,感受到慈母情深的温度,与教学目标正相呼应。核心问题的确定,让教学流程的设计有主线、有聚焦点,单元人文主题和语文要素的有效落实也有了保障。

(二)问题链:分解核心问题,掀起思维浪花

找准了文本的核心问题,就要解决问题,扎实达成教学目标。在设计教学过程时,要立足全局,考虑学情。再次回看核心问题,大多数学生对于"场景"这个耳熟能详的词可能并不理解,而粗放的学生也不懂得如何抓细节,甚至什么是细节,都在头脑中直打转。不理解的问题直抛给学生,收益甚微,还易造成课堂氛围的低迷。问题链教学是从课堂教学提问中生成的教学方式,教师以学生思维逻辑为基点,以学生已有知识经验为基础,整合教学中可能出现的问题,将其设计成相互独立又彼此关联的有逻辑、有层次、有目标的教学问题,在环环相扣、层层递进的问题引导下,调动学生主动阅读、主动思考、主动发现、主动表达的积极性,持续提高学生自主阅读的综合能力。

1. 课文讲了什么事?
2. 课文写了哪些场景?
3. 场景中的哪些细节能体现慈母情深?
4. 文中的母亲和"我"分别是怎样的形象?

从了解课文内容到聚焦场景、细节,再到读懂人物、悟情深,四个指向核心问题的递进式问题组成了一条直指提升学生思维的问题链。学生将对阅读文本内容进行深入思考,有效把握文本的内容主线和行文脉络,深刻理解文本中的丰富内容和深刻内涵,不断促进学生自学意识的形成和思维能力的提高。

(三)任务群:指向问题链,悟透慈母情深

用问题"链"接学习任务,将"问题链"的教案转向"任务驱动式"的教案,是教学设计思考的第三个方面。结合学情创设问题情境与一系列意义相互关联、操作扶放有度的挑战性任务,为学生获得真实的学习体验提供丰富的学习路径。

1. 创设情境,引领学习

《义务教育语文课程标准(2022年版)》在文学阅读与创意表达学习任务群中指出:"在主题情境中,开展文学阅读和创意表达活动,引导学生感受文学之美、

表达自己独特的感受,促进学生的精神成长。"基于此,且考虑本文是由一个个场景串联起来的,有场景的变化,且语言细腻、感人,处处彰显着深情的细节,又因作者梁晓声的许多作品都被翻拍成影视作品,所以设计了"成为小导演,将《慈母情深》搬上银幕前的准备活动"的任务情境,引领学生深度学习。

2. 串联任务,深化情感

创设任务情境后,接下来就要引导学生联系生活实际思考、解决任务。首先,刚拿到文本的你,肯定要速读文本,知道故事的大概内容。接着,联系篇章页和板书上的提示"关注文中的场景和细节,体会情感",梳理出文本中写到了哪些场景,进而,激发探疑——1~5自然段写的是什么?有没有写的必要?发现这不仅是作者写作的背景,也能从中读出作者因家境贫困,要钱买书特别纠结的心理。随后,聚焦第一个场景"进工厂找母亲",如果要将作品拍得感人,品析场景中的细节是每个小导演必须要做的功课。母亲的工作环境、母亲工作时的样子和动作以及"我"的语言等细节刻画是最为让人动容的片段。随着读文的步步深入,"我"对母亲情感的变化以及母亲高大、伟岸的形象浸润在学生心中,加之深情款款的朗读相伴,"慈母情深"扣人心弦。(图8-4)

这节课,让教师深切地领悟到,教师是学生学习的启发者、促进者、引领者,在以终为始的逆向设计视角引领下,确定预期结果—找到评估证据—设

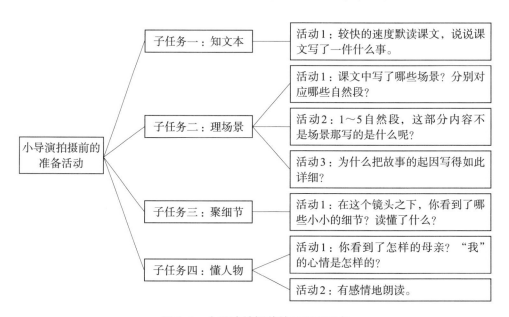

图8-4 小导演拍摄前的四项子任务

计教学过程,是站在学生角度命中提质的"靶心";抓住核心问题,建构问题链,设计与之匹配的挑战性任务,可以推动学习方式变革,使学生在交流、感悟中迸发出火花,助力提升学生的阅读与鉴赏、思维与表达的能力。

【案例六】

问题情境下挑战性学习任务教学设计

——以《鸟的天堂》为例[①]

一、教学前端分析

《鸟的天堂》选自部编版教材五年级上册第七单元。本单元的语文要素是"初步体会课文中的静态描写和动态描写"。本文记叙了作者和朋友两次经过"鸟的天堂"时看到的不同景象,分别描写了傍晚静态的大榕树和早晨榕树上群鸟活动的情景。作者用灵动、优美的语句,展现了一派迷人的南国风光,字里行间洋溢着对自然和生命的热爱与赞美。

二、设计思路

《鸟的天堂》作为一篇经典的老课文,如何在新课标精神的引领下,用学生喜闻乐见的方式,实现内化要素、提升学生语文素养的新诉求?基于文本特点和学生学情,可以创设旅游的问题情境,开展"制作'鸟的天堂'打卡攻略"任务教学。该任务下设四个挑战性任务:任务一"出示攻略,填写基本信息",旨在助力学生整体感知,了解课文主要内容;任务二"拍摄美照,感悟静态描写",旨在引领学生欣赏榕树大、枝干多、生命力旺盛的特点,用拍照的方式定格其静态美,感悟作者细腻的静态描写;任务三"拍摄视频,体悟动态描写",旨在引领学生体会生活在榕树上的鸟儿们的热闹、自由和快乐,用视频方式品味其动态感,体悟作者活泼的动态描写;任务四"展示攻略,品味和谐之美",旨在小组合作,分享学习成果,并深入主题感悟"鸟的天堂"里所蕴含的人与自然的和谐之美,激发热爱自然、保护自然的情感。

三、教学目标

"出示攻略,填写基本信息",整体感知了解课文主要内容;

"拍摄美照,感悟静态描写",欣赏榕树大、枝干多、生命力旺盛的特点;

"拍摄视频,体悟动态描写",体会生活在榕树上的鸟儿们的热闹、自由和快乐;

---

① 本案例由周磊磊提供。

感悟"鸟的天堂"里所蕴含的人与自然的和谐之美，激发热爱自然、保护自然的情感。

四、教学重难点

（一）重点

"拍摄美照，感悟静态描写"，欣赏榕树大、枝干多、生命力旺盛的特点；"拍摄视频，体悟动态描写"，体会生活在榕树上的鸟儿们的热闹、自由和快乐。

（二）难点

感悟"鸟的天堂"里所蕴含的人与自然的和谐之美，激发热爱自然、保护自然的情感。

五、教学设计与实施

（一）任务一 "出示攻略，填写基本信息"

1. 创设情境，揭题导入

同学们，告诉你们一个好消息，今天我们要跟随著名作家巴金，去广东省新会县的天马河，打卡一个著名的网红景点，叫作——鸟的天堂（生齐读课题）。你们看，这里有一份《"鸟的天堂"打卡攻略》，我们一边游览、一边制作，给没有去过的人参考参考，好吗？

2. 初读课文，填写信息

学生初读课文，填写信息。

3. 交流信息，概括内容

交流基本信息，再根据信息，请学生介绍巴金的本次行程："巴金和朋友们两次经过鸟的天堂。第一次是吃过晚饭后，看到了一棵大榕树。第二次是早晨，看到了榕树上生活着成千上万只鸟，令他们感到激动和难忘。"（图8-5）

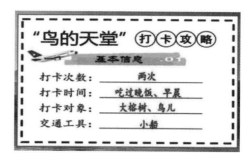

图8-5 "鸟的天堂"打卡攻略图1

(二)任务二 "拍摄美照,感悟静态描写"

作为一份攻略,光靠文字介绍是不够的,还需要提供一些景点照片,才能让看的人了解得更全面。学习5~8段,完成"榕树美照"拍摄计划。

1. 美照一:"远处"取景,一株榕树"独木成林"

出示关键句:"那是许多株茂盛的榕树,看不出主干在什么地方。""当我说许多株榕树的时候,朋友们马上纠正我的错误。一个朋友说那里只有一株榕树,另一个朋友说是两株。我见过不少榕树,这样大的还是第一次看见。"

① 体会榕树"大"的特点:聚焦"许多株""一株""两株"的争论,体会这一株榕树之"大"。

② "独木成林":这株榕树如此之大,如果用一个词来概括,你会用什么?提取关键词:独木成林。带着自己的理解朗读,读出"独木成林"的气势。

2. 美照二:"近处"取景,枝干"不可计数"

出示关键句:"我有机会看清它的真面目,真是一株大树,枝干的数目不可计数。枝上又生根,有许多根直垂到地上,伸进泥土里。一部分树枝垂到水面,从远处看,就像一株大树卧在面上。"

① 了解"气生根"。

② 学习"不可计数",理解文中含义,并为"数"正音。

3. 美照三:"近处"取景,绿叶"生机勃勃"

出示关键句:"那么多的绿叶,一簇堆在另一簇上面,不留一点儿缝隙。那翠绿的颜色,明亮地照耀着我们的眼睛,似乎每一片绿叶上都有一个新的生命在颤动。"

感受绿叶的"生机勃勃":这棵榕树的绿叶带给你一种什么样的感觉?从哪些地方看出绿叶的生机勃勃?(数量、颜色)

4. 欣赏照片,感悟静态描写

(1)教师出示不同角度的榕树照片,依次展示在"攻略"的榕树美照墙上。

(2)配乐,让我们一边欣赏美照,一边用舒缓的节奏来介绍它。(图8-6)

(三)任务三 "拍摄视频,体悟动态描写"

1. 镜头一:静寂夜晚,忽闻鸟鸣

宁静的大榕树,可以用照片来展示,那好动的鸟儿们该怎么展现在"攻

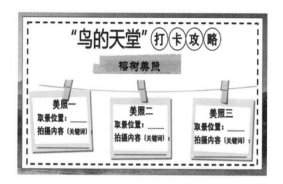

图8-6 "鸟的天堂"打卡攻略图2

略"里呢?我们可以用拍视频的方法!学习12～13段,完成鸟儿视频录制计划。

出示关键句:"起初周围是静寂的。后来忽然起了一声鸟叫。我们把手一拍,便看见一只大鸟飞了起来。接着又看见第二只、第三只。"

① 画面内容:聚焦"起初""后来""接着",想象鸟儿由少到多的出现场景。

② 配音:"一声鸟叫",体会"鸟的天堂"由静到动的变化过程。

③ 情感朗读。

2. 镜头二:众多鸟叫,热闹非凡

出示关键句:"我们继续拍掌,树上就变得热闹了,到处都是鸟声,到处都是鸟影。大的,小的,花的,黑的,有的站在树枝上叫,有的飞起来,有的在扑翅膀。"

① 画面内容:聚焦重点词句,感受鸟的数量多、种类多、姿态多的特点。

② 配音:到处都是鸟声,体会现场的热闹。

③ 情感朗读。

3. 镜头三:画眉欢歌,惹人喜爱

出示关键句:"一只画眉飞了出来,被我们的掌声一吓,又飞进了叶丛,站在一根小枝上兴奋地叫着,那歌声真好听。"

① 画面内容:一只画眉是特写镜头,小巧可爱,惹人喜爱。同时,以"点"的方式体会鸟在"天堂"里的快乐。

② 配音:画眉好听的歌声。

③ 情感朗读。(图8-7)

图8-7 "鸟的天堂"打卡攻略图3

(四)任务四 "展示攻略,品味和谐之美"

1. 小组合作介绍"打卡攻略"

根据"攻略"内容,小组合作介绍巴金这次旅程。注意用不同的语气和节奏介绍大榕树和鸟儿们。比一比哪个小组介绍得最清楚、最吸引人。

2. 探秘鸟、树、人的和谐之美

为什么这儿能成为鸟儿们的天堂?交流讨论,体会和当地农民的保护密不可分,感悟人与自然的和谐之美。

六、教学成效与反思

(一)点燃学习兴趣——变"被动学习"为"主动探究"

该教学问题情境的创设源自生活的旅游情境,带给学生学习的真实感、意义感和价值感。因此,任务一公布,就激发了学生的参与热情。随后的拍照作业、录像作业、介绍作业等,都吊足了学生的胃口。学生从原先的被动学习变为主动探究,"要我学"成了"我要学"。

(二)变革学习方式——变"单打独斗"为"团队合作"

在《鸟的天堂》的传统课堂上,学习方式主要是点对点式的交流。在本次挑战性任务设计教学中,积极倡导团队合作。首先,在时间上,合作贯穿始终,从填写"攻略"的基本信息到拍照、录像,再到最后的成果展示,都要求团队合作。其次,在方法上,为合作提供多种支架,引导团队深入探究。小组围绕富有挑战性的问题,进行方向明确、有的放矢的共同探索,促使每一个成员都能通过合作获得认知上的成长,达到个体学习所不能达到的学习深度。

(三)减轻学习负担——变"学练分离"为"双线交融"

传统课堂上,"学"与"练"基本是分离的。在本次教学中,《"鸟的天堂"

攻略》既是重要的教学内容，也是一份精心设计的课堂作业，"学"与"练"在《"鸟的天堂"攻略》里实现了和谐交融。学生边练边学，边学边练，充分保证了课堂作业的时间。随着教学的结束，本课的核心作业也基本完成，减轻了学生的负担。

第二节　数学学科问式课堂的实践研究

一、数学学科的特点分析

数学是研究数量关系和空间形式的科学。数学不仅是运算和推理的工具，还是表达和交流的语言，是自然科学的重要基础。数学在形成人的理性思维、科学精神以及促进个人智力发展中有着不可替代的作用。数学素养是现代社会每一个公民应当具备的基本素养。

在数学课程的组织和呈现上，须重视对内容的结构化整合，重视数学结果的形成过程，重视数学内容的直观表述，重视学生直接经验的形成，在内容呈现上注重数学知识与方法的层次性和多样性，适当考虑跨学科主题学习。学生的学习是一个主动的过程，数学教学活动要注重启发式，激发学生的学习兴趣，引发学生积极思考，鼓励学生质疑问难，引导学生在真实情境中发现问题和提出问题，利用观察、猜测、实验、计算、推理、验证、数据分析、直观想象等方法分析问题和解决问题；促进学生理解和掌握数学的基础知识和基本技能，体会和运用数学的思想和方法，获得数学的基本活动经验，培养学生良好的学习习惯，形成积极的情感态度和价值观，逐步形成核心素养。

《义务教育数学课程标准（2022版）》指出，义务教育数学课程应使学生通过数学的学习，形成和发展面向未来社会和个人发展所需要的核心素养。培养学生的核心素养表现为"三会"，即会用数学的眼光观察现实世界、会用数学的思维思考现实世界、会用数学的语言表达现实世界。其数学特征可以理解为数学抽象、逻辑推理和数学模型。因此学生在数学学习中发展抽象、推理、模型等数学高阶思维就显得尤为重要。

"数学是思维的体操"，数学教育的核心是思维教育。在高阶思维中，强调数学分析思维能力、综合应用思维能力、科学合理评价思维能力以及创造性思维能力的发展。这些思维能力体现了综合运用数学思维解决问题并进行批判性和创造性活动的水平。高阶思维能力的培养是学生学习数学知识的本质，是学生发展核心素养的关键。

二、数学学科问式课堂的特色做法

问式课堂教学范式指在数学课堂上教师通过创设问题情境、搭建思维支架、设计探究任务、实现高阶认知内化并对学习成果进行表现性评价，暨"问—思—探—创"，鼓励学生进行批判性思考、解决问题，增强学生的沟通和协作能力，以小组合作学习为主要学习任务实施方式的指向"会学"学习品质的实践。

学生通过完成教师基于核心问题设计的表现性任务，在学习过程中实现深度参与、深度建构、深度联系，达到对知识的深度理解，并在此过程中发展高阶思维，让数学学科核心素养的培养落地生根。如何确定一节课的核心问题呢？格兰特·威金斯和杰伊·麦克泰提出的"逆向教学设计"能够从学习成果开始逆向思考梳理出核心问题，为理解而教。

小学数学课堂中要发展的数学高阶思维有抽象能力、推理意识、模型意识等。问式课堂教学范式遵循逆向设计的三个阶段（确定预期结果、确定合适的评估证据、设计学习体验和教学）（图8-8），以逆向设计的方式从教学目标和预期学习结果出发梳理出核心问题，根据核心问题确定合适的评估证据也就是设计出表现性任务和其他证据，再设计学习体验和教学活动。通过这样的问式课堂教学实践，学生在掌握知识技能的同时能发展抽象、推理、模型等高阶思维；教师在不断优化问式课堂教学、构建核心问题引领下，可发展学生高阶思维的一般教学规律，形成核心问题引领下的问式课堂教学范式。

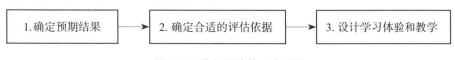

图8-8 逆向设计的三个阶段

对学生而言，问式课堂克服了传统的讲授式和为教而教的倾向，学生在完成教师依据核心问题设计的表现性任务中主动发现问题、提出问题、分析问题并解决问题。在这样的学习活动中,学生实现对知识的深度理解,发展高阶思维。在进行问式课堂教学实践中始终明确的是教师是学生进行学习活动的指导者,而不是将自己的理解告知学生的讲述者。

(一)构建核心问题引领下发展学生高阶思维的一般教学规律

核心问题是一节课的"课眼",也是一节课的"主线",它引领着数学思考的航标。在问式课堂教学实践中,教师以逆向设计的方式从学习结果开始逆向思考,将核心问题从不同角度梳理为本质属性处提问、方法原理处提问、思维难点处提问、问题整合处提问。学生在表现性任务的完成中逐步探索核心问题细分的核心子问题,达到对知识的深度理解,发展抽象能力、推理意识和模型意识等高阶思维,培养数学核心素养。

1. 在本质属性处提问、思维难点处提问,发展学生抽象能力

数学源于对现实世界的抽象,要发展学生的抽象能力,不能简单地灌输教材中数学概念的知识点,而是要从数学概念的本质属性处提问,设计能够揭示概念本质的核心问题,在核心问题引领下设计表现性任务,学生在学习活动中通过表现性任务的完成,实现对数学概念的深入理解,将对现实世界的直观感悟内化为抽象能力。

以上大云小章思哲老师教学二年级上册"长方形、正方形的初步认识"为例,在这节课中教师预设学生理解正方形是特殊的长方形这一学习结果。正方形和长方形的特征学生能够建立清晰的直观认识,但如何理解正方形的本质是长方形呢?从长方形的特征是对边相等、四个角都是直角出发确定了"这是长方形还是正方形?"的核心问题,并设计"搭一搭"的表现性任务:工具箱中有 3 根 10 cm 的红色小棒、2 根 8 cm 的蓝色小棒、4 根 4 cm 的黄色小棒,请完成四个小任务。任务一是让学生搭一个正方形并思考核心子问题:为什么每个人搭的正方形都一样?以此巩固了正方形四条边相等这一特征,只能搭出黄色正方形。任务二是让学生添最少数量的小棒搭出不一样的正方形并思考核心子问题:最少要添几根小棒?为什么?由此归纳巩固:正方形有四个直角,四条边都相等。任务三是让学生搭长方形并思考核心子问题:为什么形状不一样却都是长方形?巩固了长方形对边相等、有四个直角的特点。紧接着教师让学生产生矛盾:老师会变魔术,一动不动也搭出了长方形。在争议中拿出搭好的黄色正方形,从思维难点处提问:四个角是直角吗?对边相等吗?由

此学生在动手操作和核心问题解决中抽象出正方形和长方形的空间关系，理解正方形是特殊的长方形，发展抽象能力。

2. 在方法原理处提问，发展学生推理意识

推理是数学的本质特征，要发展学生的推理意识，应该在教学活动中为学生提供充分的探索空间，避免将一般结论直接灌输给学生，而是在问式课堂的学习活动中引导学生经历观察、实验、猜想、验证等数学活动过程，主动地从特殊结果推断一般结论，为理解而教。因此在问式课堂中从原理结论处出发设计核心问题，让学生经历推理过程，主动地揭示规律原理，才能达到对知识的深度理解，发展推理意识。

如在三年级上册"长方形、正方形的面积"一课的课堂活动中，预设学生掌握长方形和正方形的面积计算公式这一学习结果，要避免灌输式教学，必须让学生在学习活动中通过多组数据的归纳主动推理出面积公式。这个主动推理的过程就是通过问式课堂实现的。在确定"你会计算这些长方形的面积吗？"这一核心问题后通过设计"算一算"的表现性任务，让学生在计算多组长方形的面积中，逐步经历从在长方形中摆满小正方形（单位面积）计算面积、到只要摆一行一列用行数乘列数计算面积、最后到只要量出长和宽并记录下长、宽的数据就可以计算出面积这个逐步简化的规律（图8-9），进而推理出长方形面积公式是：长方形面积=长×宽。

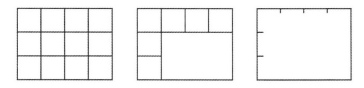

图8-9

如此，学生在完成从方法原理处提问的表现性任务中经历方法原理的形成过程，获得对知识的深度理解，发展推理意识。

3. 在问题整合处提问，发展学生模型意识

模型意识对小学生来说更多地体现在能够用数学模型的方式解决数学问题，描述抽象的数学概念、数量关系和空间关系等。在发展学生的模型意识时要关注学生解题的过程，在教学中尤其要注意将容易混淆的数学知识通过问题整合的方式重构清晰的数学模型，突破学习困境。

如在三年级下册"周长与面积"的复习课中,教师通过预设学生能够区分面积和周长的不同这一学习目标,确定本节课的核心问题是"周长和面积有什么不同?"并设计"摸一摸""画一画"等表现性任务:组织班级同学先动手摸数学书封面的周长和面积,然后用不同颜色的笔画一画周长与面积。这样学生便在脑海中构建了"周长"与"面积"的不同空间模型,从问题整合的角度巩固了几何概念。

(二)以"问—思—探—创"为特色的问式课堂教学范式

通过问式课堂的实践研究,形成了核心问题引领下的以"问—思—探—创"为特色的问式课堂教学范式,在课堂活动中并不拘泥于活动形式,而是以逆向设计的方式引导学生在问题解决过程中从知识的接受者转变为通过表现展示理解能力的学习主体者,在获得对知识的深度理解的同时发展数学高阶思维。以上大云小朱雨萱老师的三年级上册"面积"一课学习活动为例,阐述以"问—思—探—创"为特色的问式课堂教学范式。

1. 问题引入:激发兴趣,制造冲突

确定预期的学习结果为能够比较出图形的大小,在类比中感知面积的可加性,体会统一面积单位的必要性。学习活动的核心问题引入必须激发学生的探究兴趣和求知欲。因此确定核心问题为"哪个图形面积大?"学生在目测、重叠等直接比较的方法中建立了完成学习任务的自信心。接着通过给出的两个图形制造不能用直接比较的方法比较出两个图形的大小这一认知冲突,为表现性任务的进行作铺垫,这一环节为"引问"。

2. 问题探究:强化过程,多元评价

在完成表现性任务之初,学生发现了核心问题下的第一个子问题"不能直接比较时怎么办?"在得出需要借助工具的结论后以两人一组的方式在小圆片、小三角形、小正方形(铺满或未铺满)、直尺等工具中选择合适的工具动手操作并进行组间交流。在交流中,教师适时向学生提问对不同的比较方法有什么发现。学生得出小圆片和小三角形虽然都能数出数量,但因有间隙而存在误差。用小正方形铺满可以准确地数出数量进而比较出图形大小。还有小组发现更加简便的方法,即只铺一行一列小正方形再用行数乘列数就可以算出小正方形的数量。选择直尺的小组则更加简洁地直接在图形上通过量出长和宽的方式计算小正方形的数量。学生在探究问题的过程中感知借助工具可以把面积的大小转化为单位数量的多少以及面积的可加性,这一环节为"导思"。

学生完成任务的"表现"各不相同,哪些更接近预期学习结果?哪些与学习结果有差距?差距在哪里?通过评价量规(表8-2)的实施,教师能判断出学生能利用已有的经验、工具来比较图形的大小这一学习目标的掌握程度。通过"表现性任务"将"内在学力"可视化,并通过"评价量规"将学生外在的行为表现"诠释"为他们所拥有的内在学力。

表8-2 表现性任务的评价量规

评 价	A	B	C	D
分析能力发展情况	能独立分析问题	能在提示下分析问题	要在帮助下分析问题	不能独立分析问题
推理能力发展情况	能用3种方法比较图形的大小	能用2种方法比较图形的大小	能用1种方法比较图形的大小	不能比较出两个图形的大小
空间观念发展情况	能在面积大小比较过程中建立统一单位的概念	在面积大小比较过程中经提示建立统一单位的概念	在面积大小比较过程中经帮助建立统一单位的概念	不能在面积大小比较过程中建立统一单位的概念
交流情况	说明比较方法条理清晰	说明比较方法较有条理	说明比较方法条理一般	说明比较方法没有条理

观察工具的制定方式融合了等第制评价的思维以及学校"问—思—探—创"的特色教学范式,做到了定性与定量相结合,使观察者在主观记录的同时,有较为客观的评价标准,便于课堂教学结束后进行数据分析和为课堂教学改进提供数据支持,避免大量的观察记录却不便分析的情况出现。

围绕数学课堂中的"问",设置了含有语言精练、指向明确、逻辑清晰等观察点的观察量表(图8-10),观察者把教师或学生整节课的提问记录好后,根据相应的评价标准赋予相应的等第。通过统计教师或学生的提问次数和追问次数,分析出课堂氛围是否能引导学生深入思考等。

为了更加全面地进行评价,在课堂结束后,对学生进行问卷调查(图8-11),融入了学生自评和互评,使学生积极参与,开展多元评价。学生根据相应的评

	观察点		
	语言精练	指向明确	逻辑清晰
问	教师的问： 教师提问次数：（　　） 教师追问次数：（　　） 语言精练： A　B　C　D 指向明确： A　B　C　D 逻辑清晰： A　B　C　D	学生的问： 学生提问次数：（　　） 学生追问次数：（　　） 语言精练： A　B　C　D 指向明确： A　B　C　D 逻辑清晰： A　B　C　D	

图8-10　数学课课堂观察表

课后调研表									
班级：		学号：			姓名：				教师总评
探究兴趣	自评								
	A		B			C		D	
课堂倾听习惯	1. 你在课堂听课期间，注意力集中程度如何？请用黑笔在下面打"√"。								
	自评				同学评				
	A	B	C	D	A	B	C	D	
课堂交流习惯	2. 你在课堂上（是、否）发言？如果发言，发言（　　　）次。								
知识迁移	3. 通过这节课的学习，你知道所学知识在生活方面还有哪些应用吗？ 你的回答：								
评价标准	探究兴趣评价标准：A:对数学问题的探索积极主动。B:对数学问题的探索比较主动。C:对数学问题的探索缺乏主动。D:对数学问题的探索不主动或不参与。课堂倾听习惯评价标准：A:课堂倾听时，注意力非常集中。B:课堂倾听时，注意力比较集中。C:课堂倾听时，注意力一般。D:课堂倾听时，注意力不集中或不参与课堂教学。其他：1.以上内容学生打钩即可。2.老师一般尊重学生的评价结果。其他：自评和同学互评结果，特殊情况下教师可根据课堂观察再进行综合评价。								

图8-11　数学课课后调研表

价标准来评价自己的学习兴趣、学习习惯等，结合课堂学习单的批改数据，做到定性与定量相结合，同时与观察者的记录进行相互验证，使得这些记录和数据能更加真实全面地反映问式课堂教学情况。

3. 问题深化：举一反三，查缺补漏

如何实现体会"统一面积单位"的必要性这一预期学习目标就产生了第二个子问题——当数值和图形大小矛盾时怎么办？教师引发学生继续思考：明明A图形中有64个小正方形，而B图形中只有16个小正方形，但为什么A图形比B图形小呢？学生基于已有关于单位的知识基础进行举一反三，感知到小正方形的大小必须统一才能比较出图形的面积。通过对问题的深化，学生体会到统一面积单位的必要性。通过这样将核心问题分解为多个子问题的方式，对学习内容进行查漏补缺，加深学生对学习内容的深度理解，发展高阶思维，这一环节为"引探"。

4. 问题总结：提纲挈领，适度开放

教师引导学生在完成表现性任务的过程中解决由核心问题引发的子问题，通过对问题的提出、分解、解决并总结，驱动学生深度参与问式课堂，经历观察、猜想、推理、验证等活动，以小组合作的方式围绕学习任务进行协作探讨，激发学生学习兴趣，成为学习的主体，用表现展示对学习内容的深度理解。当然课堂的下课铃声并不是学习活动的终点，适当的开放性问题设计，能够让学生的学习继续深入，引发学生对学习内容的更多探索，这一环节为"促创"。

为更好地对问式课堂教学模式可行性进行分析，上大云小专门研制了全自动课堂观察数据分析处理系统，此系统可根据录入的数据自动生成图表和文字评语，使分散的课堂观察记录能够集中呈现，使得数据更加清晰直观，报告更加全面，便于教研组或教师进行教学改进。

三、数学学科问式课堂的案例

本案例为沪教版三年级第一学期第六单元"整理与提高"中的数学广场——植树问题。教学设计是以"植树问题"为载体，通过创设问题情境，设计学习任务，让学生经历猜想、验证、推理等探究的过程，使其寻找到解决问题的策略，最终内化知识、建立数学模型，来体现"问—思—探—创"

的教学策略在小学数学课堂教学中的实际应用,这不仅能够丰富学生数学活动经验,培养学生的核心素养,还能检验以"问—思—探—创"为特色的问式课堂教学范式是否能真正促进学生"会学"的学习品质。以下为教学设计部分内容:

【案例七】

"整理与提高"中的数学广场
——植树问题[①]

一、设计思路

(一)问

本节课中的"问"是通过:学校计划在通往图书馆的一条长60米的小路旁植树,每隔5米种一棵,由3组同学依次完成。① 每个小组平均要种多少米?② 每个小组各种树多少棵?追问:到底是4棵还是5棵呢?

在问式课堂实践中,教师以问促思,激发学生进行合理猜想,并引发他们的认知冲突。

(二)思

本节课中的"思"是通过:"有无不同意见?""有不同的观点怎么办?""你能列出算式吗?""$20÷5=4$中的4后面的单位是棵吗?""为什么在同样长的一条路上种树,间隔的米数也都一样,种树的棵数不一样呢?"这些设问、追问,引发学生不停地思考,不断地出现认知冲突,推进学习的进程。

(三)探

本节课中的"探"是通过让学生动手种一种、画一画及小组合作探究和学生板演等活动,让学生在探究、认知冲突的过程中感悟"一一对应"的思想方法,初步建立"植树问题"的模型。

(四)创

本节课中的"创"是通过让学生举例说一说生活中类似的植树问题,并找出谁是"树"等活动,让学生进一步巩固"植树问题"模型,使其学会用数学的眼光审视世界并促进他们的思维走向更广阔的空间。

通过尝试课和实践课的两次教学实践得出结论:"问—思—探—创"的教学策略需要均衡分配,才能有利于培养学生"会学"的学习品质和核心

[①] 本案例由曹溯、赵双双提供。

素养。

二、教学尝试

（一）第一次尝试课片段摘取

绿化工人计划在通往图书馆的一条长60米的小路一旁植树，他们计划把这条路平均分成3段，每天完成1段。从头开始种，每隔5米种1棵树。绿化工人每天要种多少米？

生：60÷3=20（米），绿化工人每天要种20米。

师：绿化工人每天都要种20米，那么他们每天各种了多少棵树呢？请你们猜一猜。

生：（预设）5棵、4棵……

师：你们的猜测到底对不对呢？首先让我们一起来尝试着种一种第一天的。谁能到黑板上来种一种？

师：请你说一说你是怎么种的？

生：（预设）我先在路的开头种1棵，然后每隔5米种上1棵，直到种满20米，所以第一天种了5棵。

可见第一次尝试课中，这种一问一答的形式，学生虽然能端坐其中独立思考和回答，但却毫无思维的碰撞，更是难以产生浓厚的学习氛围，不能引导学生的思维走向广阔的空间。比如：在猜测完种了几棵后，直接让学生去黑板上"种一种"，此时由于植树问题的复杂性，其中又有三种情况，很多学生可能题目还未弄清楚，更别谈思考了，只能端坐下面听得云里雾里。再比如：课堂中虽有板演"种一种"等活动，但也仅是个别学生的"个人秀"，大部分学生在下面没有充分时间去合作探究，更不能够有效地参与到学习中去，所以只有"问"，却无"思、探、创"的尝试课，不利于培养学生"会学"的学习品质和核心素养。

（二）第二次尝试课片段摘取

绿化工人计划在通往图书馆的一条长60米的小路一旁植树，他们计划把这条路平均分成3段，每天完成1段。从头开始种，每隔5米种1棵树。绿化工人每天要种多少米？

师：请你仔细读一读，你有什么不理解的地方吗？

生：每隔5米是什么意思？绿化工人一共要种几天？

师：绿化工人每天要种多少米？

生：60÷3=20（米），绿化工人每天要种20米。

师：绿化工人每天都要种20米，那么他们第一天种了多少棵树呢？请你们猜一猜。

生：5棵、4棵……

师：你们的猜测到底对不对呢，我们应该怎么办？

生：去种一种。

师：那么就请同学们小组合作探究，一起去种一种吧。

（学生小组合作、动手探究、汇报反馈）

师：哪一组能到黑板上来展示一下你们的探究成果？

（有小组举手）

师：请你在黑板上演示一下你们组是怎么种的？

生：（预设）我先在路的开头种1棵，然后每隔5米种上1棵，直到种满20米，所以第一天种了5棵。

师：那么谁会用算式表达呢？

生：20÷5=4   4+1=5

师：20÷5=4，4后面的单位应该是什么？小组讨论一下。

在经历第一次尝试课的"失败"基础上，我们对教学设计进行了调整，在出示完题目后，教师先问："你有什么不理解的地方吗？"意在让学生充分参与课堂，提出自己心中的疑惑，培养他们敢于提问的能力。又如：在学生猜测完第一天种几棵树后，教师让学生们所在的小组亲手去种一种，让植树的难题通过学生的深入思考和动手实践的方式去验证，让学生亲身经历合作探究的过程，培养学生学会合作和探究的能力。再如：在学生得出第一天需要种5棵后，让学生用算式表达，又通过讨论引导学生发现20÷5=4的单位是什么。把学生的思维引向更广阔的空间，促进其进行知识迁移，最终发现用"一一对应"的数学思想解决植树问题中棵数与段数之间的关系。我们在第二次实践课中，把"问—思—探—创"的教学策略作了适切的分配，教师只是作为课堂引导者，学生成为课堂的主体，充分地参与到教学中，激发了学生的学习兴趣，"问—思—探—创"的教学策略需要应用适切，可以作为培养学生"会学"的学习品质和核心素养的有效手段。

第三节 英语学科问式课堂的实践研究

一、英语学科的特点分析

《义务教育英语课程标准（2022年版）》中围绕英语学科核心素养，明确英语课程目标，即发展语言能力、培育文化意识、提升思维品质、提高学习能力。

英语课程内容紧密联系现实生活，体现时代特征，聚焦人与自我、人与社会和人与自然等三大主题范畴。

《义务教育英语课程标准（2022年版）》中指出，英语学习应秉持在体验中学习、在实践中运用、在迁移中创新的学习理念，倡导学生围绕真实情境和真实问题，激活已知，参与到指向主题意义探究的学习理解、应用实践和迁移创新等一系列相互关联、循环递进的语言学习和运用活动中。坚持学思结合，引导学生在学习理解类活动中获取、梳理语言和文化知识，建立知识间的关联；坚持学用结合，引导学生在应用实践类活动中内化所学语言和文化知识，加深理解并初步应用；坚持学创结合，引导学生在迁移创新类活动中联系个人实际，运用所学解决现实生活中的问题，形成正确的态度和价值判断。同时也提出注重教—学—评的一致性，坚持以评促学、以评促教，将评价贯穿英语课程教与学的全过程。注重发挥学生的主观能动性，引导学生成为各类评价活动的设计者、参与者和合作者，自觉运用评价结果改进学习。注重引导教师科学运用评价手段与结果，针对学生学习表现及时提供反馈与帮助，反思教学行为和效果，教学相长。坚持形成性评价与终结性评价相结合，逐步建立主体多元、方式多样、素养导向的英语课程评价体系。

二、英语学科问式课堂的特色做法

（一）运用表现性评价提升学生问题意识

基于英语学科核心素养，围绕单元语用任务，运用逆向设计的方式，研究表现性评价设计策略，优化过程设计，提升学生语言运用能力，发展学生问题意识的问式课堂形态。

逆向设计视角下的表现性评价设计，就目标导向而言，教师从教学目标优化为学习目标，站在学习者的角度研究课堂表现性评价证据，根据证据梳理问题，优化学习活动设计与实施，形成和发展学生问题意识，有效提升学生语用能力。

以英语（牛津上海版）*4AM4U1 A music class*教学为例：

1. 基于单元整体，确立单元语用目标

在上音乐社团课的语境中，借助核心词汇和语言框架询问并了解乐器的主人及乐器所在位置，简单介绍自己会演奏的乐器，说说不同音乐给自己带来的不同感受，并能借助关键信息，口头介绍故事《哈梅林的吹笛人》和其他更多音乐知识，并懂得信守承诺的道理。要求语音语调正确，内容达意，表达流畅。

2. 基于单元目标，明确分课时目标表（8-3）

表8-3

分课时	分课时话题	分课时学习目标
第一课时	Musical instruments	在音乐社团课的语境中，借助核心词汇和语言框架通过询问了解乐器的主人和乐器的位置，并学习表达自己会演奏的乐器，做到语音语调基本正确，内容基本达意。
第二课时	Music shows	能在 *A music show* 为主题的音乐社团课的语境中，借助语言框架简单介绍自己会演奏的乐器及弹奏的时间，说说不同音乐给自己带来的不同感受，做到语音语调较正确，表达较流利。
第三课时	A music story	能在 *A music story* 为主要内容的音乐社团课的语境中借助关键信息，口头介绍发生在哈梅林的故事，做到语音语调正确，内容达意。
第四课时	Know more about music	在音乐社团学习更多音乐知识的语境中，阅读拓展语篇，提取关键信息，介绍更多乐器及音乐知识。做到语音语调正确，表达流利。

3. 基于单课目标，梳理学生学习目标

以英语（牛津上海版）*4AM4U1 A music class*单元的第二课时为例（表8-4）：

表8-4

单 课 目 标	学生学习目标
能在 A music show 为主题的音乐社团课的语境中,借助语言框架简单介绍自己会演奏的乐器及弹奏的时间,说说不同音乐给自己带来的不同感受,做到语音语调较正确,表达较流利。	(1)能够准确并较流利地表达自己或同伴会演奏的乐器及练习的时间; (2)能够通过音色、乐曲等描述不同的音乐给自己带来的不同感受。

4.制定评价证据,设计表现性评价

根据内容制定评价证据,根据评价证据制定评价内容,在撰写评价内容时,从教师角度变更为学生视角,使用学生能够理解的表述方式。学生在看到任务要求及评价标准之后,非常清楚自己需要做到什么、能够达到什么水平,也能够清晰地看到自己的最近发展区。这样,学生在学习语言、练习语言的过程中就会有目标、有方向,可以有效提升学生的语用能力(表8-5)。

表8-5

Try your best	*Try to think*	*Try to say*	Level
(1)较为流利地表达自己会演奏的乐器。	*What musical instrument can you play?*	*Hello, I'm ...I can play the ...Let me show you the music.*	C
(2)较为流利地表达自己会演奏的乐器及演奏练习的时间。	*How often do you play it?* *Do you like it?*	*Hello, I'm ...I can play the ...Let me show you the music.(sometimes) I always/usually/often ...I love music.*	B
(3)较为流利地表达自己会演奏的乐器及演奏练习的时间,并能够描述自己的感受。	*How do you feel when you play the musical instruments?*	*Hello, I'm ...I can play the ...Let me show you the music. It sounds ...(I can see...)(I can hear...) It makes me ...(sometimes) I always/usually/often ...I love music.*	A

经过理论学习、课堂实践,教师总结经验,设计了逆向设计视角下提升学生语用能力的表现性评价设计的路径:在明确单元语用任务的基础上,

确定单课语用任务,梳理学习目标,制定评价证据,设计表现性评价,促进学生的语用能力。基于逆向设计的表现性评价如何促进学生的问题意识,基于学习目标、评价证据的问题,避免了学生琐碎的提问,有效提升了课堂效益。

在运用逆向设计开展表现性评价设计的研究过程中,教师发现学生在最后语用任务环节中的语言训练积极性提高了,他们都想跳一跳摘到那个离自己不太远的苹果。从毫无关联的提问到围绕语用任务的提问,学生的语言更富有逻辑性与交际性。

(二)运用问题串建构学生语言表达逻辑能力

随着英语学科问式课堂的深入推进,我们不禁思考:在英语课堂中如何去培养学生的问题意识?教师进一步明确课堂研究的目标,学生能在教师的引导下提出问题,梳理问题之间的逻辑关系,形成有合理顺序的一系列问题串,架构语言表达内容,凸显语言表达逻辑。

1. 制定学习目标,设计表现性评价

以四年级第一学期第四模块第二单元的第二课时为例,它的模块主题是 The natural world,单元主题是 At Century Park,基于模块和单元主题,我们把问题聚焦于世纪公园的自然面貌,先确定学习目标,然后设计表现性评价证据(表8-6)。

表8-6

学 习 目 标	表现性评价证据
(1)能根据世纪公园内景点的照片进行提问,梳理并形成问题串。 (2)能根据问题串尝试描述世纪公园的一个景点及感受。	(1)能根据图片及关键词提供的信息,提出三个有合理顺序的问题。 (2)能根据图片及关键词提供的信息,提出六个有合理顺序的问题。 (3)能根据图片及关键词提供的信息,提出更多有合理顺序的问题。

2. 梳理问题,形成问题串

基于逆向设计的表现性评价如何促进学生的问题意识呢?在这一课时里,学生通过观察鸟舍的图片,进行自主提问,教师根据学生随机提问的顺序以问引问，引导学生梳理成有合理顺序的问题串，最后转化成有逻辑的陈述性语篇。从图8-12、图8-13中可以看到，每个学生都问出了自己的问题串，形成了不同的语篇，比如这里的图8-12侧重于鸟类的特点，而图8-13还涉及世纪公园的特点。

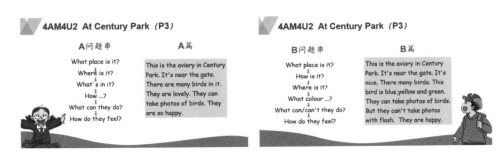

图8-12　问题串1　　　　　　　　　图8-13　问题串2

3. 问题导向提升学生语言表达逻辑

在制定好学习目标、设计好表现性评价的基础上，从学习者角度出发，学生能借助直观媒介自主提问，然后梳理问题的顺序关系，形成问题串，架构语言表达内容，从而凸显语言表达的逻辑性。我们发现，在没有问题串引导的情况下，学生表述的文本关联性和合理性不强。但是有问题串时，学生能很快找到有关联的语言支架，让语言更聚焦、更丰富、更精准。

(三) 增强学习体验提升学生语言应用能力

学习活动首先从问题出发促进学生学习理解，教师通过创设问题情境、搭建思维支架、充分激活学生已有知识和经验，帮助学生理解需要解决的问题，然后以解决问题为目标，帮助学生形成新的知识构造，使其感知并理解语篇所表达的意义和承载的文化价值。

1. 在真实任务活动中焕发学生活力

在明确英语课程目标的前提下，在课程实施板块强调要秉持英语学习活动观组织和实施教学活动。依托语篇，设计学习理解、构建应用、实践体验和迁移创新等学习活动，引导学生整合性地学习语言知识和文化知识，运用所学知识、技能和策略，表达个人观点和态度，解决真实问题。根据单元主题设计真实话题，使学习内容及活动体验更接近于学生的真实生活，让学生走进真实的问题发生环境,从团队成员的组成、分工开始,激发组内所有成员的学习动力。

例如:单元主题以Century Park为例,世纪公园就在我们身边,而世纪公园的地点、游玩路线及游玩活动更为贴近四年级学生生活,成果呈现也会随着真实环境而丰富。

(1)问题创设中激活已知

课始,教师播放世纪公园有趣景点及游玩视频,通过边看边问的方式,来唤醒学生关于世纪公园景点及游玩活动的已有经验,牢牢抓住学生的注意,帮助学生理解世纪公园不同景点之间的不同体验,引导学生通过信息获取和梳理,学习和运用语言知识和语言技能,能够感知和理解世纪公园不同景点之间的特点,形成新的语言结构并尝试结合自己喜欢的场景进行表达。

Questions:

What can you see? How do you feel?

Do you like the...? What can you do?

Where do you want to go? Why?

What place do you like best? Why?...

(2)梳理整合中发现未知

呈现出三个小组成员有不同需求、想去不同景点的冲突,教师引出问题Then, where do you want to go? If you are the group leader, what can you do? 引导学生思考当大家的需求意见不一致时该怎么办。通过查看真实的世纪公园的地图或宣传手册,激活学生已有的生活经验,完成调研活动,了解自己小组中每一组员的需求,在师生、生生问答过程中引发学生思考每个人选择去不同地点的原因,根据不同的需求制定游览路线。在制定路线的过程中,学生发现景点之间的方位不同,组员想要游览的景点之间需要进行协调。有的组会根据location这一重要信息,有的组会根据景点的内容作时间调整,在需求发生分歧时,通过问题引导学生一步步梳理制定小组出游路线时需要考虑的因素有:wants、location、time等。通过问题引导的方式来"激发已知,发现未知"的学习理解活动能帮助学生初步学习、理解目标语言,在讨论、协商过程中引发学生质疑、思辨,培养学生发现问题、解决问题的能力。

2. 在实践体验中内化学生语言知识与文化知识

学生在实践体验活动中内化语言知识和文化知识，进一步加深学生对于单元主题的理解，巩固结构化知识，促进学生从语言知识到语言能力的转化。而学生在围绕核心驱动性问题的实践体验活动中发现问题，学会分析、判断、推理、归纳和推断，在小组探究的实践体验活动中构建逻辑思维，增强学习体验，提高学习能力和学习兴趣。

（1）在分析与判断中探究意义

教师通过先示范展示 Kitty 的路线图，再听三位主人公的路线，让学生模仿着在地图上画一画。结果发现三条路线大相径庭，错综复杂地交织在一起。通过思考促使学生有继续探究问题的源动力，发现不能毫无头绪地游览世纪公园，制定合理的游览路线才能更好地开启游玩的旅程。（图8-14、图8-15）

图8-14

图8-15

小组成员中的调研员角色在调研过程中发现组内成员想去的景点太多，发现问题，通过问题罗列 Where、When、How many、Why 对应需要考虑的因素 Location、Time、Wants、Reasons 等帮助小组根据不同需求制定适合自己小组的游览路线。

（2）在推理与归纳中构建语言支架

学生通过推理归纳明确要分步骤制定路线，首先制定第一个（First）想去的景点，并逐步形成描述路线的思维支架，即通过介绍原因（Reasons）、步骤（Steps）、地点（Places）的方式陈述自己小组想去的景点。

在制定小组第二个（Then）和第三个（Finally）要去的景点过程中，学生通过思考、观察地图等方式归纳总结出在制定路线时还需要关注其他因素。学生在一步步的小组探究讨论过程中开展语言实践活动，逐步构建语言表述支架，进而帮助小组成员在合作探究中完成路线规划并尝试表述。

3. 在迁移创新中提升学生语言学习能力

（1）持续探究中解决问题

在学生从学习理解进阶到实践体验，根据项目化学习的方式设计单元学习活动过程中，我们发现基于项目化学习的活动设计内容更贴近学生生活实际，在分解驱动问题引领下的探究活动内容更为丰富，可以有效激发学生的学习内驱力。例如在本单元的设计路线的过程中，学生们发现公园里的游览路线要考虑到景点的方位，可是世纪公园有很多门，小组游览路线的制定还涉及从哪个门口开始计算。学生通过小组持续探究，围绕问题How to go to the Century Park? Where are you? 开展了第二轮的探究活动，通过查找公交线路、世纪公园的开放时间，观察世纪公园不同的门所在的位置，从起点制定游玩路线，在持续探究活动中进一步提升应用能力。

（2）实证尝试中应用所学

在确定游玩路线之后，需要根据项目化学习的要求确立项目最终成果。有的小组通过制作海报来介绍自己小组的游览路线与世纪公园里不同景点的景色及活动；有的小组会制作Vlog、宣传手册，利用信息技术课完成相关资料的收集和梳理，利用美术课完成相关的制作。在成果制作过程中，可以多次循环不断内化知识。学生不仅可以在英语课堂中进行成果展示，小组制作的海报及宣传手册还可以在班级或者学校的展示区域进行展示。

教师通过设计探究任务，引导学生基于所形成的结构化知识开展描述、阐释、分析、应用等多种有意义的语言实践活动，在合作探究的过程中，发现问题，解决问题，从而内化语言知识和文化知识，促进对已学知识的应用。

在本单元学习活动结束之后，教师可根据项目化学习的方式设计成作业，结合英语（牛津上海版）五年级下Module 4 Unit 1 Museums的内容，围绕驱动性问题How to make the route of visiting the Science Museum? 开展单元学习活动，运用所学的知识技能和方法，通过小组分工合作的方式制定小组参观科技馆的路线。通过迁移转化，提升学生的英语学习能力。

三、英语学科问式课堂的案例

【案例八】

以问为引　优化活动　提升语用

——以英语（牛津上海版）四年级下 Module 4 More things to learn
Unit 2 Festivals in China 为例[①]

一、教学前端分析

（一）学材分析

本节课的授课内容为英语（牛津上海版）四年级下 Module 4 More things to learn Unit 2 Festivals in China。本单元的主题为 Festivals in China，属于人与社会板块。单元功能为 Introduction（介绍），育人价值是感受多姿多彩的中国传统节日，热爱中国传统文化。学生在低年级的教材中学习过节日的表达、日期的表述、节日的习俗等，对节日这一话题已经有所掌握。在四年级的教材中再一次接触到这一话题，从教材的布局上看，本单元未设有新授的核心句型，而是要用学生已有的知识储备来学习和了解更广阔的大千世界，培养学生交际能力和语言能力。因此，教师的教学也没有仅仅停留在"教授语言"的层面，而是要让学生调动已有语言知识来表述自己的观点，真正地达到"发展语言能力"的目的。

（二）学情分析

学生在已有的知识储备下，可以运用低年级所学的知识更好地发挥语言能力。本节课的重点是教师应该如何拓展学生的知识网，让学生在训练语言能力的同时收获新知。本单元的学习，教师选择从历史的角度来梳理中国传统节日，将本单元所涉及的几个传统节日呈现在历史时间轴上，让学生对于传统节日的起源、发展、习俗以及历史的发展与传承有一个系统的了解，培育学生的文化意识。

社会和时代在变化，互联网社会快速发展也改变了我们很多生活方式和节日习俗。从历史的脉络去梳理中国的传统节日，很多节日的习俗一定是在不断变化的，通过多模态语篇（视频、音频、阅读文本等）的支撑，学生对于传统

---

① 本案例由赵云博提供。

节日生发出自己的思考和理解，在听取他人观点时能够思考别人的观点与自己观点的异同，再去完善矫正自己的想法，生发问题意识和思辨能力，提升思维品质。学生在课堂学习中能够调用原有的认知策略、情感策略去学习，在理解的基础上进行迁移和创新，实现学习能力的提升。

二、单元主题内容与学习目标

（一）单元主题内容框架

单元主题内容框架如图8-16所示。

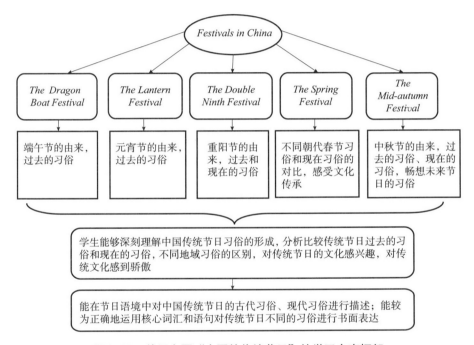

图8-16 单元主题"中国的传统节日"的学习内容框架

（二）单元主题内容学习目标

单元主题内容学习目标如表8-7所示。

三、教学过程实录

（一）教学内容

牛津英语四年级下 Module 4 More things to learn Unit 2 Festivals in China Period 4 The Spring Festival

（二）教学目标

（1）能在"介绍春节"的语境中，熟练运用核心词汇the Spring Festival等。

表8-7 单元主题"中国的传统节日"的学习目标

The Dragon Boat Festival	The Lantern Festival	The Double Ninth Festival	The Spring Festival	The Mid-autumn Festival
学生通过会话了解端午节是为了纪念诗人屈原,以及当时人们会在这个节日当中做的事情,更加深刻地了解传统节日的文化。	学生通过了解元宵节的由来,当时人们会在元宵节做的事情,能够简单描述元宵节的相关信息。从元宵节起源的朝代流传至今的传统习俗中体验到中华传统文化厚重的历史传承。	学生能够在了解重阳节的由来、过去的习俗的基础上进一步学习当今重阳节的习俗,学生通过分析、比较体会到随着社会和时代的发展,尤其是互联网社会快速发展,我们的节日习俗方面会有所不同。	学生通过过去和现在不同地域春节习俗的对比,对传统节日习俗产生自己的思考和理解,感受文化的传承。	学生通过自己制作关于中秋节的过去的习俗、现在的习俗的时间轴,听取不同地域同学的中秋节的习俗。在听取他人观点时能够思考别人的观点与自己观点的异同,生发问题意识和思辨能力,提升学生思维品质。

(2)能在"介绍春节"的语境中,听懂、跟读,正确运用句型:At the Spring Festival, people usually... 来介绍人们在春节中的常见活动。

(3)能在"介绍春节"的语境中,理解文本,获取相关信息,通过对春节过去和现在习俗的对比,不同地域习俗的对比,对传统节日习俗产生自己的思考和理解,感受文化的传承。

(4)通过文本视听、看图说话、信息补充等形式读懂语篇,迁移运用。

(三)教学过程

教学过程如表8-8所示。

表8-8

Procedures	Contents	Methods	Purpose
While-learning	1. The Spring Festival in nowadays	1-1 Watch and tick 1-2 Ask and answer 1-3 Try to read	整体感知捕捉信息 反馈内容
Pre-learning	Enjoy a song	Ask and answer	引入话题
	2. The Spring Festival in nowadays	2-1 Read and tick 2-2 Ask and answer 2-3 Learn: visit relatives 2-4 Learn: get red envelopes 2-5 Try to say	观察发现 捕捉信息 学习词汇 观察学习 信息巩固

续　表

Procedures	Contents	Methods	Purpose
	3. The Spring Festival in Ming Dynasty	3-1 Watch and tick 3-2 Ask and answer 3-3 Learn: put up red couplets 3-4 Learn: worship the Kitchen God 3-5 Compare Ming Dynasty and nowadays	捕捉信息 梳理信息 学习词汇 比较思考 巩固操练 开放回答
	4. The Spring Festival in Qing Dynasty	4-1 Read and tick 4-2 Try to say 4-3 Compare Ming Dynasty and Qing Dynasty 4-4 Compare the past and nowadays	捕捉信息 巩固短语 信息反馈 开放回答
	5. Judy's friends' Spring Festival	5-1 Watch a vlog 5-2 Try to read 5-3 Ask and answer 5-4 Think and say	梳理信息 巩固文本 回顾内容 反馈内容
Post-learning	1. Revision	1-1 Share your Spring Festival 1-2 Watch a video 1-3 Think about more	梳理信息 描述内容 语用输出
Assignments	Try to read. Try to say. Try to write.		
Board Design			

四、教学后继研究

（一）教学反思

本课时的教学从学习理解—实践体验—构建运用—迁移转换逐层推进。教学设计过程中围绕学校品质课堂项目研究主题从问—思—探—创四个环节进行设计：以"问"启智，促进学生学习理解；以"思"助学，加强学生实践体验；以"探"促用，提升学生的构建应用能力；以"创"促能，激发学生迁移转换。这四个教学方式由浅入深，相辅相成。

在与学生谈论节日相关话题的语境中设计学习任务，培养学生的问题意识，搭建思维支架，发展学生判断、推理、分析的思维品质。在任务活动的探究过程中积极尝试，提升学生构建应用的能力。引导学生学创结合，通过迁移转化提高学生的学习能力，促进学生思维品质的提升。

1. 以问引导学习理解

教师通过创设问题情境、搭建思维支架，充分激活学生已有知识和经验，帮助学生理解需要解决的问题，然后以解决问题为目标，加深学生对传统节日文化的理解，传统节日习俗所表达的意义和承载的文化价值。

教师通过对"春节的起源是什么？""春节为什么会有这么多的习俗？""春节为什么会持续15天？""现在人们过春节所从事的活动与过去有什么不同？""未来人们过春节时还会有哪些习俗与现在不同？"等问题牢牢抓住学生的注意力，唤醒学生关于春节习俗的已有经验，引导学生理解不同的年代和社会历史背景下春节的习俗也会发生变化。当发现不同历史背景下，不同时代和社会人们过春节所从事的活动不同时，引导学生思考原因，寻找差异点。通过多模态语篇的阅读，引导学生学习理解，通过问题引导的方式来"激发已知，发现未知"。这样的学习理解活动能帮助学生初步学习、理解目标语言，为接下去的思—探—创等学习活动扫障铺路、牵线搭桥。在讨论过程中引发学生质疑、思辨，从而培养学生问题意识，提升学生学习品质。

2. 以思助学的实践体验活动

结合英语课标要求，从"以思助学"的实践体验活动中帮助学生构建逻辑思维，增强学习体验，提高学习能力和学习兴趣。学生在课前要完成一份关于春节会做些什么的学情调研，对本课的内容已经有了一个初步的思考和感知，在课堂中通过阅读多模态语篇，调动已有生活经验经过思考，学会分析、判断、推理、归纳、推断等一系列逻辑思维方式，再将这些思维品质运用到后续的对中国传统节日的探究活动中，运用到语言实践中去。

3. 以探促用，提升学生构建应用能力

教师通过课前的学情分析，在课堂中呈现出关于春节习俗的调查统计图，设计探究型任务，引导学生基于所形成的结构化知识开展描述、阐释、分析、应用等多种有意义的语言实践活动，在合作探究的过程中，发现问题，解决问题，从而内化语言知识和文化知识，促进对已学的应用，以探促用地构建应用活动。学生在持续探究中解决问题，在实证尝试中应用所学。

4. 以创促能的迁移转换活动

在Post-learning的活动中，开展小组讨论，在组内交流每个人的家庭中过春节时会从事的活动。通过前面以问引导学习理解的铺垫，学生能够将前期语用输入迁移到交流沟通中，在问思的基础上进行构建和应用，将文本框架和思维方式迁移到构建新文本的过程中，从历史的角度以时间轴的方式罗列传统节日习俗并尝试描述。有能力的小组还可以设想出未来几十年人们在过春节时会有哪些新的活动形式，创造出以讲演春节习俗为主要成果类型的学习成果展示。通过以创促能的迁移转换活动，学生在成果展示中实现学创结合。

（二）改进设想

1. 教师的教

本节课从"问—思—探—创"四个角度进行教学，教学过程虽相辅相成，但对于平时英语学习水平较弱的学生来说难度还是偏高的。这类学生在"问—思—探—创"各个方面的能力都相对薄弱，教师在日后的教学中应更多地关注此类学生，给予他们充足的思考时间和学习时间。在教学的过程中应该放慢脚步，将"问"和"思"两部分的教学环节夯实好再过渡到"探"和"创"的部分，而不是为了完成教学环节和教学内容，在有一部分学生还没有完全理解的情况下就继续教授。在这种思维含量较高的课程中，一定要给大部分学生留出充足的思考空间，再进行下一步的教学。

2. 学生的学

学生在学的过程中，教师应当搭建更多的平台和支架，使那些基础比较薄弱的学生理解与学习。在课前教师可以布置学习任务单，帮助基础比较薄弱的学生理清课堂教学的思路和重点。搭建小组学习的平台，让基础较好的学生带动基础较为薄弱的学生，在"探"和"创"的环节充分发挥小组学习的作用，启发学生思维，让学生在互帮互助的学习氛围中真正有所收获。

第四节 道德与法治学科问式课堂的实践研究

一、道德与法治学科的特点分析

（一）道德与法治学科的功能

思政课是落实立德树人根本任务的关键课程，道德与法治课程是义务教育阶段的思政课，旨在提升学生思想政治素质、道德修养、法治素养和人格修养等，增强学生做中国人的志气、骨气、底气，为培养以实现中华民族伟大复兴为己任的有理想、有本领、有担当的时代新人打下牢固的思想根基。课程具有政治性、思想性和综合性、实践性。

（二）道德与法治学科的性质

提高公民道德修养和法治素养，是促进社会全面进步、人的全面发展的必然要求。青少年阶段是人生"拔节孕穗期"，要扣好人生第一粒扣子，尤其需要精心引导和培育。道德与法治教育基于社会发展和学生成长的需要，以正确的政治思想、道德规范和法治观念对学生进行循序渐进的系统化教育，在道德教育中发挥法治对道德的促进作用，在法治教育中发挥道德对法治的滋养作用，使道德教育与法治教育相辅相成、相得益彰，培养学生成为担当民族复兴大任的时代新人。

（三）核心素养目标

核心素养是课程育人价值的集中体现，是学生通过课程学习逐步形成的正确价值观、必备品格和关键能力。道德与法治课程要培养的核心素养，主要包括政治认同、道德修养、法治观念、健全人格、责任意识。政治认同是社会主义建设者和接班人必须具备的思想前提，道德修养是立身成人之本，法治观念是行为的指引，健全人格是身心健康的体现，责任意识是担当民族复兴大任时代新人的内在要求。

（四）道德与法治学科的课程内容

道德与法治课程以发展学生的核心素养为导向，以"成长中的我"为原点，由"自我认识"到"我与自然""我与家庭""我与他人""我与社会""我与国家和人类文明"，不断扩展学生的认识和生活范围，以道德与法治教育为框架，有机融入国家安全教育、生命安全与健康教育、劳动教育以及信息素养教育、金融素养教育等相关主题，强化中华民族传统美德、革命传统和法治教育。根据不同阶段学生的身心发展特点，以学生实际生活为基础，分学段按主题对内容进行科学设计，建构学段衔接、循序渐进、螺旋上升的课程体系。

1～2年级是学校生活起步期，学生开始适应有序的集体学习生活。结合低年级段学生特点，本学段设置入学教育、道德教育、生命安全与健康教育、法治教育、中华优秀传统文化与革命传统教育等五个主题，旨在以正确的价值观、道德和法律规范对学生进行道德和法治启蒙。入学教育主要是针对一年级第一学期开展的适应性教育。

3～4年级是从小学低年级段向高年级段的过渡期。本学段学生已经适应了学校生活，生活视野进一步扩大，具备一定的独立意识。根据以上特点，设置道德教育、生命安全与健康教育、法治教育、中华优秀传统文化与革命传统教育、国情教育等五个主题，旨在引导学生养成健康的生活习惯、良好的道德品质和健全人格，形成集体荣誉感和责任意识。

5～6年级是小学的高年级段，延续小学低、中年级段，与初中阶段相衔接。本学段学生的生活范围不断扩大，具备一定的道德是非判断能力。基于上述特点，设置道德教育、生命安全与健康教育、法治教育、中华优秀传统文化与革命传统教育、国情教育等五个主题，旨在培养学生的道德情感、责任意识，引导学生遵守公共规则，形成深厚的爱国情感。

（五）道德与法治学科的方法

《义务教育道德与法治课程标准（2022年版）》明确指出，教师要不断提高自己的理论水平和专业素养，按照政治强、情怀深、思维新、视野广、自律严、人格正的要求，贯彻落实"八个相统一"的要求，增强道德与法治课程的思想性、理论性和亲和力、针对性。

教学目标的制定要超越双基目标、三维目标，把促进学生的素养发展置于核心位置，制定彰显铸魂育人的教学目标。结合思政课的特点，在确立教学目标时，要旗帜鲜明地坚持正确的政治立场和正确的价值导向，引导学生知行合一。

教学内容要体现时代发展的脉搏，及时跟进社会发展进程，关注国内外大事，将党和国家重大实践和理论创新成果引入课堂，引导学生了解社会生活中的现象，思考社会问题，增强责任感和使命感。同时，教学内容要密切联系学生生活实际，以学生喜闻乐见的方式呈现，增强教育的吸引力和感染力。

教学要坚持主导性和主体性相统一的原则。教师既要把教学内容讲清楚讲透彻，也要注重启发学生，把说理教育与启发引导有机结合起来。灌输是马克思主义理论教育的基本方法，道德与法治课程离不开必要的灌输，但同时也要注重启发，引导学生主动探究、积极思考，水到渠成地得出结论。

教学要与社会实践活动相结合，丰富学生的实践体验，倡导案例教学和议题式、体验式、项目式等教学方式，以及参观访问、生产劳动、研学旅行等多种学习方式，帮助学生在实践中扩展视野、提升能力、学以致用。

二、道德与法治学科问式课堂的特色做法

（一）联系生活实际，以"问"促"思"

问题是帮助学生自我攀登的脚手架，也是产生学习的根本动力，笔者基于教材中的内容，与时俱进地引入图片、视频等素材，与学生自身的真实生活建立联系，引导学生围绕问题深入思考探究。

例如，四年级下册第16课《我们神圣的国土》中《辽阔的国土》教材呈现了中国的疆域图，围绕教材内容教师设计了先找一找、圈一圈我国"东南西北"之最、陆上和海上邻国的小组探究活动，再分享交流，意在引导学生通过小组活动与分享交流，感受祖国的疆域辽阔，增强生活在中国的自豪感。围绕这一目标，设计了一组问题：

（1）猜一猜：早上7:30上海和新疆的孩子在干什么？每年1月份，黑龙江和海南岛又是怎么样的？（设计意图：举出生活中的事例和图片，将抽象的数据、地图与学生的生活体验建立联系，也为后续的问题做好铺垫）

（2）说明了什么？（设计意图：进一步激发学生的思考，通过引导将感性认识上升为理性认识，丰厚学生对我国疆域辽阔的情感体验）

（3）谁能联系生活说一说，你从哪里感受到了我国疆域的辽阔？（设计意图：由扶到放，自然而然地将地理空间与生活建立联系，通过让学生分享自己在旅途中对路程、时差等的不同感受，以这种源于生活的真实体验激起学生

对我国疆域辽阔的骄傲之情）

三个问题立足教材，层层递进，将其联系至学生相关的生活实际，学生不仅对我国相关的地理知识进行了了解和学习，还在了解我国国情的基础上，结合自己的生活经历，在生活的回望中建构国家、民族与"我"的联系，感受辽阔国土为我们的繁衍和生息提供了丰富的资源，为中华民族的生存和发展提供了巨大的空间。

（二）多角度分析问题，以"问"促"辨"

在教学中，教师一方面要充分挖掘学生的生活资源，引导学生建立与学习主题的联系，给予学生真实的情感体验；另一方面要关注学生回归生活世界后，面对复杂生活情境时的生活实践智慧的培养。教学中，我们通过多种途径创设情境，引导学生在独立思考、多角度分析问题的过程中，提升思辨能力，树立正确的价值观念。

1. 组织辩论活动，助力思辨能力提升

例如，三年级下册第一单元"我和我的同伴"中《我很诚实》这一课，教师利用教材故事屋《明山宾卖牛》的故事，组织学生听完后就"明山宾到底傻不傻"这一问题开展小型辩论会，正反观点提供了不同的角度，使学生发现诚实表现在不对当事人隐瞒事情的真相，于是学生在各抒己见中明辨道理、分清是非，增强对诚信品质的认同感，促进思辨能力的提升。

思辨的目的在于明理，在于统一认识，在学生达成了"哪怕自己受到一些损失，也应当实事求是"的思想共识后，教师从诚信行动层面作进一步引导，实现学生在诚信行为上的共识，教师又及时抛出问题："如果你是买主，你会怎么处理这件事情呢？"有学生提议："我会体谅明山宾的实际困难，把牛买回家，不要求退钱。"这一建议得到了绝大多数学生的赞同，学生在诚信行动上实现了高度的一致，实现了诚信教育从知到情到意再到行的进阶。

2. 巧供样例拓视野，促进思维创新

例如，三年级下册第三单元"我们的公共生活"中《大家的"朋友"》这一课，在让学生了解公共设施的作用、知道公共设施给人们的生活带来方便之后，我们组织了"小小设计师"活动，引导学生设计新型公共设施。

为了鼓励学生能够对公共设施进行创新或改造，教师在课前搜集了现有的新型公共设施样例,即智能垃圾分类回收箱的图文介绍,进一步创设相对应的生活化教学情境,将抽象的知识以生动形象的方式为学生呈现出来。"你为分类垃圾烦恼过吗?下面让我们一起来看一看智能垃圾分类回收箱吧!你们喜欢它吗?为什么?"通过引导让学生认识到公共设计的创新和改造来源于生活中的问题,目的是服务于生活,让生活更加便捷,以此来启发学生联系生活设计方案。同时有助于提升学生的学习能力和发展能力,在一定程度上培养学生的社会责任感,深化其自身的道德水平和法治认知。

(三)组织角色扮演,以"问"促"解"

小学道德与法治课堂中不仅可以通过生活案例引发学生的讨论,还要注重将真实生活情境带入课堂,除了用语境创设情境之外,教师还可以积极帮助学生建立一些模拟场景,通过角色扮演的方式,让学生真实感受到生活当中所发生的事件,使其身临其境地去感悟、体会、尝试,通过切身感受去总结和发现真实生活情境当中所蕴含的道德与法治知识,使学生代入到角色之中,真实感受所发生事件中角色当时的心理活动,并积极探究其中所存在的问题,发现解决问题的方法和途径。

例如,在四年级上册第二单元《我们一家人》第四课《读懂彼此的心》这一课的教学过程中,教师在引入课题后,邀请几个学生表演了情景剧,剧中小阳和小力在一次考试中都没有发挥好,回家后需要将卷子拿给家长签名,两种与父母沟通交流的方式带来了不同的结果。简短的情景剧促使学生更好地融入情境。

师:观看了两位同学与父母的交流方式,你们觉得哪一种是正确的交流方式?为什么?

生:我们觉得小阳和妈妈的交流方式是正确的,他能够主动和妈妈交流,不像小力,不但不主动,爸爸问他时,他还不回答,不想和爸爸交流。

师:你归纳出了主动和家人交流,因为主动交流可以使亲子关系融洽,增进相互了解,促进家庭和谐。(板书:主动交流)

生:我们组也觉得小阳和妈妈的交流方式正确,小阳能够理解妈妈着急的心情,所以妈妈说他时,他没有发脾气,还主动向妈妈表态。而小力不但不理解爸爸着急的心情,还说伤人的话。

师:理解是交流的关键,我们要理解家人,进行换位思考。

生：我们组认为小阳和妈妈的交流方式是对的，因为小阳能在妈妈着急的时候控制好自己的情绪，不发脾气，态度始终不错。而小力将自己的坏情绪都发泄出来，不但没有礼貌，还和爸爸发脾气，伤害爸爸，也伤害了自己。

师：最重要的是控制好自己的情绪和脾气，用积极的态度进行交流和沟通。（板书：控制情绪　态度积极）同学们分析得很到位，还找到了和家人沟通的秘诀，我们在家庭生活中也要学习小阳与家人的沟通方式。

课堂中，创设贴近学生实际生活的情境，并且通过角色扮演的形式引导学生积极地参与活动，进行辩证思考，有效地提高学生的认知能力，使学生懂得在遇到类似的情况时，知道应该采取哪种措施或方法予以有效处理，帮助学生将所学的知识更好地运用到实际生活中解决问题，促使学生的道德品质能够获得全方位的发展。

三、道德与法治学科问式课堂的案例

【案例九】
我们神圣的国土

道德与法治课程是落实立德树人根本任务的关键课程。四年级下册"我们的国土　我们的家园"单元虽然是地理主题的国情教育内容，但教学的着眼点并不是地理知识的灌输，而是引导学生追求地理题材背后的德育价值，把握当中的情感脉络。教师要加强学生的领土认同意识，使学生在探究体验中对国土产生强烈的情感，从而增强学生作为中国人的归属感，实现政治认同。

四年级的学生对国家有了初步的了解与认识，对祖国的热爱之情不断提升。但是，这些认识相对零散，更多的是具体、微观的感性认识，并没有从宏观的角度深入领会。在本课的教学过程中，教师设计了"中国的地理位置""中国的国土面积""中国的行政区划""国土神圣不可侵犯"四个环节，层层递进，以具象思维为主，让学生结合自身的生活经验，在互动中深化对我国疆域的认识，在情感上明确祖国的领土神圣不可侵犯，指向核心素养的落实。

一、围绕问题，激发思维碰撞

在前两个环节初步感受我国疆域的辽阔之后，带领学生走近我国的行政区划。这部分请学生自主阅读教材并完成填空,在读一读、数一数的过程中潜移默化地感知我国辽阔的国土,在此基础上对教材内容适度拓展,向学生介绍最年轻的地级市——三沙市,引导学生猜测建立该市的原因,从而初步感知国土神圣不可侵犯,也为后面关于台湾地区的教学做铺垫。

教学片段如下:

师:接下来老师要给大家介绍一个特别的地方——中国最年轻的地级市,海南省的三沙市,让我们在地图上找到它,它在祖国的最南面。

(播放音频:《最年轻的地级市——三沙市》)

师:我们为什么要在海洋深处设立这个面积最大、人口最少的地级市?

生:三沙市的建立可能会促进海南省的经济发展。

生:可能是为了吸引游客来旅游。

师:同学们说得没错,三沙市可以促进南海领域经济、旅游业的发展。

生:可能是防止有人来入侵我国。

师:你很善于发现,掌声送给他!(生鼓掌)三沙市的建立,使我国政府加强对南海领土的管辖和控制,确保了中国在南海的领土主权。所以说国门重要、国土神圣!

(播放视频:《外交部发言人耿爽谈南海问题》)

师生齐读:作为我国最南端的地级市,三沙市可以说是我国的南大门了。

这一环节,我们补充了有关三沙市的介绍,引导学生围绕"我们为什么要在海洋深处设立这个面积最大、人口最少的地级市?"这一问题进行思考,很多学生联系生活各抒己见,在此基础上播放视频《外交部发言人耿爽谈南海问题》,向学生传递在领土主权问题上我们的国家立场,明白争取海权、维护海权、发展海权与民族复兴、国家安全和国民利益息息相关,由此感受维护国家主权与领土完整的必要性和重要性,进一步将其与"我"的情感、生活、命运紧密联系在一起,感知国土与自身的联系,进而实现知识性学习和价值性学习的有机融合,激发学生爱祖国的情怀。

二、互动学习,落实核心素养

《义务教育道德与法治课程标准(2022年版)》在教学建议中要求:把握思想教育基本特征,实现说理教育与启发引导有机结合。教材呈现了台湾省地图,展示了台湾省的位置和地形,搭配了日月潭和阿里山的风光图片,旨在引导学生了解台湾自古以来是我国领土不可分割的一部分,感受祖国的每一寸土地都是神圣不可侵犯的。除了教材中提到的民族英雄郑成功收复台湾的故事，还通过课前调查，让学生查找资料，分享交流，帮助他们打开历史视野，在互动中激发家国情怀。

教学片段如下：

师：祖国的这么多的孩子中，还有一个漂泊在外的游子，它是谁？

生：台湾省。

师：课前请同学们查阅资料了，谁来说说你对台湾有什么了解？

（学生交流搜集到的有关台湾地理位置、物产、风景、历史方面的内容）

师：这个游子，曾经，它也回到过祖国母亲的怀抱，来看看视频。

（播放视频：《郑成功收复台湾》）

师：从这段视频中，你看到了什么？

生：郑成功率军英勇奋战，从荷兰侵略者手中收复了台湾。

师：我们为什么要用"收复"这个词语？

生：因为台湾一直都是我们的。

（课件出示并齐读台湾自古以来是我国领土不可分割的一部分）

师：那我们来看看宝岛的足迹。

（播放音频：《宝岛的足迹》）

师：你从中感受到了什么？

生：我感受到了台湾多次被侵犯。

师：是的，台湾的历史是曲折、苦难的。多年以来海峡两岸的中华儿女一直在为祖国的统一大业进行着不懈的努力。但因为各种原因，台湾至今仍在外漂泊着，你们有什么愿望？

生：我希望台湾能够早日回归祖国。

师：我们希望台湾早日回家，我们希望早日实现祖国统一。当前台海局势持续紧张，台湾问题是中国核心利益中的核心，我们在台湾问题上坚定捍卫国家主权和领土完整，坚决打击企图分裂中国、策动台湾独立的势力。

师生齐读：祖国的每一寸土地都神圣不可侵犯！

在互动学习中，学生将自己对生活世界的认识与自己的道德成长相融合，在思维激荡的碰撞中说出自己的心愿，明白每一寸国土都是国家主权和尊严的象征，我们的国土是神圣不可侵犯的，将个人的命运与国家相联系，增强了自身对国土的认同与责任意识，促进核心素养的发展。

第五节　艺术学科问式课堂的实践研究

一、艺术学科的特点分析

立德树人是艺术教育的根本任务，其核心是以美育人、以美化人、以美润心、以美培元。艺术课程的实施是为培养德、智、体、美、劳全面发展的人，具有创新精神和实践能力等综合素质的人。在当代文化的多样性构成中，中华优秀传统文化、革命文化、社会主义先进文化是艺术课程具有主导性的内容构成。

义务教育艺术课程包括音乐、美术、舞蹈、戏剧（含戏曲）、影视（含数字媒体艺术）五个学科。义务教育艺术课程内容的设计聚焦审美感知、艺术表现、创意实践、文化理解等核心素养，围绕欣赏·评述、造型·表现、设计·应用、综合·探索四类艺术实践活动。《义务教育艺术课程标准（2022年版）》将义务教育阶段的艺术课程分成三个阶段：第一阶段（1～2年级）以艺术综合为主，包括唱游·音乐和造型·美术，有机融入舞蹈、戏剧（含戏曲）、影视（含数字媒体艺术）的内容；第二阶段（3～7年级）以音乐和美术为主，有机融入舞蹈、戏剧（含戏曲）、影视（含数字媒体艺术）的内容，为学生掌握较为全面的艺术基础知识和基本技能奠定基础；第三阶段（8～9年级）开设艺术选项，促进学生掌握1～2项艺术特长，与高中模块化教学相衔接。

《义务教育艺术课程标准（2022年版）》指出，通过义务教育艺术课程的学习，学生应达到以下目标：感知、发现、体验和欣赏艺术美、自然美、生活美、社会美，提升审美感知能力。丰富想象力，运用媒介、技术和独特艺术语言进行表达与交流，运用形象思维创作情景生动、意蕴健康的艺术作品，提高艺术表现能力。发展创新思维，积极参与创作、表演、展示、制作等艺术实践活动，学会发现并解决问题，提升创意实践能力。感受和理解我国深厚的文化底蕴和党的百年奋斗重大成就，传承和弘扬中华优秀传统文化、革命文化、社会主义先进文化，坚定文化自信，铸牢中华民族共同体意识。了解不同地区、民族和国家的历史与文化传统，理解文化与构建人类命运共同体的关系，学会尊重、理解和包容。

在明确艺术课程目标的前提下，在课程实施过程中应遵循艺术学习规律，体现学生身心发展阶段性、连续性的特点，聚焦核心素养，以任务驱动的方式遴选和组织课程内容，坚持以中华优秀传统文化为主体，通过主题式、生活化、情境化、综合性的学习任务，突出学生主体和学科逻辑。

二、艺术学科问式课堂的特色做法

（一）文化浸润童心，重视价值引领，优选教学资源

文化是民族的血脉。弘扬民族的优秀文化和艺术是对民族文化内在精神的继承和弘扬。学习和理解中华民族优秀文化艺术，可以引导学生热爱民族优秀文化艺术，增强文化自信。

以《三兔共耳画神奇　邮说敦煌寄情思》一课为例，精选教学资源，联系学生生活实际，巧妙融入传统文化，在邮票、敦煌文化、情感传递三者之间找到有机的融合点，选择欣赏"同圆共生"邮票，该枚邮票的设计来源于古代敦煌壁画"三兔共耳"藻井图，从而让传统文化内容与美术课堂教学进行高度融合。围绕"三兔共耳画神奇　邮说敦煌寄情思"的学习主题，融入语文、数学等学科的相关性知识，精选教学资源，灵活运用问题式教学法、任务驱动教学法等有效的教学方法，在真实问题情境中，开启学生深度学习体验，体会邮票具有"传递和弘扬中华民族优秀文化艺术，激发中华儿女的文化自信和爱国情感"的重要价值，激发学生对邮票的设计兴趣、增强情感交流，有助于学生形成正确的文化观，增强文化自信。

（二）基于问题导向，深挖跨学科内容，提升学生学习效能

义务教育艺术课程的基本理念主要定位于坚持以美育人、重视艺术体验、突出课程综合等方面。艺术课程实施过程中以各艺术学科为主体，加强与其他艺术的融合；重视艺术与其他学科的联系，充分发挥协同育人功能；注重艺术与自然、生活、社会、科技的关联，汲取丰富的审美教育元素，传递人与自然和谐共生理念，发挥艺术教育在促进学生全面发展中的积极作用。

解决真实生活中的问题往往是需要多学科的融合。以《三兔共耳画神奇　邮说敦煌寄情思》一课为例，教师立足美术学科本位，以学校岩彩社团学生寄信给樊锦诗奶奶为真实情境，确立学生感兴趣的跨学科学习主题，巧

妙设置指向核心任务的问题链，以问题为导向，引导学生通过欣赏、分析、讨论、探究、尝试等方法解决问题，丰富跨学科的学习体验，从而提升学生的美术学科核心素养，升华学生"守护与传承敦煌文化生生不息"的情感。从课程的实践效果来看，学生很喜欢这种跨学科教学方式，分析问题和解决问题的能力以及学习的积极性都有所提高，跨学科学习和解决真实问题的能力，以及思维能力和学习效能均有所提升。

（三）依托学习任务单，用任务驱动学生自主探究

义务教育艺术课程实施突出任务群教学，有利于提升学生的实践能力和创新能力。所谓"学习任务群"，是以"任务"为导向设计的"以主题为引领"的一组结构化的教学内容，这些内容也可以称为"学习项目"，需要按照与核心素养生成、发展、提升相关的主题，围绕教学内容整合学习资源，进行真实情境的创设和结构化学习任务的设计。教师以任务为中心，联系教学内容，创设多样的、便于激发学生探究兴趣的教学情境，以展现包含教学内容在内的一个个任务，驱动学生自主学习、合作探究，通过发挥主观能动性，完成任务，深刻理解所学知识。

学习任务单也叫学习单，以任务驱动、问题导向为基本方式，是教师为学生设计的学习活动的载体。使用学习任务单的目的也是为了每个学生的发展。对于学生而言，艺术核心素养并不是与生俱来的，而是在完成艺术活动过程中培育起来的。因此，美术教师在设计学习任务单时必须将设计目光聚焦到艺术学科核心素养上来，以艺术学科核心素养作为学习任务单上的每一项内容设计的逻辑起点。基于问题、特定情境、预设的行为表现等设计学习任务单，教学过程中依托学习任务单，以期提高指向艺术学科核心素养教学的效率与质量。由此可见，采用任务驱动教学模式的小学艺术教学，"学习任务单"也会成为教师们最得力的"助手"。科学、合理地设计与应用学习任务单是解决如何在课堂教学中培育学生核心素养的有效策略和路径。

以上海教育出版社九年义务教育教材《美术》四年级下册第七单元"古代瑰宝"拓展课《鼎的装饰》为例，教师以时间为节点设计了"课前导学单""课中研学单""课后拓学单"（图8-17），应用这三种形式的学习任务单开展教学活动。

好的学习任务单的设计与应用能够做到紧扣教学各环节使用，能够拓展

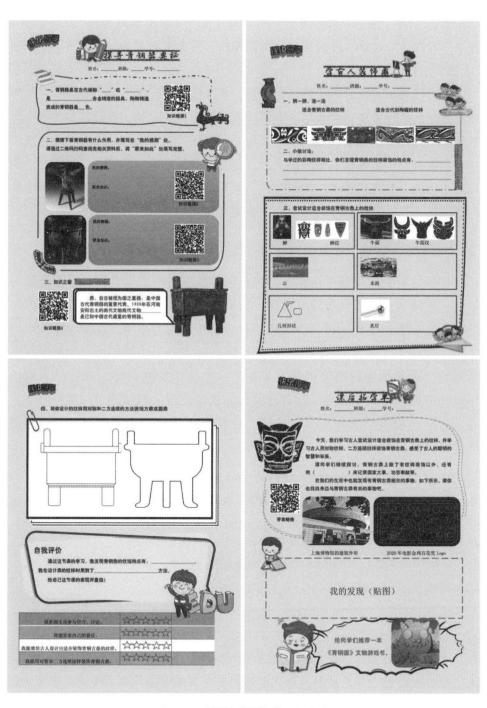

图8-17 《鼎的装饰》学习任务单

学生学习空间，转变学生群体美术学习的方式，使学生主动参与、乐于探究；让学生在课前、课中、课后学习更为系统化，实现艺术课堂教学从"平面"到"立体"的转变。

学习任务单是立足学生的学习过程，基于目标、问题、能力导向等，引导学生自然而然地发生自主预习、合作探究、巩固提升、知识迁移等对艺术文化的深度学习，并达到掌握知识、形成能力的目的，是教师提质增效、真正落实培养与提升学生美术核心素养能力以及提高自身教学能力的较好的教学方法和策略。因此，如何设计与应用指向核心素养的学习任务单，值得每一位艺术学科教师在自身的具体课堂教学实践中去思考和探索。

（四）以评促教，加深学生体验，体现教学评一致性

评价的意义在于使学生在学习过程中体验进步与成功的喜悦，提高学习效益。教师的评价设计贯穿整节课，教师及时的鼓励评价可以提高学生参与的积极性；尝试多元的评价方式可以促进学生学习与思考，加深学生的学习体验，激发学生学习美术的兴趣。如在课程展示环节，教师可以精心设计展示平台，邀请学生将自己的作品集中展示，使学生获得学习成就感；教师可以让学生根据评价要点，对自己的作品进行评价；教师还可以结合教学内容，为学生提供学习评价单，让同伴合作完成评价；巩固所学，加深学习体验。

三、艺术学科问式课堂的案例

【案例十】

"形"说龟兹壁画

年级：4～5年级

课时：3课时

一、设计思路

龟兹石窟始建于3世纪，现存壁画1万余平方米，造型简洁，色彩优雅，是中国岩彩绘画的原点之一。龟兹壁画是在中国砂岩地质之上形成的中国古代原创壁画的典型代表，创造了独具魅力的艺术风格，神秘的菱形格正是其中之一。龟兹画师将数座山峰幻化成为成千上万个菱形格，其中融入各种各样生动

有趣的故事，以连续组合的特殊方式呈现，既整体又丰富，创造出重峦叠嶂、连绵起伏的景象。本单元将从图形的角度解锁龟兹壁画菱形格的奥秘，最终完成数幅自创的菱形格壁画。

课程核心：了解龟兹壁画的历史及艺术风格，龟兹壁画中菱形格形成的原因、特点与图形的类别，认识画面的黑白灰调式；自创菱形格壁画。（图8-18、图8-19）

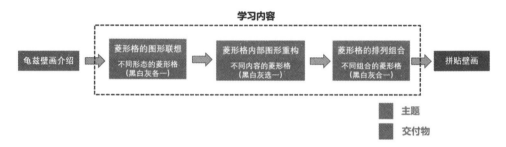

图8-18 《"形"说龟兹壁画》单元逻辑结构图

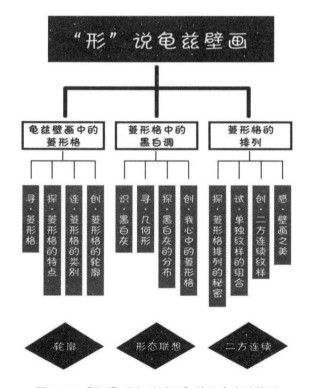

图8-19 《"形"说龟兹壁画》单元内容结构图

交叉学科：美术、历史、语文、数学及音乐。

学习任务：结合生活联想创作出黑白灰三张不同形态的菱形格；以龟兹壁画为参照，用图形拼贴的方法创作一幅新的菱形格作品；参照设计的二方连续纹样设计菱形格壁画。

关键问题：如何对图形进行概括、归纳重构？

引导问题：

菱形格有什么优点？（描述）

龟兹壁画中的菱形格图形都是一样的吗？（分析）

你能创作出哪些菱形格图形呢？（诠释）

什么是黑形、白形、灰形？（分析）

菱形格中的黑白灰是怎样分布的？（分析）

你可以怎样组合单位纹样？（分析）

二、学习目标

本单元为小学美术学科第二学段"造型·表现"的学习领域，由"溯源·重构·创新"三个主题组成。

审美感知：知道菱形格是龟兹壁画独有的图形特征，从图形和调式的角度深入了解龟兹壁画。

艺术表现、创意实践：学会图形归纳与重构的表现方法，并运用这些方法拼贴壁画作品。

文化理解：感受龟兹壁画节奏与韵律之美。通过创作菱形格壁画，培养传承和创新优秀民族文化的精神。

三、教学过程

（一）第一课时：龟兹壁画中的菱形格

教师引导学生分析龟兹壁画中菱形格的形成原因（表8-9、图8-20），指导学生找出龟兹壁画中的菱形格，通过与其他图形作对比（图8-21），探索菱形格的审美性及实用性的特点；引导学生区分菱形格类别及灵感来源，并掌握龟兹壁画菱形格的类别主要有：莲花形、手掌形、平顶形、乳突形、直线形等（图8-22）；指导学生从身边事物汲取创作灵感（图8-23），以龟兹壁画菱形格图形类别为参照，展开形态联想，创作出黑、白、灰各一张不同形态且有创意的菱形格图形。

表8-9 "龟兹壁画中的菱形格"主要教学环节及关键问题

教 学 环 节	关 键 问 题
溯源：二方连续纹样	1. 图中弯弯曲曲、凸起的外形像什么？ 2. 龟兹壁画中菱形格是怎么形成的？
探究菱形格图形的特点	1. 哪个图形更适合小小的洞窟？ 2. 哪个图形能让既窄又小的洞窟看起来更宽更大？ 3. 菱形格可以带领我们看向哪个方向呢？
区分菱形格类别——灵感来源	1. 龟兹壁画中的菱形格都长得一样吗？ 2. 这些菱形格属于哪个类别呢？它的灵感又来自哪里呢？
形态联想——创作自己喜欢的菱形格	生活中还有哪些事物能给你创作菱形格灵感呢？

图8-20 菱形格形成的原因

图8-21 菱形格与其他图形对比

图8-22 龟兹壁画中菱形格的主要类别

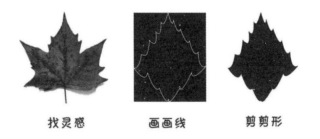

图8-23 身边事物中的菱形格

（二）第二课时：菱形格中的黑白调

教师引导学生认识画面的黑白灰调式，交流不同调式带来的不同感受（表8-10、图8-24）。教师指导学生辨认黑形、白形、灰形，将课前收集的图形按照黑白灰分为三类（图8-25）；引导学生将复杂图形按照黑白灰关系概括为几何形（图8-26）。学生选取一幅作品描画概括出几何形，并从课前收集的图形中找出与画中几何形有相似感受的图形在菱形格中重新摆放，交流感受（图8-27）。教师展示菱形格壁画作品，引导学生发现其中黑形、白形、灰形的分布规律，借助 do re mi 三个音模拟黑形、白形、灰形相间排列的规律，引导学生理解画面黑形、白形、灰形布局的节奏美，再通过画面黑白灰的面积大小与 do re mi 音长的对应感受画面黑白灰的节奏美（图8-28）。学生以龟兹壁画为参照，运用图形组合的方法，重新组构一张新的菱形格作品（图8-29）。教师引导学生从"你的作品调式明确吗？黑白灰图形组合丰富吗？画面生动有趣吗？"等关键问题对自己的作品进行评价。

表8-10 "菱形格中的黑白调"主要教学环节及关键问题

教学环节	关键问题
认识调式	1. 比一比：三幅作品的黑白灰比例有什么不同？ 2. 什么是画面的黑白灰调式？ 3. 认一认菱形格的调式。 4. 不同的调式能带来怎样的感受？
认识黑形、白形、灰形	如何区分黑形、白形、灰形？
找找画中的几何形	1. 找到了哪些几何形？ 2. 这些几何形有什么特点？ 3. 用有相似感受的图形重新摆放后，画面会带来哪些新感受？
黑白灰的分布	1. 菱形格作品黑形、白形、灰形是怎样分布的？ 2. 如何创作出调式明确的作品？
终极大挑战	如何运用图形拼贴组构一张新的菱形格作品？
做做小评委	1. 作品调式明确吗？黑白灰图形组合丰富吗？ 2. 画面生动有趣吗？

（三）第三课时：菱形格的排列

教师引导学生在龟兹壁画中寻找二方连续纹样，分析龟兹壁画中的黑调、白调菱形格的排列规律；引导学生探究不同壁画中的二方连续纹样图案，分析单位纹样和排列方式的改变能组合不同的二方连续纹样（表8-11、图8-30）；指导学生创新单位纹样及排列方式，分析如何让壁画更有节奏美和韵律美；指导学生以小组为单位合理分工创作壁画。

图8-24 认识画面的黑白灰调式

图8-25 辨认黑、白、灰

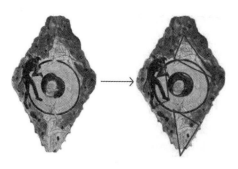

图8-26 将复杂图形概括为几何形

图8-27 摆放有相似感受的几何形

黑形白形灰形是怎样分布的?

图8-28 感受黑、白、灰调的节奏美

图8-29 组构一张新的菱形格作品

表8-11 "菱形的排列"主要教学环节及关键问题

教 学 环 节	关 键 问 题
溯源：二方连续纹样	1. 龟兹壁画中的黑调菱形是怎样排列的？ 2. 龟兹壁画中的黑调、白调菱形是怎样排列的？ 3. 两个二方连续纹样有什么不同？
发现：壁画中的二方连续纹样	1. 在壁画中你能发现灰色菱形与二方连续纹样有什么不同吗？ 2. 你们小组的单位纹样是怎样的？排列方向是怎样的？
探寻：单位纹样	1. 单位纹样怎样组合更有新意？ 2. 每个小组的单位纹样是什么？怎样排列的？ 3. 如何让壁画更有节奏美、韵律美？

排列方式一：

排列方式二：

图8-30 单位纹样和排列方式

四、教学特色与成效

第一，逆向设计教学，重视学生体验、探究等学习过程。本单元三课时的教学设计，环环相扣，把握重点，突破难点，引导学生在欣赏、感知、探索、体悟和创作的过程中完成作品。此外，教师尊重学生个人及小组的探究成果，激励学生完成任务,培养学生独立解决问题的能力。

第二,设计学习单,统筹学习过程。本单元抓住菱形格外形特点、色调节奏、单位纹样及二方连续纹样的创意设计等学习重点,围绕重点借助学习单设计巧妙有趣的活动环节,侧重学生审美能力、探究能力的培养。

第三,引导学生进行跨学科学习,联系已学内容,以小组合作的方式最终完成壁画创作,进行展示与评价,不但丰富了学生的美术创作经验,而且有机融合了数学、历史、语文及音乐等学科,让学生在美术课堂中结合其他学科内容进行综合探索学习,例如第二课时的设计,让"美术课唱了出来",用黑白键表示画面中的黑白灰调,将画面中黑白节奏更直观地呈现,让学生感受中国经典传统文化艺术的魅力。在学科间相互渗透的基础之上,以知识落地于实践、落实于核心素养的教育为主旨目标。

学生在《"形"说龟兹壁画》单元学习的全过程中,通过看、听、触、感,探索了岩彩的奇妙世界,弘扬与传承中国经典艺术文化。

结 语

一、主要经验

回顾上大云小课堂教学转型与问式课堂创生的过程，一路摸索，步履维艰，有苦涩，也有欢笑。其中有不少经验与教训，值得总结。

（一）擦亮一张名片

教育改革，从来都是系统工程。高考改革，必然影响基础教育的发展走向。2016年9月，《中国学生发展核心素养》发布，2017年新高考改革趋势进一步扩大，随后高中新课标颁布。2018年9月，习近平总书记在全国教育大会上所作的重要讲话，指明了义务教育高质量发展的方向。基础教育，启动新一轮改革势在必行。课改，对上大云小而言，是挑战，更是机遇。上大云小的课改，需要突破口。

2018年，学校提出问式课堂这一课堂转型名片。得益于南翔学区、上大集团雄厚、优质的资源扶持，在这之后的很长一段时间里，直到今天，教师们兢兢业业，用尽心力，从"提问有效性"到"逆向设计""大单元教学"……啃起了一块又一块的"硬骨头"。2021年5月，在吴宝英名校长工作室的指导下，学校从解决学生"为什么而学、如何学、学得怎样"出发，把"逆向设计"作为研究抓手，依托"学校教学节"这一重要载体，以"一题多课N个案例"学区教科研联动模式为引擎，开展主题为"在问式课堂中孵化研究型教师"展示交流活动，营造起了"问式课堂"实践研究的浓厚氛围。2021年12月，学校再次紧扣"问式课堂"实践，聚焦"在逆向设计中打造品质课堂"这一主题，继续探索在课改实践中培育研究型教师的有效策略、方法与路径。

2023年3月，学校又与上海师范大学附属嘉定小学一起参加了嘉定区"智慧传递 美美与共"跨校联合教研展示。近年来，通过吴宝英名校长工作室这一平台，借助双导师厚重的实践理论积淀、校长工作室学员丰富的创校办学经验，上大云小始终坚持以问式课堂的实践研究，探索学校研究型教师培养的策略，三次区级层面的阶段性成果展示，在区域内形成了一定的专业影响，学校因此成为嘉定区首批品质课堂项目龙头学校、嘉定区课程领导力项目种子学校。"逆向设计"指引下的"问式课堂"，成为上大云小课堂转型的一张亮丽的名片。一次次的台前幕后，一篇篇的课例论文，一场场的阶段展示，没有什么比教师团队一次又一次超越自我的成长更令人欣慰的了。用一项课堂转型变革引发的深度研修，凝聚起了一群富有朝气、充满智慧的教师的集体成长，带动起了这所"一般的学校"，在"不一般的课堂"实践中找到教育的最大价值，在上大云小这片"不起眼"的土壤里，孕育产生属于自己的"不一般的教师"，意义非凡！

（二）打造一支队伍

格兰特·维金斯和杰伊·麦克泰两位教授，在深入研究科学学习理论、课程与教学理论的基础上，注重理解力培养，以概念为本"通过教学设计，让更多的学生真正理解所学的知识"，提出了"逆向设计"的框架。传统教学中，教师们往往习惯于先写好教学目标，然后设计教学过程，最后评估教学结果。"逆向设计"与之不同，首先要想到单元或者课时的目的是什么、会有怎样的预期结果产生，而后罗列出达到预期结果应该有的评估方式和评估证据。想明白预期结果和如何进行评估以后，再进行教学设计，从而确保目标、过程与结果始终保持一致性，也就是我们所说的，以终为始、基于理解的教学设计。

"课堂要摆脱浅表学习，走向深度学习""浅表学习的根源在哪里？""学生达成理解，是深度学习的关键，理解是什么？课堂上如何达成？"从翻阅书本、感觉生涩难懂，到慢慢能够读下来从字面上理解、结合课例好像逐渐能够消化，再到能吃透基本理念，最终让上大云小的教师能够真正在课堂里落地，自觉成为一种教学行为，谈何容易！这是一群人要打的一场硬仗！彼时，团队中的每个人，都清楚，路在前方，那是一片未知的、尚待开拓的广袤天地。要信心十足，一往无前，因为在我们的身后，有上大云小和学区集团成员学校的伙伴们，有资深的领导专家导师团队。2021年，嘉定区教育局在部分学区开展"逆向设计"的教学试点工作,南翔学区是试点单位之一。此时的上大云小,正在思考如何进一步澄清"问式课堂"的概念,如何通过"问式课堂"的实践探索,打造一支思想过硬、业务精良的师资队伍。建校不到五年的上大云小,拥有一支稚嫩而有朝气的青年教师队伍,其中50%的教师拥有研究生学历,他们聪慧、好学、潜力巨大。学校分管教学的校长、课程教学主任都是区级学科骨干教师,如何让这些领头羊能带团队、带出团队,通过集群效应带动教师团队的整体提升?抓手在哪里,突破点又在哪里?尽管2018年学校就已经明确要把"问式课堂"作为未来课堂变革的方向,但毕竟这是一所年轻的学校,一个非常年轻、缺乏经验、以新教师为主的教师团队,贸然全学科推进颠覆式的教学模式,一来难度系数高有风险,大一统的教学模式未必适合所有的学科,二来教师们未必认同并愿意在繁重的工作之余主动投入实践研究。以往的实践经验告诉我们,自上而下行政指令式的改革,最终的效果往往都是差强人意、适得其反的,而自下而上自发的改革则充满蓬勃的生命力。我们的研究,从课程教学部陈兰主任拿到的《追求理解的教学设计》《普通高中课程标准·语文教师指导》两本书开始,从校级领导到中层骨干,从热爱教育教学的胜任型教师到喜欢钻研、敢于创新实践的研究型教师的积极投入开始,从语文、数学、英语学科开始,从问式课堂是什么、要做什么、怎么做,一点点慢慢推开。今天,在上大云小,你会看到教师在课堂上倾听学生,鼓励学生质疑批判、个性化表达;会看到教师带领学生走出课堂,把课堂开设到那曲虫草节;会看到教师的跨学科、实践性作业设计和项目化学习设计。

　　一路走来,初心如一。我们始终牢记学校教育肩负的职责与使命,积极主动地回应区域内老百姓对优质学校、优质教育的殷切期盼,紧紧围绕打造"高素质、专业化、创新型"教师队伍这一核心目标,借助南翔"学区化+集团化+网格党建"聚合优势,脚踏实地,依托"逆向设计"这一抓手,以"问式课堂"实践为契机,积极探索研究型教师培养,取得了较好成效:三年多来,学校涌现区骨干4人、镇骨干2人、校骨干8人。先后有18人次成为市区名师工作室学员(准学员),1人为学区研究型教师预备人才,1人评为高级教师。近30人次参与了区级及以上层面交流展示,有7个市区级立项课题、项目。教师获市区级各类奖项约130人次。先后在《现代教学》《上海教育》《教育家》《嘉定教育》等刊物发表文章近50篇,论文、案例等获奖10多篇。总结梳理提炼的"问式课堂""岩彩课程"研究课例、实践经验,也都要予以正式出版。

一批潜质教师逐渐脱颖而出,成为学校综改项目的核心组成员,在课堂实践、课题研究中辛勤耕耘,并带动身边的小伙伴们用心学习、潜心实践,部分教师先后走上管理岗位。

(三)形成一套策略

通过一系列实践研究,学校总结梳理、复盘提炼,针对建校初期提出的如何通过"问式课堂"这一课堂转型变革项目,培养研究型教师的任务,提炼了一套策略。

1. 聚焦式学习,研究中积淀

集中两个月,在"双导师"的带领下,教师以解决问题为导向,边理论学习,边实践检验,理论与实践有机结合。在混沌迷茫的时候,导师一句话,一针见血地指出现象背后的本质,让人醍醐灌顶。这种双导师引领下聚焦式的学习,一定程度上解决了教师日常工作繁重、面对庞大的教育理论体系无从下手的现实窘境。

2. 深层次对话,反思中重构

导师们以开放和尊重的学术态度,与教师们建立良好的互信、支持关系,教师们发自内心地愿意把问题、困惑、思路和盘托出、寻求帮助,以坦诚的姿态进入沟通场域,"冲突、碰撞"反而成为对话、互动的最佳"结果"。如果每一位教师都能够从真实的问题出发,全员、全程、全情、全新地投入其中,真正把教学场变为研究场,思维碰撞、灵感生发,必定能实现有思即有悟、有研即有得。

3. 滚雪球般参与,接力中领悟

课题分享、课例展示、作业设计,每一项任务的承担者大多为个人,但是卷入式的校本研修,学科组内没有旁观者,从旁支持,同样可以实现自我提升。一次活动中走上前台者可能成为下次活动的指导者、观察者与支持者。滚雪球、接力棒式的参与,很好地解决了骨干与行政力量不足的问题,一茬接着一茬的好苗子涌现,传、帮、带的教师文化逐步形成。

4. 蚂蚁之眼式观察,镜像中觉察

引入课堂观察,帮助教师打开学生"学习的暗箱"。让听课教师从课堂评价者转换为授课教师的助手,从学生学习的角度出发,对目标设定再校验,对活动设计再调整,对核心问题、表现性任务、评价量规等等再打磨。像镜子一样,反观自身,去发现课堂中的"教"所引发的学生"学"的真实状态。教师的研究视角,一旦从"教"走向了"学",有了为"学生学习"而教的意识,就能更好地学习和务实地践行"为学生学习"而教的理念。

苏霍姆林斯基曾经说过:"如果你想使教育工作给教师带来欢乐,使每天的上课不致变成单调乏味的苦差,那就请你把每个教师引上进行研究的幸福之路吧。"①在研究型教师培养的过程中,校本研修至关重要。每一次教研的主题选择、角色设定、环节设计、工具使用,每一步都必须是走心的设计,让新教师得以"站高望远、学有标杆、行有扶持、抱团发展",形成"骨干教师领衔、种子教师先行、青年教师投入"的阶梯式发展。一所会生长的学校,必定能够让每一位教师都可以在师德自觉、专业自信中收获职业幸福感,是教师专业提升的成长共同体、梦想加油站。在这个过程中,学校,无论是文化建设还是机制创新、工具应用、资源支撑,所做的一切,都是为了激发教师的内生动力,让更多处于职业发展不同阶段的教师,都能找到适合自己的发展定位,由此走上"研究型教师的学术高地",过负责任的教育生活,开启不一样的专业人生,从合格,到优秀,不断突破自我,成长自我,追求卓越。其中的三个做法值得分享:一是学校将前沿的教育理念与"问式课堂"这一草根的改革实践项目有机结合起来。专业阅读拓宽了教师们的教育视野,同伴分享、导师领航让教师在研究的道路上有了志同道合的精神支柱,可以从最前沿的教育实践经验中汲取精华,为己所用,破解难题,开辟新的研究领域,将课堂转型变革研究不断引向纵深,致力于提升学生的学习品质、综合素养,落实育人为本的根本任务。二是"摸着石头过河","小部分人先学先行先试,层层递进式地展开",而不是"万事俱备才启动","行政指令式地全学科全覆盖强推教学模式",尊重教师学术专业权,鼓励教师在各自日常的课堂教学中大胆尝试与个性化实践。我们认为,任何一次尝试,些许的改变或者发现或者感悟,都是可喜的进步。卷入其中,深度参与,自主成长,而不是在内卷中日益倦怠或者焦虑,是教师成长、学校发展应有的生态。三是表达输出是成果产出的一种重要方式。以工作坊的方式众筹"问式课堂"的教学模式图示,鼓励更多教师聚焦学生学习开展课题研究,组织教师撰写各类论文、案例,开展课例研究、课堂展示,通过一遍一遍打磨,形成一批有一定质量的成果,用有质量的输出倒逼

---

① 张万祥选编:《苏霍姆林斯基教育名言》,天津教育出版社2008年版,第392页。

学习质量的提升，积累成果，在做强管理的同时，教师的专业成长自然也是水到渠成。

二、存在问题

（一）"理念实践两张皮，穿新鞋走老路"的倾向时有发生

推行课堂改革，如果搞活动时轰轰烈烈，实则有名无实，那么只要在操作实施过程中遇到困难，就会有畏难情绪，研究往往搁置不前。学校如果仍然围着考试升学这根指挥棒转，片面追求分数，势必导致教师急功近利，不在乎学生的感受，忽视学生的学习经历、实践体验，课堂充斥着满堂灌、填鸭式，学生依然被动学习，机械理答，纸笔操练，死学学死，屡禁不止。同时，有些现象也应当引起我们的重视，如有些改革实践者意志不坚定，认为投入大量的真研究不如平时多刷题考试提分来得快，关键时刻写几篇文章比课例打磨更有用。如果没有坚守与坚持的精神，课堂转型就会半途而废，教学变革就会前功尽弃。因此，课堂转型变革，需要持续推进学校发展的定力，需要着眼于学生和教师健康成长的胸怀，需要放下短视眼与功利心，有坐冷板凳的内功。

（二）"认识不到位，顶层设计不够"的问题仍有存在

学校需要进一步将问式课堂置于办学愿景、学校管理、课程建设、教师队伍、学生培养的大背景下进行整体思考与系统设计。对于基层学校，尤其是基础教育阶段小学来说，顶层设计的能力较弱，还有很大的提升空间。任重而道远，我们要进一步从办学愿景、理念目标出发，对问式课堂进行系统设计与整体架构，进行细致周密的谋划，使"问式课堂"的实践探索行稳致远，让"问式课堂"这项来自草根的实践真正成为"不一般的课堂"，让一批热爱教育、沉浸于课堂的教育实践者成为上大云小这片土壤上培育起来的名师与大家。

（三）"教师素养与课改革需求不相适应"的矛盾依然突出

究其原因，缺乏有利于教师成长的制度和文化，缺少教师培养的有效策略和方法；教师发展意愿缺失、动力不足；支持保障不到位，社会期望、工作负荷、生活压力等诸多因素，导致教师身心健康失衡。尽管建校以来，学校

一直致力于教师队伍建设,后期提出研究型教师培养的目标规划,并对"和、雅、尚、真"研究型教师的特质进行了校本化的阐释,但必须看到,作为一所年轻教师为主的"一般的学校",教师成长需要时间的磨砺,实践性知识的增长要靠累积。教师,有其成长的规律。这个世界上,大部分都是普通人。德鲁克告诉我们"组织的使命,就是让平凡的人做出不平凡的事。高质量教育,主要依靠一大群'平凡的人',通过不懈努力,做出不平凡的事"①。因此,学校,不仅要有"培土"的意识,还要有"育种"的本领,土壤、空气、养分,缺一不可,种子才能自由生长、茁壮成长。

三、发展方向

(一)"培养什么人,为谁培养人,怎样培养人"需要课堂作出回答

创新型人才的核心能力——思维力,是新时代教育的核心任务。问式课堂——以学为中心,指向思维力的课堂,目标直指创新素养培育。在教与学的过程中,培育思维力,发展思维力,进而培养以创新力为核心的综合素养,是有意义的实践与探索。

无论是题海战术,还是灌溉式记忆,都比不上ChatGPT。未来的教育,不再是知识的简单灌输,而是教授方法论;不再是机械式刷题的比拼,而是培养思考力。面对人工智能或者未来可能或者不可能的一切,最重要的是培养学生提问的能力,跨学科学习的能力,运用已有的知识、经验,创造性地解决真实情境中的问题的能力,而这些能力背后,是ChatGPT都无法企及的鸿沟:原创力、思维力、想象力、领导力。

问式课堂旨在师生的同步双发展。李希贵校长说过:"教育就是发现每一位学生的不同,挖掘每一位学生的潜能,唤醒每一位学生的内生动力,让每一个学生拥有相信自己的力量,去实现自己心中的梦想。"②华东师范大学终身教授钟启泉也曾说过:"教育改革的核心在课程改革。课程改革的核心在课堂改革,课堂改革的核心在教师的专业发展。"③

---

① 张一博著:《从一无所知开始:一个企业主创业20年的感悟》,企业管理出版社2021年版,第23页。
② 马大建编著:《校长成长 教师成长》,大象出版社有限公司2022年版,第267页。
③ 马林芳:《"学案导学法"之课堂教学的探索与实践》,《新课程》2017年第24期。

（二）引领课堂转型变革的核心观念是什么

1. 教育的神圣使命是立德树人

要培养学生的核心素养，即创新精神、实践能力和社会责任感等优秀品德，学校就要以人为本、育人为本，在"双新"背景下，实现教育阵地的拓展延伸，发挥家、校、社三位一体的功能，聚合各方育人的力量；探索学习方式的根本转变，把教师讲、学生听为主的单一的讲授式学习，更多地呈现为小组自主合作探究式学习，游戏化、主题式、跨学科或项目式学习，线上线下相结合的混合式学习，视频微课等的自适应学习，等等。

2. 课改的根本目标是回应学生成长的需求

课程改革要解决好学生需要什么、学校应该做什么、学校如何做好等问题。因此，应当尊重学生，更多从学生视角出发，以学生的真实感受与状态为依据，设计、安排课程学习；从人的生命成长的角度出发，站在育人的高度，以课程实施为依据，注重课程规划与方案的顶层设计；从学校管理的角度，以课程标准、育人目标为依据审视课程实施的成效。推动课程结构、管理方式、教学方法、组织文化等全方位的转变，更好地构建起适合学生成长、助力教师发展的学校课程体系。学校课程的顶层设计、整合实施包括：一是在新课改理念的指引下，积极探索国家课程校本化实施的有效路径，学校可以组织教师，通过遴选、整合、补充、拓展等方式，对国家课程和地方课程进行统整、组合、重构，通过二次加工与再创造，进一步贴合不同年段学生的需求，提供更多选择的可能性，凸显学校办学特色。二是努力形成学科、活动课程的结构化、系统化。从学科和活动的整体视野出发，编制规划，实现学科内、学科间、学科与活动的融合、渗透，通过对目标、内容、评价、资源等课程要素的杂糅整合，探索课程体系的科学建构、学校教师的专业发展之间的相互作用以及相辅相成的内在逻辑与紧密关系。在新课改理念指引下，依据学生现有水平和学业质量标准要求，选择实现目标的分层分级内容和教学策略与方法，研究学科课程的结构化。三是打造学校特色，探索校本课程的个性化实践路径。尊重学生的兴趣需求，依据校内外的资源优势、师资配置的充分可能性等因素，思考、设计与研发校本特色课程，如上大云小的家长进课堂、云娃讲师团、翔桥云路、岩语汇等特色课程，大胆尝试学生混龄走班、长短课程嵌套等选课、开课方式，逐步探索课程建设的特色化，构建适合学生个性特点、发展需求的上大云小"童心"课程体系。

3.课堂的主要任务是实现有效教学

课堂是学校改革的主阵地,也是提高教育质量必须跨过去的一道坎。课堂教学有效性的实现,要抓好四个关键环节:一是学生学习。通过观察学生的准备情况、倾听情况、互动情况、自主情况、目标达成情况来实现。二是教师教学。通过对学生学习目标的指导、学习思路方法的引导、学习兴趣的激发、学习过程的支持、学习结果的评价、学习困惑的辅导来实现。三是课程实施。通过对课程目标的把握能力、课程内容的实施能力、课程评价的运用能力、课程资源的整合应用能力来实现。教师是否具有课程实施能力,决定了课堂教学的品位与质量。四是课堂文化。通过师生、生生深度思考与互动交流,营造课堂的民主氛围,鼓励更多学生勇于呈现学习成果,主动展示创新表现。同时,有文化的课堂也要支持更多的教师逐步形成自己的特色风格与教学主张。

为此,学校上下应该形成共识,各部门之间要拧成一股绳,发挥聚合作用,明确发展方向,强化责任担当,重在过程管理,任务落实、考核评价激励机制到位。作为教师,需要不断地自我反思,拓宽教育视野,学习教育理论,提升教育境界,积累教育智慧,形成敏锐的洞察分析力、强大的情绪管理自控力、缜密的逻辑思维策划力、超强的沟通亲和力、迅捷的组织力。尤其在学校问式课堂的完善与发展上,教师要主动投身实践磨砺,在摸爬滚打中成长,从而适应未来教育发展和课程改革的要求。

后　记

本书是上海大学附属嘉定留云小学全体同仁，自建校以来潜心课堂改革的心路历程、实践成果，更是年轻、有朝气、有活力、有学识、勤勉、踏实的教师群体专业成长的真实写照。教师们在上大云小这片热土上默默耕耘、彼此守望。书中的每一个带着墨香的文字、符号，甚至每一张图片，倾注着无数的心血、汗水与智慧。

本书执笔人主要有：唐敏（第一章、第二章、第三章、结语）、第四章（王明意、陈兰、周磊磊），第五章（朱云童、徐秀云、曹朔），第六章（杨洁莹、薛季敏），第七章（高琼、李佳），第八章（周磊磊、朱云童、高琼、李依宁、邓刘敏）。

从查阅文献资料，到投身课堂实践，他们勇敢地成为上大云小"第一个吃螃蟹的人"。在经历了一次又一次的怀疑、崩溃，从起初的头脑一片空白、无从下手，到今天的如释重负、如约完稿，完成了一次蜕变。也许总结的经验还很粗浅，写下的文字也不够成熟，但是看到建校七年来的课堂改革实践，变成飘着墨香的铅字，变成一个个鲜活的案例，一切辛苦付出，都是值得的。

书中引用的大量教学案例，由上大云小的教师提供（书中均已注明姓名）。大家利用假期时间参与了课例、案例的撰写。因为人数众多，篇幅有限，在这里不一一列举了。谨向这些教师表示由衷的感谢与致敬！正是由于你们的勤勉付出，才使得书稿内容变得更加翔实、丰厚。

我们有幸请到陈静静博士为本书写序言。陈博士在最困难的那段时间里，通过线上线下混合方式，开展为期近半年的"课堂观察与课例研究骨干教师"工作坊，组织"育见智慧"实践分享会，启发引导我们，手绘共创指向学习品质提升的问式课堂学习任务设计中"问—思—探—创"螺旋式上升的课堂模型，组织参与了两场问式课堂项目组核心成员的线上访谈（由刘兆童老师整理成的访谈实录为研究积累了第一手翔实的资料），并对问式课堂的模式作出高度凝练的诠释，悉心指导教师们基于焦点学生学习历程观察与关键事件分析，立足课堂观察，开展关于学生学习的研究。她的学识令人折服，在她的引领下，问式课堂实践研究的方向逐渐明晰。

夏志芳教授担任学术顾问，参与了本书的框架建构、写作指导、统稿修改。7月和8月，酷暑难耐，他不顾劳累，往返奔波，一次次地手把手指导、面对面交流。功底深厚，治学严谨，令人肃然起敬。正是在他的鼓励和督促下，使得书稿能够确保质量并如期完成。

上海大学基础教育集团李志芳、肖青峰、童晓萍等老师，一直以来关注问式课堂的实施与推进，参与了本书的策划，为书稿能够正式出版倾注心血、给予支持。上海大学出版社傅玉芳、倪天辰老师，在内容审定、文本规范以及装帧设计等方面一丝不苟、精益求精，在此一并感谢。

因为水平有限，时间仓促，书中难免有疏漏之处，恳请领导、专家、同仁批评指正！

唐　敏

2023年8月17日于上海